工业反哺农业理论
与广西的实践研究

凡兰兴　樊卓思◎著

中国社会科学出版社

图书在版编目（CIP）数据

工业反哺农业理论与广西的实践研究/凡兰兴，樊卓思著 .
—北京：中国社会科学出版社，2016.6

ISBN 978 - 7 - 5161 - 8036 - 5

Ⅰ.①工…　Ⅱ.①凡…②樊…　Ⅲ.①工业经济—关系—农业经济发展—研究　Ⅳ.①F4②F303

中国版本图书馆 CIP 数据核字（2016）第 084311 号

出 版 人	赵剑英
责任编辑	王　曦
责任校对	周晓东
责任印制	戴　宽

出　　版	中国社会科学出版社
社　　址	北京鼓楼西大街甲 158 号
邮　　编	100720
网　　址	http：//www. csspw. cn
发 行 部	010 - 84083685
门 市 部	010 - 84029450
经　　销	新华书店及其他书店

印刷装订	三河市君旺印务有限公司
版　　次	2016 年 6 月第 1 版
印　　次	2016 年 6 月第 1 次印刷

开　　本	710×1000　1/16
印　　张	18.5
插　　页	2
字　　数	283 千字
定　　价	69.00 元

目　　录

第一章 绪论

第一节 研究背景与意义

一 研究背景

(一) 农业基础地位亟须进一步夯实

民以食为天、食以农为本，工业及其他产业的发展离不开农业。农业作为国民经济的基础，是涉及安天下、稳民心的战略产业，对国家自立、经济繁荣和社会安定有极其重大的影响。目前从表面上看，一些发达国家粮食过剩，农产品贸易摩擦不断，但从世界范围来看，土地资源不断减少，人口数量不断增加，世界粮食安全仍是个大问题。目前全世界适宜耕作的土地面积约为 42 亿公顷，仅占世界土地面积的 30% 左右。随着工业化和城镇化的发展，世界大量耕地被占用和污染，造成耕地质量下降，世界可利用耕地不断减少。[①] 如 2011 年联合国粮农组织（FAO）发布的《世界耕地与水资源现状》的报告显示，全球 25% 的耕地"严重退化"，44% 的耕地"中度退化"，仅有 10% 的耕地"状况改善"。2009 年全世界约有 10 亿人口处于饥饿状态，全球诸多国家，尤其是很多发展中国家正以不同方式抗争着粮食危机。至 2050 年，即使粮食产量翻一番，全球仍将有 3700 万人挨饿。[②] 在我国，从 1979 年到 1995 年，耕地面积年均减少了 28.3 万公

---

① 尹成杰：《世界耕地资源与粮食安全》，《农村工作通讯》2009 年第 10 期。
② 新华社专电：《联合国：全球四分之一耕地严重退化》，《新华每日电讯》2011 年 11 月 30 日。

顷。1996—2008 年，耕地面积年均减少了 69 万公顷。① 目前，我国耕地面积总量约为 12172 万公顷。耕地是一种不可再生资源，我国现有耕地资源短缺，后备资源严重不足，随着人口的不断增加，工业化和城市化进程加快，未来我国耕地面积减少将是一种不可避免的长期趋势。② 目前，我国人均耕地面积只有全世界人均耕地面积的 1/3 强，2010 年我国人均耕地面积已由 1996 年的 0.106 公顷下降到 0.091 公顷。到 2025 年，我国人口将达到 14.76 亿人③，人均耕地占有量将更低。我国耕地质量退化问题也比较严重。全国中低产田占耕地总面积的比重已由 50% 提高到 65% 以上。④ 很多农田土壤板结，耕层变薄，土壤酸化、盐渍化增加，基础地力下降。从 1997 年开始，我国就出现了"卖粮难"问题，目前又取得了粮食生产 11 年连增的好成绩。但耕地数量和质量是粮食生产的基本保障，耕地数量减少和质量退化，仅靠促进农业科技进步及推进农业机械化等，对农业生产的促进作用有限。目前，我国粮食单产水平已经很高，大幅度提升的空间有限。前两年我国农业科学家袁隆平超级稻培育已突破了 1 公顷 13.5 吨的产量水平，但由于全国各地自然条件不同，要大面积推广仍有很大的难度。2012 年中共中央、国务院印发的《关于加快推进农业科技创新持续增强农产品供给保障能力的若干意见》（2012 年中央一号文件）指出，当前国际经济形势复杂严峻，全球气候变化影响加深，我国耕地和淡水资源短缺压力加大，农业发展面临的风险和不确定性明显上升，巩固和发展农业农村良好形势的任务更加艰巨。全党要始终保持清醒认识，绝不能因为连续多年增产增收而思想麻痹，绝不能因为农村面貌有所改善而投入减弱，绝不能因为农村发展持续向好而工作松懈，必须再接再厉、迎难而上、开拓进取，努力在高起点上实

① 中华人民共和国农业部：《新中国农业 60 年统计资料》，中国农业出版社 2009 年版，第 6 页。

② 樊卓思、凡兰兴：《耕地资源有限与完善我国粮食生产支持政策》，《理论界》2014 年第 1 期。

③ 中国社会科学院人口与劳动经济研究所：《中国人口年鉴》（2010），中国人口年鉴编辑部 2010 年版，第 491 页。

④ 李爱青：《浅析我国耕地质量现状、下降原因及强化建设对策》，《安徽农学通报》2012 年第 2 期。

现新突破、再创新佳绩。① 据预测，到 2025 年我国的人口总量将达到 14.76 亿人（之后出现负增长），到 2050 年我国人口总量仍将有 14.37 亿人②，如果按照 2013 年我国人均粮食产量 442 公斤（60194 万吨÷136072 万人）的水平计算，到 2025 年我国粮食产量要保持 2013 年的水平，粮食总产量应达到 65239 万吨（442 公斤/人 × 147600 万人），到 2050 年也要达到 63515 万吨（442 公斤/人 × 143700 万人）。这对于人口众多、耕地资源有限的我国来说，压力是巨大的。更要紧的是，我国农户土地经营规模小，农业经营不仅会计成本高，机会成本也高，很多青年农民都不愿在农村经营农业，绝大多数人都进城务工，很多村成了"空壳"村，土地撂荒或粗放经营严重。以后"谁来种田、谁来建设农村"是一个值得"关心"的重大问题。

（二）工业反哺农业仍是时代的命题

从各国经济发展的历史看，农业作为第一产业，在工业发展初期，农业哺育了工业，农业资源大量向工业和城市流动，工业发展依赖于农业剩余的积累和价值让渡；而当工业发展进入比较发达的时期后，为解决农业投资风险大、经济效益低的问题，工业开始反哺农业，以促进农业的持续稳定发展，夯实国民经济之基础。如美国，早在 1900 年就开始逐步从以农补工向以工补农转换，1933 年开始大规模地实施工业反哺农业政策；德国在 1913 年开始逐步从以农补工向以工补农转换，是欧盟实施工业反哺农业较早的国家；英国、德国和法国相继于 1947 年、1953 年和 1954 年进入大规模工业反哺农业期；日本在 20 世纪 50 年代中后期就实现了向农业保护政策的根本性转变，1961 年农业的重要地位得到确立，日本开始进入大规模反哺农业期；韩国于 1970—1980 年的 10 年间，实施了工业反哺农业的"新村运动"。近年来，发达国家的农业支持保护虽然时有增减，但其工业反哺农业政策不变，都把增加农民收入摆到重要位置。在现代农业生

---

① 中共中央、国务院：《关于加快推进农业科技创新持续增强农产品供给保障能力的若干意见》，《人民日报》2012 年 2 月 2 日。

② 中国社会科学院人口与劳动经济研究所：《中国人口年鉴》（2010），中国人口年鉴编辑部 2010 年版，第 491 页。

态、人文等多功能性日益显现的新形势下，发达国家除了实施农产品的价格支持和收入政策外，保障食物安全、提高农产品质量、保护生态环境、延展农业文明等又成了农业支持保护的一个重要目标。

在我国，新中国成立后，政府集中力量大力发展工业，工业从农业领域无偿取得了大量的资源。进入 21 世纪以后，我国现代化工业体系基本建成。为了促进工农业协调发展，缩小城乡差距，解决"三农"问题，中共中央、国务院不断强调对农业"多予、少取、放活"的方针，并于 2005 年提出了工业反哺农业、城市支持农村的战略方针。2006 年以后全国农业税取消，中国存在 2600 年历史的"皇粮"成为历史，工业反哺农业的时代正式到来。经过 10 年的反哺，我国农业快速持续发展，农民收入和生活水平不断提高，但是"三农"问题仍较突出，农业发展仍面临着严峻的挑战。2015 年中共中央、国务院印发的《关于加大改革创新力度加快农业现代化建设的若干意见》（2015 年中央一号文件）指出，当前我国国内农业生产成本快速攀升，大宗农产品价格普遍高于国际市场，如何在"双重挤压"下创新农业支持保护政策、提高农业竞争力，是必须面对的一个重大考验。我国农业资源短缺，开发过度、污染加重，如何在资源环境硬约束下保障农产品有效供给和质量安全、提升农业可持续发展能力，是必须应对的一个重大挑战。城乡资源要素流动加速，城乡互动联系增强，如何在城镇化深入发展背景下加快新农村建设步伐、实现城乡共同繁荣，是必须解决好的一个重大问题。① 所以，我国工业反哺农业还任重道远，工业反哺农业的理论和实践还需要不断探索研究。

二 研究意义

（一）理论上有利于丰富和发展相关学科的理论

学科需要不断发展，研究需要不断创新。本书在参考前人研究成果及实地调研的基础上，综合利用经济学、统计学、历史学等学科的理论和方法，从国外到国内、理论到实践、历史到现实的视角，通过与全国及周边省进行比较，对广西工业反哺农业问题进行深入研究，

---

① 中共中央、国务院：《关于加大改革创新力度加快农业现代化建设的若干意见》，《人民日报》2015 年 2 月 2 日。

有利于推动和促进农业经济学科及其他相关学科方法论的创新和理论的发展。本书中收集了大量的资料，得出了一些新的结论，如广西农民对工业反哺农业政策实施的满意度及其影响因素等，可以为相关的研究提供借鉴，促进学术研究不断创新。

（二）实践中为我国尤其是广西不断完善工业反哺农业政策体系提供参考

广西是农业省区，经过 10 年的实践探索，广西工业反哺农业取得了很好的效果。不仅农业快速持续发展，农民收入和生活水平不断提高，而且农民对工业反哺农业政策实施的满意度也很高。但是，由于广西自然条件较差，经济文化发展相对落后，在实施工业反哺农业过程中面临着更为严峻的挑战。如广西一些山区的农村，仅靠人均几分地和政府微薄的补贴，很难致富；一些农民创新意识和能力不强，反哺农业效果不显著，农业持续发展乏力，等等。工业反哺农业是一个长期的过程，今后广西如何借鉴国外和国内发达地区的经验，结合自己的实际，不断完善工业反哺农业政策，亟待研究探索。本书通过对工业反哺农业的相关理论进行分析，对国外工业反哺农业的经验进行梳理，结合我国尤其是广西经济发展实际及反哺农业的现状，对广西实施工业反哺农业的途径进一步探讨，提出相应的政策建议，可以供政府相关部门决策参考。

第二节　研究综述

一些发达国家早在 20 世纪初就开始实施工业反哺农业政策，所以国外学者对工业反哺农业问题的研究较早。在我国，20 世纪 90 年代初，已有学者开始对工业反哺农业问题进行初步研究。2004 年胡锦涛的"两个趋向"重要论断提出后，学术界及实际工作部门开始从不同的角度对工业反哺农业问题进行深入探讨，取得了丰硕的成果。

一　对工业反哺农业理论的研究

学者们主要从工业反哺农业的必然性、条件、理论依据、路径等方面对工业反哺农业的理论进行阐述。

（一）国外研究

早在 20 世纪 50 年代，发达国家就很重视研究工业反哺农业的问题。1954 年美国学者刘易斯发表了《劳动力无限供给条件下的经济发展》，1955 年、1958 年又先后发表了《经济增长理论》和《不发达地区的就业政策》等著作，提出了"二元经济"理论模型和发展中国家经济发展过程的"二元经济结构"理论。他认为，发展中国家既有以大工业为代表的现代化经济部门，又存在着以小农为主的传统经济部门。因此，他提出了发展中国家的三个发展阶段：一是工业化阶段，即政府制订计划着重发展工业，农业要为工业化提供积累；二是工业反哺农业阶段，即随着工业和城市经济迅速发展，城乡收入差距扩大，地区矛盾突出，政府在鼓励农村剩余劳动力向工业和城市流动的同时，鼓励民间资本流向传统农业，加大对农业的投入；三是均衡发展阶段，即传统农业被改造成为现代农业后，城乡经济由二元结构向一元化发展。[①] 20 世纪 60 年代，美国的费景汉和拉尼斯两位经济学家对刘易斯的"二元经济"理论和模型进行修正，并在此基础上建构了"费景汉—拉尼斯"模型，从动态的角度对农业部门与工业部门的发展进行了研究，提出了工业和农业协调发展论。他们认为，农村人口成功向城市和工业转移的前提是农业生产力的提高。如果工业进步了而农业不能随之平衡发展，则农业不能为工业提供必要的剩余和市场，工业发展面临多种制约，结构转换进程势必被打断，因此工农业应平衡发展。[②] 到 20 世纪 80 年代，一些发展经济学家如贡纳尔·缪尔达尔更加重视工农业协调发展问题，提出了工业反哺农业论，主张采取农业保护政策。日本的速水佑次郎等也认为，随着农业小部门化，政府更应该加大对农业的支持和保护力度，加快农业结构调整，大力发展优质和适应需求变化的农产品。[③] 目前国外学者已从

[①] ［美］刘易斯：《劳动力无限供给条件下的经济发展》，载［美］刘易斯《二元经济论》，施伟等译，北京经济学院出版社 1989 年版，第 1—46 页。

[②] Fei C. H., Ranis G., "A Theory of Economic Development", *American Economic Review*, Vol. 51, No. 4, Sep. 1961, p. 9.

[③] ［日］速水佑次郎、神门善久：《农业经济论》（新版），沈金虎等译，中国农业出版社 2003 年版，第 13—16 页。

制度、教育、生态等多视角对工业反哺农业进行研究。美国经济学家舒尔茨认为，人力资本是人们作为经济主体创造财富和增加收入的能力，应加强农业人力资本投资，不断提高农业劳动者的文化水平、生产技能及健康素质。① 大力发展农村教育和加强农业培训，鼓励劳动者边看边学以及边干边学，发展农村医疗卫生保健事业，等等，这是农村和农业人力资本形成的重要途径。②

（二）国内研究

1. 对工业反哺农业的条件和可行性的研究

冯海发（1994）对反哺农业的国际经验及经济发展进入反哺农业阶段的基本标志进行研究，认为从国外经验看，工业反哺农业阶段的基本标志主要是农业在国民经济中的相对地位大幅度下降、农业部门的就业人数在社会总就业人数中所占的份额大幅度变小、城市人口在总人口中所占的份额大幅度上升、人均国民生产总值大幅度提高四个方面；并认为再经过5—8年的发展后，到20世纪末或21世纪初，我国经济发展将全面进入反哺农业的阶段。③ 1994年，陈吉元根据我国工农业发展情况，也提出了"轮到工业反哺农业了"的观点，认为我国工业已经很壮大，农业产值在工农业产值中的比重已不断下降，工业反哺农业条件已初步成熟。④ 我国自2005年拉开工业反哺农业序幕后，国内学者普遍认为，我国现阶段工业反哺农业的条件已基本具备，还没有完全进入大规模反哺期。柯炳生（2005）在分析我国改革开放以来经济发展各主要指标变化后，认为我国已经进入了"工业反哺农业"的经济发展阶段。⑤ 关珊珊（2005）、尉士武（2005）、徐加胜（2005）等根据当时我国国内生产总值、人均GDP、农业占GDP的比重、财政收入状况、农业税占财政收入的比重，以及城市化水平

---

① ［美］西奥多·W. 舒尔茨：《论人力资本投资》，吴珠华等译，北京经济学院出版社1990年版，第251—260页。

② Robert J. Barro, "Economic Growth in a Cross Section of Countries", *Quarterly Journal of Economic*, Vol. 106, No. 2, May 1991, pp. 407 – 443.

③ 冯海发：《反哺农业的国际经验与我国的选择》，《农村经济》1994年第11期。

④ 陈吉元：《当前农村迫切需要研究的几个问题》，《瞭望新闻周刊》1994年第18期。

⑤ 柯炳生：《工业反哺农业：我国经济社会发展的新阶段》，《农业发展与金融》2005年第3期。

等经济指标，认为我国已经进入了一般模式下的工业化中期阶段，具备了工业反哺农业的条件和实力。马晓河、蓝海涛、黄汉权（2005）认为，我国人均 GDP、农业 GDP 占总 GDP 的比重、工业 GDP 与农业 GDP 之比、初级产品和工业制成品出口占 GDP 比重等多数指标，已达到大规模反哺期的国际参照值，但就业结构、城市化率等少数指标与国际参照值相比还有一定差距，所以我国经济发展还没有完全进入大规模反哺期。[1] 高振宁（2005）认为，我国刚进入由剥夺农业向反哺农业的转变阶段，不应该盲目地实行大规模补贴政策。[2] 还有一些学者认为民族地区未具备工业反哺农业条件。周立群、许清正（2006）在分析国内学者对我国是否已进入工业反哺农业阶段的两种不同观点后认为，我国从总体上已经步入工业反哺农业的阶段。[3] 关虹（2006）在研究新疆、西藏、宁夏、青海、内蒙古、广西、贵州、云南 8 个民族省区工农业发展状况后认为，民族地区的工业没有能力反哺农业，工业反哺农业、城市支持农村不适合少数民族地区的区情。所以，如果说在全国范围内已经初步具备工业反哺农业的条件和时机的话，在民族地区也推广这个方针就有点冒进了。[4] 目前，经过 10 年的反哺和经济不断发展，柳琪（2015）认为，中国作为亚洲新兴的工业化国家，2013 年中国人均真实 GDP 已达到 3583 美元，农业增加值占 GDP 的比例下降到 10% 左右，城镇化率上升至 53.17%，从美国和日本农业发展历程看，当前中国农业正步入大规模反哺期。[5]

2. 工业反哺农业的理论依据研究

一个国家在工业化过程中对农业进行反哺有着深厚的理论基础。多数学者都认为，马克思主义经济学家、西方经济学家和发展经济学家关于工农关系、城乡关系的论述为工业反哺农业、城市带动农村奠定了坚实的理论基础。王先锋（2005）认为，马克思主义经济学家关

---

[1] 马晓河、蓝海涛、黄汉权：《我国离大规模反哺农业期还有差距》，《瞭望新闻周刊》2005 年第 35 期。

[2] 高振宁：《中国农业该实行反哺政策吗？》，《兰州学刊》2005 年第 2 期。

[3] 周立群、许清正：《"工业反哺农业"问题综述》，《红旗文摘》2006 年第 13 期。

[4] 关虹：《民族地区工业有能力反哺农业吗？》，《湖北社会科学》2006 年第 9 期。

[5] 柳琪：《大规模农业反哺期到来》，《农业机械》2015 年第 1 期。

于工农关系和城乡关系的理论、古典经济学家亚当·斯密及其流行学派的工农协调发展论、新古典经济学家的转移农村剩余劳动力论、发展经济学家的工农协调论，以及我国的重要领导人、相关理论专家的工农协调发展理论等，都是我国实施工业反哺农业的理论基础。① 马国贤（2005）认为，美国发展经济学家、诺贝尔经济学奖得主刘易斯的"二元经济"理论（发展中国家的三个发展阶段）是符合发展中国家成长规律的，他提出的消除二元经济的政策（即一是让农村人口进城，二是让资本下乡）具有普遍指导意义。② 崔立新（2009）认为，工业反哺农业的理论研究属于工农关系的理论范畴，围绕工农关系的研究，马克思主义经典著作、发展经济学、公共产品理论和公共选择理论等都对此进行了论述，这些研究都构成了我国工业反哺农业的重要理论基础。③ 马晓春（2010）从农业基础地位、农业弱质产业、农业外部性等方面对我国实施农业支持政策的理论基础做出说明。④

3. 工业反哺农业的路径研究

对于欠发达地区及民族地区工业反哺农业的研究，关虹（2006）认为，民族地区脆弱的工业没有支撑反哺农业重任的能力，工业反哺农业的难度更大。姚海明等（2006）认为，进行反哺不等同于无偿给予，而主要依靠市场来调整，以实现"双赢"为目标；欠发达地区工业反哺农业应以"输血"为主，方式应多样化。魏人民（2007）认为，既要财政支持农业，又要建立、健全农业保险制度和保险体系；李成贵（2007）认为，建立我国农业支持政策体系，关键是要扩大农业补贴的范围，完善补贴机制，增强补贴力度。孔祥敏等（2007）认为，要完善与现代农业发展相适应的现代土地制度。财政部农业司农

---

① 王先锋：《工业反哺农业、城市支持农村的理论基础研究》，《内蒙古财经学院学报》2005 年第 5 期。

② 马国贤：《工业反哺农业的理论与政策研究》，《铜陵学院学报》2005 年第 3 期。

③ 崔立新：《工业反哺农业实现机制研究》，中国农业大学出版社 2009 年版，第 66 页。

④ 马晓春：《中国与主要发达国家农业支持政策比较研究》，博士学位论文，中国农业科学院，2010 年。

业一处（2010）认为，加大反哺农业力度，应不断丰富补贴内容。①
樊端成（2011）认为，目前我国部分农民离开农业，有利于减少农民
数量和提高农业劳动生产率，但较高素质的农民离开农业，又造成农
业弱势发展。为促进农业快速持续健康发展，应大力以资本反哺农
业：多予农民工市民化资本；整合农村土地资本，留住素质较高的农
民；益补农民智力资本，提升农业劳动力的素质。② 张秋（2012）认
为，综观世界各国工业反哺农业的实践，尽管各国因农业生产条件的
不同，选择了不同的发展模式和途径，但它们无不高度重视工业对农
业的制度反哺——这是可供我们借鉴的一条重要成功经验。我国"三
农"问题的根源在于农村的制度贫困，因此，工业反哺农业的重点在
于实行制度反哺，通过提供公平合理的制度安排，改革和消除所有歧
视农民和不利于农业发展的制度，促进农村的发展和农民生活的改
善。③ 凡兰兴（2012）认为，目前我国流通领域反哺农业与生产领域
反哺农业脱节，流通惠农力度小、效率低，很多地方出现农民增产不
增收的问题，所以，应不断理顺工农业产品比价关系、建立现代农产
品市场、调整工业品下乡惠农政策等措施，加大在流通领域反哺农业
力度。④ 同时，凡兰兴（2013）认为，民生为本，就业先行。世界各
国在实施工业反哺农业过程中，都很重视开发农民就业门路，增加了
农民收入，促进了农村、农业的发展。借鉴国际成功的经验，我国也
应采取有力措施，全方位促进农民就业，实现城乡、工农协调发展。⑤
樊卓思等（2014）认为，我国政府反哺农业财力有限，工业反哺农业
的着重点应放在最能对农业发展产生长久支撑作用的教育上，通过设
立专项教育基金、制定优惠鼓励政策、完善教育人事和培训制度、健

---

① 财政部农业司农业一处：《加大反哺农业力度不断丰富补贴内容》，《农村财政与财务》2010 年第 12 期。

② 樊端成：《农民就业多元化与工业反哺农业的着重点》，《农业经济》2011 年第 6 期。

③ 张秋：《制度反哺：工业反哺农业的国际经验及我国的路径选择》，《农村经济》2012 年第 4 期。

④ 凡兰兴：《流通领域反哺农业存在的问题与对策》，《江苏农业科学》2012 年第 10 期。

⑤ 凡兰兴：《就业反哺：我国工业反哺农业的着重点》，《农业经济》2013 年第 1 期。

全教育管理和监督机制等有效措施，促进农村和农村教育发展。①

二　对广西工业反哺农业实践的研究

凡兰兴、樊端成（2002）认为，农业保护是一个敏感而复杂的问题，为了更好地保护农业发展，我国加入 WTO 后，广西既要有重点地保护粮食及优势产业发展，又要遵循 WTO 规则，并结合自己的实际，采用行之有效的保护手段和形式。② 财政支持广西农业优势产业群发展研究课题组（2008）认为，为促进农业发展，广西应加大财政支持农业优势产业群发展的力度。③ 周保吉、王术坤（2013）认为，农户分散经营难以及时准确掌握市场信息，经常出现产需不对称、农产品"卖难"、增产不增收的困局，所以，广西应探寻以市场为导向，实行产供销一体化的经营方式引导小农经营走出困境。④ 李萍（2013）认为，促进广西农业产业化发展，应进一步加大财政支农资金投入力度，加大农业产业化专项扶持资金的投入规模，完善现行涉农税收优惠政策，进一步完善利益联结机制，加大招商引资力度，壮大龙头企业。⑤ 苏芳（2014）认为，广西农业产业化发展正面临着资金不足的"瓶颈"问题，需要通过深化农村金融改革来推进发展。要健全支农的法律体系，确保农村金融机构对农业的信贷构建多元化的金融服务体系，增强农村金融服务积极探索多种形式的风险补偿方式，创新农村金融服务产品。⑥ 凡兰兴（2014）以广西农户的调查数据为依据，运用 ACSI 模型和回归模型对少数民族地区（广西）工业反哺农业政策实施的农民满意度进行分析，认为农民对取消农业税、农村义务教育、农民低保养老和农民医疗等方面的满意度较高，而对

---

① 樊卓思、凡兰兴：《农村教育提升：工业反哺农业的根本》，《黑龙江教育学院学报》2014 年第 10 期。

② 凡兰兴、樊端成：《加入 WTO 广西如何保护农业发展》，《广西社会科学》2002 年第 4 期。

③ 财政支持广西农业优势产业群发展研究课题组：《财政支持广西农业优势产业群发展研究》，《经济研究参考》2008 年第 17 期。

④ 周保吉、王术坤：《广西财政支持农业产业化龙头企业发展初探》，《农村经济与科技》2013 年第 5 期。

⑤ 李萍：《广西财政支持农业产业化发展对策思考》，《经济研究参考》2013 年第 5 期。

⑥ 苏芳：《农村金融支持广西农业产业化发展的困境和对策》，《广西农学报》2014 年第 1 期。

农民培训、取缔集资摊派、干部办事效率、政策落实公平性、农村水电路等方面的满意度较低。总体而言，少数民族地区（广西）工业反哺农业政策实施的农民满意度为中等水平。提出了加大少数民族地区工业反哺农业力度、优先解决农民反映强烈的问题、建立健全农民意见反馈体系及增强乡村干部为农民服务的意识等建议。[①]

回顾文献我们发现：国内外学者对工业反哺农业理论及我国工业反哺农业问题研究较多，较深入，但对广西工业反哺农业的研究相对较少。只是一些相关成果如"广西农业发展的金融支持"、"发展广西生态农业、特色农业的财政支持"等在微观层面上涉及广西工业反哺农业的问题。"广西工业反哺农业"问题需要深入研究。

第三节　相关概念的界定

一　反哺

"反哺"一词最早见于我国晋朝成公绥《乌赋》："惟玄乌之令乌兮，……雏既壮而能飞兮，乃衔食而反哺。"[②] 和《乌赋·序》："夫乌之为瑞久矣，以其反哺识养，故为吉乌。"[③] 广传于我国民间的《增广昔时贤文》（通称《增广贤文》）亦有"鸦有反哺之义，羊有跪乳之恩"的词句。这里的"反哺"指的都是一种鸟类的相互扶养行为：幼鸟长大后，衔食喂其母。我国现阶段经济实践中提出的"工业反哺农业、城市反哺农村"中的"反哺"，指的是"支持"，即工业对农业的支持、城市对农村的支持。使用"反哺"来描述"工业支持农业、城市支持农村"，是一个具有中国特色的词语，是为了强调"回报"。即我国的工业和城市在长期得到农业和农村的"哺育"后迅速发展壮大了，而农业和农村由于长期将剩余资本转化为工业和城

① 凡兰兴：《少数民族地区工业反哺农业的农民满意度分析——以广西为例》，《西南民族大学学报》（人文社会科学版）2014 年第 1 期。
② （唐）徐坚等：《初学记》（下册）第 30 卷，中华书局 2004 年版，第 733 页。
③ （唐）欧阳询：《艺文类聚》第 92 卷，汪绍楹校，上海古籍出版社 1982 年版，第 159 页。

市的发展资本，自身难以得到有效的自我发展，已远远落后于工业和城市的发展，已经发展壮大或正在发展壮大的工业和城市，应该有步骤地、适度地开始"回报"农业和农村，促进农村社会发育，以确保整个国民经济的统筹协调和可持续发展。

二　工业反哺农业

工业反哺农业指的是在国家工业化积累达到一定程度后，改变过去农业哺育工业的政策和制度，反过来形成工业部门剩余回流于农业的机制，支持农业发展。工业反哺农业有狭义和广义之分。

（一）狭义的工业反哺农业

对狭义的工业反哺农业的解释，朱四海等（2005）认为，可以理解为工业对农业的一种价值让渡。工业指的是工业发展形成的绩效（税收、利润、工业化制度、工业化理念等）；农业则泛指农业生产经营者、部分涉农工商业者以及农村、农民。[①] 罗贞礼（2006）认为，可以理解为工业部门对农业本身的反哺，是在产业结构调整过程中，实现工业和农业产业之间的相互协调与共同发展。[②] 还有的学者认为，狭义的工业反哺农业就是对农业和农民收入进行直接补贴。[③] 崔立新（2009）认为，狭义的工业反哺农业的内容主要包括：以工哺农，即工商企业直接给予农业资金、物质和技术等支持；以工带农，即通过工商企业的发展带动农业和农村发展；以工养农，即通过工商企业的发展侧面涵养农业、补助农业；以工建农，如工商企业建立农业生产基地、建立农业技术指导网络等；以工护农，主要是工商企业通过发展订单农业、合作农业等帮助农民规避经营风险。[④]

从以上含义看，狭义的工业反哺农业中的"农业"、"工业"就是三大产业中的第一、第二产业，即要求工业产业的剩余资金或资源流向农业产业，"报答"过去农业对工业的哺育。

（二）广义的工业反哺农业

刘宁（2005）基于我国普遍存在的工农差距和城乡差距认为，广

---

① 朱四海、熊本国：《工业反哺农业实现机制刍议》，《中国农村经济》2005 年第 10 期。
② 罗贞礼：《工业反哺农业研究的回顾与展望》，《现代经济探讨》2006 年第 11 期。
③ 周立群、许清正：《"工业反哺农业"问题综述》，《红旗文稿》2006 年第 13 期。
④ 崔立新：《工业反哺农业实现机制研究》，中国农业大学出版社 2009 年版，第 11 页。

繁多，有补贴于投入环节，有补贴于产出环节，还有补贴于灾害损失和环境保护方面的。WTO《农业协议》将农业补贴政策分为"绿箱政策"、"黄箱政策"和"蓝箱政策"三类。"绿箱政策"（greenbox policy），又称为"绿箱"补贴，是政府执行某项农业计划时，其费用由纳税人负担而不是从消费者转移而来的，对农产品生产和贸易影响很小的支持措施。主要包括一般农业服务支出，如农业基础设施建设、农业科学研究、农业技术培训推广和咨询服务、病虫害控制、检验服务、农产品促销等方面的政府开支；粮食安全储备及粮食援助补贴；自然灾害救济补贴；与生产不挂钩的收入补贴；自主生产者收入保险计划补贴；农业生产者退休或转业补贴；农业环境保护补贴；农业结构调整投资补贴；落后地区援助补贴。[①] 该类补贴任何国家均可免除削减义务。"黄箱政策"（amberbox policy）又称为"黄箱"补贴，主要是指容易引起农产品贸易扭曲的政策措施，是 WTO 要求各国做出削减和约束承诺的国内农业支持与补贴措施。主要包括政府对农产品的直接价格干预和价格支持；农业投入品如种子、肥料、灌溉等补贴；农作物种植面积及牲畜养殖数量补贴；农产品营销贷款补贴等。"蓝箱政策"（bluebox policy）又称为"蓝箱"补贴，主要是为满足欧盟和美国要求，规定一些与农产品限产计划有关的补贴措施，如休耕补贴等。"蓝箱政策"免予削减承诺，不受 WTO《农业协议》的约束与限制，该类政策在发展中国家很少使用。

第四节　研究内容、研究思路与方法

一　研究内容

工业反哺农业理论与实践的内容极为广泛，涉及方方面面。本书主要是从工业反哺农业的客观必然性、理论基础、国外工业反哺农业的基本经验、我国实施工业反哺农业战略的进程以及广西实施工业反

---

① 刘迎霜：《中澳农业补贴政策比较研究》，《华南农业大学学报》（社会科学版）2005 年第 2 期。

哺农业政策的实践等方面对工业反哺农业问题进行研究。重点是对广西工业反哺农业实践的研究。本书共分八章，各章主要内容如下：

第一章为绪论，主要是对研究意义、研究现状、研究内容、研究思路与方法等进行说明，对工业反哺农业、农业补贴等相关概念进行界定。

第二章主要研究工业反哺农业的客观必然性。主要是从理论、实践的角度阐述工业反哺农业是经济发展的必然趋势。世界各国经济发展的实践表明，在工业化初始阶段，农业通常处于被征税的地位，弱质的农业哺育着弱势的工业；而在工业比较发达的阶段，工业自身的积累和剩余不断增多，为了夯实国民经济的基础，弱质的农业往往得到强势工业的反哺。在我国，新中国成立后不久，工业和城市的发展主要依靠农业提供积累，农民为国家工业化做出了重大贡献。目前我国已基本实现了工业现代化，为实现工农业平衡发展，工业必须反哺农业。

第三章主要研究工业反哺农业的理论基础。主要从马克思主义的工农关系理论、发展经济学的工农协调理论阐述工业反哺农业的理论渊源。马克思主义经典作家一直将消灭城乡差别、工农差别、促进城乡协调发展视为未来社会发展的重要任务。到20世纪50年代，发展经济学家提出了实现"二元经济"结构一元化的思路和工农协调理论。这些理论构成了我国工业反哺农业的重要理论基础。

第四章主要研究国外工业反哺农业的基本经验。国外尤其是发达国家在多年的工业反哺农业实践中，积累了很多宝贵的经验。这一章主要是论述国外对农业支持与保护政策体系中最主要、最常用的政策工具——农业补贴。包含国外尤其是发达国家农业补贴政策的演变、农业补贴政策工具的运用、农业补贴的效果等。国外尤其是发达国家农业补贴政策在不断变化，"黄箱"补贴在减少，但仍存在；"绿箱"补贴和"蓝箱"补贴在增加，农业补贴的力度在不断增强。农业补贴促进了农业快速发展，增加了农民收入，保护了农业生态环境，但同时又增加了国家财政负担，并出现了农产品短缺与过剩并存的局面。农产品过剩不可避免地导致了贸易量的增加与贸易摩擦的增加。

第五章主要研究我国工业反哺农业的进程。从分析我国经济发展

（二）研究方法

以马克思主义经济学、发展经济学、统计学、历史学等为理论指导，采用文献查阅与社会调查相结合、历史分析与现实分析相结合、实证分析与规范分析相结合等方法进行研究。基于当前学术界对工业反哺农业的研究已取得了丰硕的成果，各国工业反哺农业的实践也取得了很多宝贵的经验，本书首先通过文本、网络等途径查阅了很多相关的文献，了解学术界相关的研究成果和各地的实践经验，为本书的进一步探讨奠定基础。同时，通过社会调查深入了解广西一些地区实施工业反哺农业战略的基本措施、取得的成效及存在的问题等，使本书更具针对性和创新性。国外尤其是发达国家很早就实施了工业反哺农业战略，我国正式拉开工业反哺农业序幕也已有 10 年的时间，对国外工业反哺农业基本经验及我国工业反哺农业进程的阐述，主要是用历史分析法。而对目前国外工业反哺农业政策的调整及我国尤其是广西工业反哺农业面临的挑战的研究，主要是用现实分析法。在历史分析与现实分析过程中，还渗透着比较分析和归纳分析。主要是比较和归纳分析一些发达国家或地区工业反哺农业的实践经验及其对我国尤其是广西的启示。实证分析与规范分析相结合的方法，主要是以实证分析为主。先对发达国家或地区工业反哺农业的基本经验、我国实施工业反哺农业战略的进程，以及广西实施工业反哺农业的措施、取得的成效、面临的挑战等进行分析，最后得出广西应不断完善工业反哺农业政策体系的结论。规范分析主要用于广西不断完善工业反哺农业政策体系建议的阐述等。在对广西工业反哺农业的农民满意度的分析过程中，还渗透着定量分析和定性分析相结合的方法。对调查取得的数据运用回归模型进行分析，不仅得出了农民的满意值，还明确了其影响因素。

为使研究得出的结论更客观、科学，各种研究方法的运用不是孤立的，而是相互渗透、互为补充。

第二章　工业反哺农业：经济发展的必然趋势

"无工不富，无农不稳"。世界经济发展的实践表明，在贫困国家或工业化初始阶段，为了促进工业发展，农业通常处于被征税的地位，客观上承担了为工业化和城市化提供积累的任务；而在富裕国家或经济比较发达的阶段，工业自身的积累和发展能力得到增强，为了夯实国民经济的基础，农业往往受到政策的保护。在中国，工业反哺农业具有特殊的历史背景。新中国成立后，为了快速发展经济，中国在一穷二白的基础上，主要依靠农业提供的积累，建立起比较完整的工业体系和国民经济体系，农民为国家工业化做出了重大贡献。在一些关键时期，广大农民忍辱负重、含辛茹苦、任劳任怨，用自己的脊梁支撑着前行中的民族躯体。工农业发展原本是一家，并且相辅相成。新中国成立初期，要想立足于世界民族之林，获得生存和发展权，必须走工业化道路，这是保卫祖国的战略选择。这时候农业支持工业发展可以说是责无旁贷的。照此逻辑，当工业化发展到一定程度时，为解决工业发展的"瓶颈"问题，实现工农业平衡发展，工业反哺农业不仅是理所当然，也是必需的。我国一些学者认为，我国工业反哺农业实际上是"把农民的钱还给农民"，也就是"还账"，或者说是农民对工业形成的历史投资的一种"期权收益"。①

---

① 朱四海、熊本国：《工业反哺农业实现机制刍议》，《中国农村经济》2005 年第 10 期。

第一节　弱质农业对弱势工业的哺育

农业生产受自然和市场的双重风险影响，是国民经济中的弱质产业，但农业是第一产业，在经济发展的过程中，尤其在工业化发展初期，农业在国民经济中居主导地位，工业的迅速发展依赖于农业为其提供各种资源和条件。这一时期，一个具有普遍意义的现象是：各种资源的积累表现为从农业和农村向非农业和城市流动。在中国，1949年中国共产党取得政权以后，就在全国进行了工业化运动。当时全国工农业总产值只有466元，人均国民收入为66.1元，在工农业总产值中，农业总产值比重为70%，工业总产值比重为30%。[①] 在这样的经济条件下，为了尽快实现工业化和"赶超"目标，中国采取了比苏联更强的强制性积累方式，试图在远比苏联落后的基础上，跨越轻纺工业阶段而建立重工业化体系。因此，在中国工业化的初期，农业做出了巨大的贡献。这种贡献，除了农业资本、劳动力和土地等生产要素的贡献外，还有产品贡献、市场贡献等。

一　农业要素对初期工业化的贡献

（一）农业资本的贡献

1. 通过农业税收为工业化提供原始积累

农业税我国古时称为"田赋"，也有"田税"或"田租"之称。《辞海》对田赋的释义是：田赋，中国旧时历代政府对土地征收的赋税。[②]《辞源》对田赋的解释是：田赋，按田地征收的赋税。[③] 在《经济大辞典》中，田赋被释义为：中国历代政府以土地为对象所征的税。[④] 国际经验表明，大多数国家在工业化初期或发展中国家都通过直接的方式对农业进行征税。如苏联，政府通过直接税的方式从农

[①] 郭书田：《神农之魂　大地长歌：中国工业化进程中的当代农业（1949—2009）》，金盾出版社2009年版，第46页。

[②]《辞海》（经济分册），上海辞书出版社1978年修订版，第196页。

[③]《辞源》（四），商务印书馆1983年版，第2950页。

[④] 许毅、沈经农：《经济大辞典》，上海辞书出版社1987年版，第597页。

业、农村攫取了大量剩余资金，为工业化提供积累；日本1888—1902年（日本工业化初期），由税收集中的农业资金占非农业投资的60%左右，而政府财政支出用于农业的投资几乎为零。[①]

新中国成立后，各地区曾根据不同情况制定了一些地区性农业税条例，如《新解放区农业税暂行条例》、《东北区农业税暂行条例》、《华北区农业税暂行条例》、《西北老解放区农业税暂行条例》等。尽管这些农业税条例在税制上并不统一，有的采用比例税制，有的采用累进税制，但它们在促进国民经济恢复、支援"一五"计划胜利实现等方面起了重要的作用。1958年《中华人民共和国农业税条例》颁布（以下简称《条例》），统一了全国农村税制，较为详尽地规定了农业税的纳税人和课税对象、农业收入的计算、农业税的税率、农业税的征收等。该《条例》实施40多年以来，除了对各地区名义税率作了部分调整外，基本上没有大的变动。可以说，农民以税负形式所做的贡献几乎贯穿新中国成立50多年以来的各个历史时期。中国的农业税种主要有农业税、牧业税、农牧税附加、农林特产税和向农民征收的耕地占用税等。由于各地区农业结构和农业发展水平不同，农业税率和负担不同。一般地区的负担重了，粮食高产地区的负担更重一些，比如黑龙江省，按照1958年农业税条例规定，全省平均税率为19%，加上地方附加在内平均税率高达22.3%，浙江的杭嘉湖地区、广东的珠江三角洲、四川的成都坝子等都有类似情况；1958年湖南全省的农业税率平均为16%，而常德滨湖8个县的农业税率平均高达20.76%，其中南县、华容、沅江3县更是达到了26%以上。[②] 由于高农业税率和农业税制的长期稳定，农业为国家工业化提供了大量的资金。据有关专家、学者分析测算，从1952—1990年，通过农业税收流入工业部门的资金为1850亿元。[③]

---

① 季丹虎、秦兴方：《工业反哺农业、城市支持农村的次序》，《金陵科技学院学报》（社会科学版）2006年第3期。

② 高其荣：《1958—1965年中国农业税政策演变及效果》，《湖南农业大学学报》（社会科学版）2011年第5期。

③ 郭书田：《神农之魂 大地长歌：中国工业化进程中的当代农业（1949—2009）》，金盾出版社2009年版，第72页。

2. 以工农业产品价格"剪刀差"为工业化提供原始积累

工业化初期，由于要素市场不完善，政府主要采取行政手段为工业积累，农业剩余向工业部门的转移方式除了政府向农民征收直接税以外，主要的还是通过压低农产品价格，实行工农业产品价格"剪刀差"政策。

"剪刀差"概念产生于 20 世纪 20 年代的苏联，最初源于"超额税"。苏联在 1921 年年初走上和平建设轨道后，国家为加快积累工业化资金，人为地压低农产品收购价格，使得部分农民收入在工农业产品交换过程中转入政府支持发展的工业部门，当时人们把农业和农民丧失的这部分收入称为"贡税"或"超额税"。1923 年，苏联政府的工业和商业部门又再次提高工业品价格，使本来已被政府强制压低的农产品的相对价格水平又大大降低。同 1913 年相比，1923 年苏联农民需要相当于原来 218 倍的农产品才能换到等量的工业品，引起了农民的不满。在这样的背景下，苏共中央召开了政治局会议和九月中央全会，会议在斯大林的主持下第一次把农业流入工业的超额税正式称作"剪刀差"，并在中央委员会下设立了"剪刀差"委员会，专门从事研究和调整"剪刀差"的工作。①

苏联的"剪刀差"概念于 20 世纪 30 年代被介绍到中国。1949年新中国成立后，由于工农业生产在战争中遭受的破坏程度不一样，恢复的速度不一样，以及恢复发展工业所需资金和人力资源的短缺，使得工农业产品的比价在抗日战争和解放战争的十几年间扩大了很多，1950 年工农产品比价与抗日战争前的 1930—1936 年相比，扩大了 34.14%。此时中国的"剪刀差"与当年苏联的"剪刀差"概念有所不同了，它已被发展和广义化了，即它不是指那种政府依靠人为扩大工农产品比价来积累工业化资金的政策表现，而是指工农产品比价的不合理状态。

"剪刀差"使农民在交换中吃了很多亏，严重挫伤了农民的生产积极性，也引起了党和国家领导人的重视。从主观上来说，党和国家

---

① 武力：《1949—1978 年中国"剪刀差"差额辨正》，《中国经济史研究》2001 年第4 期。

领导人始终没有像苏联那样故意扩大"剪刀差"去积累工业化资金，而是试图逐步地缩小"剪刀差"。如 1956 年毛泽东在《论十大关系》中就指出："苏联的办法把农民挖得很苦。他们采取所谓义务交售制等办法，把农民生产的东西拿走太多，给的代价又极低。……我们对农民的政策不是苏联的那种政策，而是兼顾国家和农民的利益。……工农业品的交换，我们是采取缩小'剪刀差'，等价交换或者近乎等价交换的政策。"① 但是，事与愿违。新中国成立后，工农产品价格"剪刀差"问题就一直在我国工农产品价格体系中长期存在。

戴孝悌认为，1952—1970 年的 19 年间，我国比值"剪刀差"整体上以年均 7.43% 的速度逐年上升，到 1970 年达到 241.23%；1971—1987 年的 17 年间，比值"剪刀差"整体上自 1971 年始以年均 7.86% 的速度逐年下降，到 1987 年达到历史第三最低值 107.67%，仅比 1952 年增长了 7.67%；1988—2003 年的 16 年间，比值"剪刀差"整体上自 1988 年始以年均 12.64% 的速度逐年上升，到 2003 年达到历史最高值 313.59%，比 1952 年增长了 213.59%。②

李炳坤认为，1952 年我国工业品价格高于其价值 42.0%，而同期农产品价格却低于其价值 22.6%，二者"剪刀差"差额为 141.2 亿元；1957 年工业品价格高于其价值 53.9%，同期农产品价格低于其价值 38.8%，二者"剪刀差"差额为 339.9 亿元；1977 年工业品价格高于其价值 28.5%，同期农产品价格低于其价值 14.1%，二者"剪刀差"差额为 934.8 亿元。③

叶善蓬认为，1952—1977 年，尽管我国农村工业品零售价格只提高 0.1%，农产品收购价格上升了 72.4%，但同期我国农业劳动生产率只提高了 24.8%，而工业劳动生产率却提高了 161.5%。在剔除劳动生产率因素后，从等价交换的角度看，二者价格"剪刀差"扩大了 20% 左右。④

---

① 《毛泽东文集》第 7 卷，人民出版社 1999 年版，第 29—30 页。
② 戴孝悌：《新中国成立以来工农产品价格剪刀差的变动分析》，《南京晓庄学院学报》2013 年第 6 期。
③ 李炳坤：《工农业产品价格剪刀差问题》，中国农业出版社 1981 年版，第 48 页。
④ 叶善蓬：《新中国价格简史》，中国物价出版社 1993 年版，第 178—179 页。

纳德在伯德福德的银行，就是通过这个渠道从农村收进存款、向兰开夏的棉纺织业和伯明翰的冶炼工业提供资金的。当银行开始吸收农村积蓄时，农场主和地主不是把钱放在家里，而是存入银行。[①] 农业储蓄为工业化提供资金积累是一种资金有偿、自愿转移的行为。在我国，20 世纪 50—60 年代，因经济落后农业存贷水平比较低，农民通过减存增贷反而从国家净获得了一些农业发展资金，但 70 年代后农业存款有所增加，尤其是 80 年代末到 90 年代，农民储蓄存款激增而农业贷款锐减，农业剩余转移加剧。据有关专家、学者分析测算，从 1952—1990 年，我国农业通过储蓄流入工业部门的资金为 676 亿元，占农业为工业化建设提供净资金总额的 7.1%。[②]

（二）农业劳动力的贡献

工业化过程中，农业剩余劳动力是工业部门扩张的一个必要条件。在英国，圈地运动是不是工业革命劳动力的来源，国外史学界仍有不同的看法，但不能否认农民是工业革命劳动力的重要来源。一是圈地运动以及随之而来的土地兼并和资本主义农场发展，使大批农民失去土地，不得不进城接受雇佣劳动；二是工业革命造成大量的就业机会，加上工业工资优越于农业工资，吸引了大批的农民脱离土地进城就业；三是农业生产力的不断提高，农村居民的生活水平的不断改善，使农村人口的自然增长率逐渐增高并超过了城市，大批农村过剩人口进入城市。英国农村劳动力由边际生产率较低的农业转向边际生产率较高的工业，提高了资源配置效率，促进了工业化和整个国民经济的发展。

20 世纪 50 年代，在我国开始兴建 156 项工程项目、进行大规模工业化建设的时候，曾经有成千上万的农民离开土地走进工厂，从而完成了在职业上从农民到工人的历史性跨越。这是新中国成立后我国农业第一次为工业化建设输送劳动力。统计资料显示，"一五"计划期结束时，我国城镇社会劳动者中的职工人数由 1952 年的 1603 万人

---

① 何洪涛：《论英国农业革命对工业革命的孕育和贡献》，《四川大学学报》（哲学社会科学版）2006 年第 3 期。

② 郭书田：《神农之魂　大地长歌：中国工业化进程中的当代农业（1949—2009）》，金盾出版社 2009 年版，第 72 页。

增加到 3101 万人，几乎增加一倍。其中，全民所有制单位职工由
1187 万人增加至 2103 万人，城镇集体所有制单位职工由 650 万人增
加到 1227 万人。相应地，城镇人口由 7163 万人急剧扩张到 9949 万
人，增长了 39%。从 1958 年起，我国开始加速工业化建设的三年
"大跃进"，城镇人口和城镇非农业职工进一步急剧增加。到 1960 年，
城镇人口增加至 13000 万人，其中，90% 是机械性增长；城镇非农业
职工增加了 2500 万人，其中有 200 万人来自农村。[①] 与此同时，大办
工业、大炼钢铁之风风靡全国各地，农村"五小"工业遍地开花。一
时间，农村广大青壮年劳动力以其淳朴高昂的激情，积极投身于大办
工业、大炼钢铁的热潮。尽管后来的事实证明它造成了许多宝贵资源
的巨大浪费和经济上的巨大损失，然而在当时看来，抑或用现代的眼
光从历史的角度来看这个问题，我们不能不说，它是一次广大农村成
功动员素质精良的劳动力，支援国家工业化建设的总动员和预演。

改革开放以后，农村实行家庭联产承包经营责任制，使农民将自
身的经济利益与产出效率直接挂钩，极大地解放了生产力，农业劳动
生产率和土地产出率都有了明显的提高，同时，政府允许农民就业相
对自由，农业劳动力不断向第二、三产业释出，大量农民进城务工或
在农村从事非农产业。有资料显示，自 1978 年以来，我国三次产业
的就业结构发生了很大的变化，至 1996 年，农业从业人员占全国从
业人员的比例由 1978 年的 70.5% 下降至 50.5%。在下降的 20 个百
分点中，有 6.1 个百分点被工业和建筑业部门吸纳，有 13.9 个百分
点进入服务业，使得后两个部门的就业结构分别由 1978 年的 17.4%
和 12.1% 上升至 1996 年的 23.5% 和 26.0%。截至 1996 年年底，流
出农业的劳动力为 15648 万人，其中转入城镇就业的劳动力为 2336
万人，其余主要在农村内部从事非农产业尤其是乡镇企业。1996 年我
国乡镇企业增加值达到 17700 亿元，其中工业增加值 13000 亿元，分
别约为当年国民生产总值的 26.2% 和 19.2%；乡镇企业吸纳的农村

---

① 郭书田：《神农之魂　大地长歌：中国工业化进程中的当代农业（1949—2009）》，
金盾出版社 2009 年版，第 73 页。

剩余劳动力约占全社会从业人员的 19.7%。[1] 2004 年，全国乡镇企业从业人数达 13866 万人，实现增加值达到 41815 亿元。[2] 可以说，乡镇企业的兴起与发展，既是我国工业化发展过程中的一个创造，也是我国农业对中国工业化建设的一个特殊贡献。

农村剩余劳动力转移到城镇非农产业就业，在促进工业化发展的同时，也缓解了农村单位土地承受过多劳动力压力，增加了农民的收入，但是，不可否认，农民为工业化提供的是廉价劳动力。在劳动力无限供给的条件下，农村劳动力以不变且非常低下的工资率转移到非农产业或城市部门。尽管如此，那些已经转移到城市非农产业就业的农村劳动力，依然在获得就业机会和工资决定上面受到歧视。农民进城就业"招之则来，挥之即去"，缺乏基本的社会保障。根据计量经济学估计，城市外来劳动力的工资显著低于城市劳动力，其中，因岗位进入障碍和同工不同酬等歧视原因造成的差距占 43%。有学者分析认为，外来劳动力的小时平均工资为 4.05 元，城市本地劳动力的小时平均工资为 5.7 元，外来劳动力的年平均工作时间为 3573 小时。以城市本地劳动力的小时工资为基准，如果对外来劳动力没有歧视，外来劳动力的小时工资将为 4.69 元。也就是说，外来劳动力因为受到歧视，实际上每小时少挣 0.64 元。这样，一个外来劳动力每年平均少挣 2284 元。如果以 2004 年全国有 1.03 亿农村到城市的打工者计算，外出打工农民工每年因劳动力市场歧视而少挣 2343 亿元。[3]

（三）农业土地的贡献

工业发展，工业用地需求不断扩大；同时，人口大量向城市集中，住宅需求也开始大幅度增长，工业和城市用地需求的增加，激发了土地需求的增长。在对农业征税和工农业产品不等价交换的体制下，很大部分农业土地的物质形态、生产力和肥力被城市用很低的价

---

[1] 郭书田：《神农之魂 大地长歌：中国工业化进程中的当代农业（1949—2009）》，金盾出版社 2009 年版，第 73 页。
[2] 中华人民共和国农业部：《新中国农业 60 年统计资料》，中国农业出版社 2009 年版，第 49—51 页。
[3] 蔡昉：《"工业反哺农业、城市支持农村"的经济学分析》，《中国农村经济》2006 年第 1 期。

格或无偿地获得。土地贡献和劳动力贡献的方式是相同的，即农业劳动生产率每提高一步，都以剩余要素转移的方式被工业或城市部门低价或者无偿地得到。

从 1949 年新中国成立到 1978 年改革开放伊始，中国工业化发展经历了以赶超发达国家为目的、优先发展重工业的第一次道路选择。在此期间，土地管理按照国家发展战略的统一安排，保障了工业生产能力和工业化水平的较快提高。这一时期，农用地转为建设用地没有单独的报批手续，按计划获批的工业项目在需要土地时大多有求必应，工业化发展基本上无须考虑土地要素成本。虽然 1953 年政务院颁布的《关于国家建设征用土地办法》对征地补偿的程序和范围作了具体规定，并于 1958 年修改成为《国家建设征用土地办法（修正）》，但是，为了支持工业化赶超式发展，《国家建设征用土地办法（修正）》采取了明显轻视农村集体与农民利益的做法。不仅征地补偿廉价，如一般土地补偿费"以它最近二年至四年的核定产量的总值为标准"，而且存在政府无偿征地的可能，如"征用农业生产合作社的土地，如果社员大会或社员代表大会认为对社员生活没有影响，不需要补偿，并经当地县级人民委员会同意，可以不发给补偿费"。另外，地方政府在征地方面的较大权限也在一定程度上纵容了用地需求量大的重工业"优先"发展，如"建设工程用地在三百亩以下和迁移居民在三十户以下的，可以向土地所在地的县级人民委员会申请核拨；之上则须经省级人民委员会批准，但可申请一次或数次核拨"。"国家为了公共利益的需要，可以依法对城乡土地实行征购、征用或收归国有"也在这一时期第一次写入宪法。在这一时期的绝大部分时间里，中国实行的都是以单一公有制为基础，以高度集中为特征，以行政管理为主要机制的计划经济体制，由政府发动、主导的工业化采取了不顾资源禀赋而推行超越发展阶段的重工业优先发展战略。当时的土地管理大体上遵从国家对资源的统一计划调配，政府在工业化过程中扮演着土地利用的唯一决策者、实施者和责任人的角色。由于当时土地管理基础薄弱，加上土地供需矛盾尚未激化，这一时期出台的土地管理政策及其相关条文较少。据不完全统计，1949 年 10 月至 1978 年 11 月的 28 年中，国家一共制定各类土地政策文件近 30 个，其中，绝大部分是"文化大革命"前制定和出台的，有关保障和促进工业化发展的用地政策更是零散分布其间，并且带有明显的剥夺性和分配性等特征。①

20 世纪 70 年代末至 21 世纪初，中国在改革开放大背景下选择了外延式全面发展的工业化道路。这一时期，中国工业化发展呈现出"压缩性"和"急速式"特征，在短短 20 多年时间里几乎走过了 200 多年世界工业化发展的各个主要阶段，这一成就的取得与土地管理政策的适应性变迁不无关系。1982 年修订宪法时第一次明确"城市土地属于国家所有，农村土地属于农民集体所有"两种所有制并存的法律架构；1986 年中央下发《关于加强土地管理制止乱占耕地的通知》，同年颁布《中华人民共和国土地管理法》，规定了建设用地取得和使用方式，明确了全国土地集中统一管理和严格管理建设用地的原则；1987 年后着力建设与社会主义市场经济相适应的城镇国有土地使用政策，逐步确立了城镇国有土地使用权可出让、转让、出租、抵押的市场交易政策。但这一时期由于土地资源仍相对富余，为了加快推进工业化，中央和地方政府都实行了以提供"优惠政策"为特点的工业化促进战略，以政策手段压低资源价格，特别是以低价格、零价格甚至补贴价格提供工业用地等，以提高对工业投资的吸引力和工业产品的价格竞争力。②

土地"红利"在这一时期中国工业化进程中的作用突出，体现在乡镇企业发展和工业园区建设等方面。作为改革开放前农村手工业和社队企业的延续和发展，中国乡镇企业在 1978 年之后异军突起，走出了一条具有中国特色的农村工业化道路，而较为方便、廉价获取所需土地则在较长时间内保证了乡镇企业的竞争优势。③ 根据 1986 年颁布的《中华人民共和国土地管理法》，乡镇企业建设需要使用土地时，要按照规定向县级人民政府土地管理部门提出申请，县级以上地方人

---

① 姜爱林：《改革开放前新中国土地政策的历史演变（1949—1978）》，《石家庄经济学院学报》2003 年第 3 期。

② 赵崔莉、刘新卫：《浅析中国工业化不同时期的土地管理政策》，《资源科学》2012 年第 9 期。

③ 同上。

民政府可根据权限进行批准，而使用农民集体所有土地时，也仅需按照省（区、市）相关规定给予补偿和安置即可。作为改革开放的"试验区"和"排头兵"，开发区最早于 1979 年经国务院批准设立，由于实施了以较低土地使用费为主要内容的优惠政策，各类开发区吸引了国内外的大量资金。各地方政府突破土地规划和城市规划在城市之外另划区域进行招商引资、推进工业化。仅 1992—1996 年间，全国就有各类开发区 4210 个（国务院和省级批的 1128 个，省以下 3082 个），规划占地 12356.67 公顷，实际占用 7686 公顷（包括耕地 1051.33 公顷）。[①]

改革开放以来，中国耕地面积共减少了 7.87 亿公顷，平均每年减少 46.67 万公顷。[②] 耕地面积减少经历了三次高潮。第一次高潮发生在 20 世纪 80 年代初，1985 年达到高峰，当年全国减少耕地 100 多万公顷，主要原因之一就是乡镇企业大发展；第二次高潮出现在 20 世纪 90 年代初，1992—1994 年每年减少耕地都在 67 万公顷以上，主要原因就是开发区热和房地产热；第三次高潮发生在进入 21 世纪的前后几年，虽然最主要原因是实施大规模退耕还林，但各地发展工业的冲动及其导致的建设占用也同样不容忽视。[③] 由于土地产权制度残缺、土地征收（征用）的城市利益导向严重，农民权益受到大规模、深程度的侵害，从而致使失地农民生计问题日益严重。2005 年中国科学院在一份报告中分析到：如果从 1979 年改革开放计算，每年各种建设用地占用耕地按 26.667 公顷计算，25 年（至 2004 年）共征用了农村耕地 666.67 万公顷左右，每公顷最低按 150 万元计，农民给工业化、城市化提供了相当于 10 万亿元的土地资产；如果按照市价给农民补偿征地款，每年 26.667 公顷土地，相当于 4000 亿元人民币，比 2002 年 1 亿农民在外务工一年邮寄和带回的资金 3000 亿元还

① 赵崔莉、刘新卫：《浅析中国工业化不同时期的土地管理政策》，《资源科学》2012 年第 9 期。

② 陈志刚、曲福田、韩立等：《工业化、城镇化进程中的农村土地问题：特征、诱因与解决路径》，《经济体制改革》2010 年第 5 期。

③ 赵崔莉、刘新卫：《浅析中国工业化不同时期的土地管理政策》，《资源科学》2012 年第 9 期。

果又引起工人的不满。①

我国是一个农业人口占全部人口达 70% 多的人口大国，农村市场和潜在需求市场无疑是巨大的。在中国，农村为国家工业化建设和国民经济发展提供市场贡献，可从农民作为卖者和买者两个角度来看。农民作为卖者，提供了大量的粮食和原料。农民作为买者，其贡献主要体现在 3 个方面：一是农民通过货币支出，直接购买为满足日常生活必需以及为满足生活发展需要的工业品和服务；二是农民为解决和改善居住条件进行建房活动的市场购买需求；三是农民为从事农业生产经营活动所必需投资购买农业生产资料及有关服务。新中国成立后，农民生活水平不断提高，大大增强了农民对工业品的购买力。据统计，仅在 1951 年，农民对工业品特别是对轻工业日用品的购买力，就比 1950 年提高了 25% 左右。完成土地改革较早的老解放区东北农民购买力提高得尤为显著，1950 年的购买力比 1949 年提高 57%，1951 年比 1950 年提高 63.5%。另据统计，由于农民需求激增，1952 年棉布产量比 1949 年增加 102.7%。农业经济的发展和农民生活水平的提高，使得农村对重工业产品的需求量也日益增加，促进了某些重工业产品产量的飞速增长。② 改革开放后，1979—1985 年，农民建房投资年均增长 48.3%，全国农业生产资料商品零售总额年均增长 8%，农村居民消费水平年均增长 10%，农村社会消费品零售总额年均增长 21.2%，均为新中国成立以来增长最快的。1995 年、1996 年，农村居民消费水平分别增长 9.6%、9.7%，农民住房支出分别增长 27.7%、26.7%，生活消费支出分别增长 28.9%、20%。③ 农村的需求，促进了我国工业化的发展。因而，中国农村巨大的市场，对国家工业化建设和国民经济发展的贡献，在任何时候都不能被低估。

———————

① 武力：《1949—1978 年中国"剪刀差"差额辨正》，《中国经济史研究》2001 年第 4 期。

② 白云涛：《土地改革与中国的工业化》，《北京党史》2002 年第 1 期。

③ 郭书田：《神农之魂　大地长歌：中国工业化进程中的当代农业（1949—2009）》，金盾出版社 2009 年版，第 74 页。

第二节　弱质农业需要强势工业的反哺

农业发展与工业发展不同。在工业化初期，农业支持工业发展，随着工业化的进一步深入开展，工业自身逐步发展壮大，自我积累能力增强，不再需要农业为其提供资金积累。然而，农业由于自身具有弱质性，很难强势发展。农业的弱质性是指在完全的市场经济条件下，随着经济的发展，农业作为一个产业和其他产业特别是和工业相比具有比较利益逐渐变低的特性。尽管一些学者否认农业天生的弱质性，认为农业与工业一样，都是发达的产业。[1] 但是，多数学者都认为农业具有天然的弱质性特征，主要是和工业相比，农业劳动生产率提高得慢，以及当农产品供过于求时，农业出现增产不增收现象。在发达国家，一些经济学家在给政府的政策建议书中，经常把农业是一个弱势产业作为第一个理由，促使政府增加其对农业及农业科研的投入；在发展中国家，农业的弱质性就更为突出。[2] 由于农业对初期工业化作出了巨大的贡献，以及农业自身具有弱质性，农业发展相对较落后，所以，发展了的工业必须对农业进行反哺。这不仅是工业把历史的欠账"补"回农业，更是实现工农业协调发展、促进国民经济快速持续健康发展的需要。

一　农业小部门化的要求

世界大多数国家或地区的发展轨迹显示，工业化过程通常伴随着农业的小部门化。在工业化以前的社会里，农业部门一直在社会经济结构中占据着主导的地位，并创造出灿烂的文化，因而农业长期维持着一个大部门地位。工业革命后，随着社会经济的工业化增长，农业的经济主导地位逐渐为工业或其他行业所取代。尤其是在现代工业化的水平不断提高后，工业替代农业主导地位的作用更加全面和彻底，

---

① 葛云伦、郑婉萍：《论农业的弱质性及改造途径》，《西南民族大学学报》（人文社会科学版）2004 年第 1 期。

② 姜太碧、郑景骥、杨武云：《论农业的弱质性》，《经济论坛》2002 年第 23 期。

农业生产逐渐成为社会商品生产的非主体性部分，表现出农业小部门化特征。

20 世纪 60 年代初，诺贝尔经济学奖获得者美国经济学家 S. 库兹涅茨（S. Kuznets）曾对农业小部化现象专门进行过定量分析，揭示了在工业化推进时期农业相对地位下降的趋势。1984 年，印度经济学家 S. 加塔克（S. Ghatak）和肯·英格森（K. Ingersent）在他们的《农业与经济发展》中，继承了库兹涅茨的观点。农业小部门化现象的数理表达（他的分析）可以表述为：[①]

$$Q_t = Q_a + Q_i \qquad\qquad (2-1)$$

式中：Q_t 为一定时期国内生产总值，Q_a 为农业部门折旧后的产出，Q_i 为非农业部门折旧后的产出，t 为时间。

在考虑它们随时间变化时，可以得出：

$$\frac{dQ_t}{dt} = \frac{dQ_a}{dt} + \frac{dQ_i}{dt} = \frac{dQ_a}{dt} \cdot \frac{Q_a}{Q_a} + \frac{dQ_i}{dt} \cdot \frac{Q_i}{Q_i} \qquad (2-2)$$

由式（2-2）又可以得出：

$$\frac{dQ_t}{dt} \cdot \frac{1}{Q_t} = \left(\frac{dQ_a}{dt} \cdot \frac{1}{Q_a} \right)\frac{Q_a}{Q_t} + \left(\frac{dQ_i}{dt} \cdot \frac{1}{Q_i} \right)\frac{Q_i}{Q_t} \qquad (2-3)$$

从式（2-3）可以看出，农业部门产出对国内总产值增长率的贡献，由农业产出的增长率 $\left(\dfrac{dQ_a}{dQ_t} \cdot \dfrac{1}{Q_a} \right)$ 和农业产出占国内生产总值的份额 $\left(\dfrac{Q_a}{Q_t} \right)$ 决定。

假设，$\Delta_a = \left(\dfrac{dQ_a}{dt} \cdot \dfrac{1}{Q_a} \right)\dfrac{Q_a}{Q_t}$ \qquad\qquad (2-4)

$$\Gamma_a = \frac{dQ_a}{dt} \cdot \frac{1}{Q_a} \qquad\qquad (2-5)$$

$$\Psi_a = \frac{Q_a}{Q_t} \qquad\qquad (2-6)$$

就有 $\Delta_a = \Gamma_a \cdot \Psi_a$ \qquad\qquad (2-7)

这里 Δ_a 表示农业部门产出变化对国内生产总值增长率的贡献，

---

① 李晓明：《农业的小部门化趋势及其对策》，《中国经济问题》1997 年第 3 期。

Γ_a 为农业部门产出的增长率，Ψ_a 为农业产出占国内生产总值的份额。在经济工业化过程中，部门产值与经济总量的比率都是正数，一般有：

$$\Gamma_a > 0, \quad \frac{\mathrm{d}\Gamma_a}{\mathrm{d}t} < 0 \tag{2-8}$$

$$\Psi_a > 0, \quad \frac{\mathrm{d}\Psi_a}{\mathrm{d}t} < 0 \tag{2-9}$$

据式（2-7）可以得到：

$$\frac{\mathrm{d}\Delta_a}{\mathrm{d}t} = \frac{\mathrm{d}\Gamma_a}{\mathrm{d}t} \cdot \Psi_a + \frac{\mathrm{d}\Psi_a}{\mathrm{d}t} \cdot \Gamma_a \tag{2-10}$$

将式（2-8）和式（2-9）代入式（2-10），可以得到：

$$\frac{\mathrm{d}\Delta_a}{\mathrm{d}t} < 0 \tag{2-11}$$

由式（2-11）可知，随着时间的推移，农业产出变化对国内总产品增长率的贡献呈下降状态。这就论证了，农业小部门化是经济增长过程中不可避免的必然趋势。更直观的解释可以通过对式（2-4）的分析来说明，式（2-4）可以写为：

$$\Delta_a = \frac{\mathrm{d}Q_a}{\mathrm{d}t} \cdot \frac{1}{Q_t} \tag{2-12}$$

即农业产出对国内生产总值增长率的贡献 Δ_a，实际上就是农业产出增长量 $\left(\frac{\mathrm{d}Q_a}{\mathrm{d}t}\right)$ 占国内生产总值 Q_t 的份额。这一份额的变化趋势是随时间推移而下降的。也就是说，随着经济系统的增长，在国内生产总值中新增加的农业产出成分的影响和作用相对国内生产总值自身的变化而言是越来越小的。所以，农业部门的增长率和占整个经济总量中的份额都小于非农业部门。

农业小部门化具体反映在：农业增长对整个国民经济增长的贡献不断下降；农业产出占国民经济系统总产出的份额也不断下降；农业获取社会生产所需稀缺资源的能力下降即农业劳动力不断转移到非农

业部门，农业部门最终成为一个占有劳动力数量很小的部门。[①] 其原因主要是，现代经济是生产力增长的经济。从农业方面来看，随着技术进步，使农业劳动生产率大为提高，生产相同数量农产品所需的劳动力数减少，农业劳动力出现剩余并被转移到非农产业中就业，农业就业份额因此下降。就工业方面而言，它的科学技术含量比农业的高，生产规模大，劳动生产率和资本产出率高，因此工业部门的领域扩展能力、竞争能力和创造财富能力均比农业的强。这样，由于比较利益的驱动，农业资源必然不断地向非农业部门流动，而外部资源却很难依靠市场的力量进入农业部门，从而使农业的小部门化更加明显，农业增长对整个经济系统增长的贡献、农业产出占整个经济系统总产出的份额不断下降。[②]

从世界经济发展轨迹看，发达国家农业小部门化的程度比发展中国家的高。正因如此，农业小部门化的程度或速度的快慢，或在某个时点上农业产出占整个经济系统总产出份额的多少，以及农业就业人数占总劳动就业人数的比重大小，已经成为衡量整个经济系统处在何种发展阶段上的尺度。如到 20 世纪 80 年代中期，发达工业化国家农业产出占各自国家 GDP 的份额均在 3% 左右，中等收入发展中国家占到 15% 左右，而低收入发展中国家则占到 37%；从农业劳动力占全部劳动力的比重来看，发达国家都远不足 10%，而发展中国家则几乎都在 30% 以上。[③]

在中国，随着工业化的发展，农业小部门化的趋势也很明显。农业产值占国内生产总值的比重由 1952 年的 51.0% 下降到 2013 年的 10.0%；农业就业人数占全部就业人数的比重由 83.5% 下降到 31.4%（见表 2 - 1）。

[①] 刘茂松：《论农业小部门化时期的中国农业工业化战略》，《湘潭大学学报》（哲学社会科学版）2008 年第 1 期。

[②] 尹猛基：《工业反哺农业：我国农业发展新阶段的战略选择》，《河南广播电视大学学报》2006 年第 4 期。

[③] 李晓明：《农业的小部门化趋势及其对策》，《中国经济问题》1997 年第 3 期。

表 2-1　　　　　　　新中国成立以来若干年份农业相关指标占
整个经济系统的比重　　　　　　单位:%

农业指标	1952 年	1978 年	2004 年	2010 年	2013 年
农业产值占 GDP 的比重	51.0	28.2	13.4	10.1	10.0
农业就业人数占全部就业人数的比重	83.5	70.5	46.9	36.7	31.4

资料来源：据相关年份的《中国统计年鉴》资料整理。

农业小部门化对农业和农民发展的影响具有双重性。一方面，给农业和农民的发展带来了机遇。首先，有利于实现农业机械化。农村人多地少，小农式经营，是实现农业现代化的主要障碍。农业小部门化，大量劳动力由农业部门向非农业部门转移，农民数量减少，为农业部门土地经营规模的扩大奠定了基础。同时，农业部门劳动力短缺，可以刺激农业生产手段的改进，实现农业机械化，提高劳动生产率。从经济学意义上说，农业机械化本来就是农业劳动短缺的结果。其次，引致农民内涵提升。农业小部门化使农民由传统小农变成现代农民。农民数量减少和适度规模经营，使农民由自给自足的生产者转变为商品生产者。农民参与市场竞争，使农民在观念上由保守转为进取，在交往上由封闭转变为开放，最终使农民由传统小农变成现代农民。最后，农民地位提高。在小农经济中，各个小农之间只存在地域的联系，未能形成一个阶级，处于依附的地位，他们不能代表自己，而是要别人来代表他们。在现代商品经济中，农民对经济活动的广泛参与以及自身素质的不断提高，组织化水平大为增强，从而由传统的依附关系变为一个独立的重要的社会阶层。

另一方面，农业小部门化使农业和农民的发展面临严峻挑战。首先，农业的附属性增强。农业小部门化意味着农业的"社会发展带动性"已被非农部门所取代，农业自身的生产经营受非农经济的影响增强，如农业科技水平和劳动生产率的提高受非农经济特别是工业经济的影响很大。尤其在我国，相比工业化的迅速发展，农业增长较缓慢，农业产值占 GDP 的比重下降，农产品供给出现相对剩余，容易给人们造成农业在国民经济中已无足轻重的错觉，一些地方重工轻农的现象出现。农业虽然日趋小部门化，但农业的基础地位没有变，农业仍是人类生存和发展的基石。现代经济增长理论认为，当一个部门的相对经济地位逐渐下降，但其作用和功能又不能为其他部门完全替代，那么该部门对其他关联部门乃至整个国民经济的影响和作用会随着下降而增大。1990 年，有国外学者运用 CGE 模型所做的分析也表明，尽管农业部门在美国已成为非常小的经济部门（按国民收入计算，1986 年美国农业收入仅占全国总收入的 2.6%），但农业仍影响到非农部门收入变化的大约 40%，同时影响到非农产业部门就业变化的 0.4% 到 4.0% 左右。[①] 事实上，工业革命以来，尽管农业增长通常是缓慢的，所占的份额是下降的，但农业的"生存保障性"功能始终不能为其他部门完全替代。而且，农业发展波动很小，当国民经济系统受到冲击出现经济增长较大波动时，农业增长还能保持相对稳定性，是国民经济系统稳定性的基础。所以，在现代经济中，农业部门的作用和功能实际上是增强了。其次，农业优质资源外流。由于受报酬率递减规律的影响，农业的比较利益在不断下降，不仅外部资源很难依靠市场的力量进入农业领域，而且农业内部资源不断向非农部门转移。在我国，农业小部门化使农业发展面临了两个减少"不可逆"，即农业劳动力减少不可逆和土地特别是耕地减少不可逆。在工业化进程中，农业劳动力向非农部门转移需要勇气、智慧和毅力，所以离开土地的农民大都是素质较高的部分。这样留在农业内部的劳动力素质从总体上下降。如目前在我国的许多农村地区和农业领域出现了"386199"部队，这些人由于体力偏弱和知识水平偏低，在应用新技术等方面存在较大的障碍，这对农业的发展是不利的。随着工业化发展和城市化推进，我国耕地被占用不断增多，耕地总量呈明显下降趋势。如据第二次全国土地调查成果资料，与 1997 年完成的第一次调查相比，建设用地从 2918 万公顷增加到 3500 万公顷，增加了 582 万公顷。截至 2009 年，全国耕地有 1.35 亿公顷，但全国有 996.3 万公顷耕地需要退耕还林、还草及休养生息等，有相当数量耕地受到中、重度污染不宜耕种，还有一定数量的耕地因开矿塌陷造成地表土层破坏、地下水超采影响正常耕种，目前适宜稳定利用的耕地只有 1.2 亿

---

① 李晓明：《农业的小部门化趋势及其对策》，《中国经济问题》1997 年第 3 期。

多公顷。① 这已逼近了我国耕地红线。耕地是农业发展的载体，耕地数量减少对农业持续发展是一大硬伤。最后，粮食安全压力大。在工业化进程中，农业小部门化使农业发展面临两个减少"不可逆"的同时，又出现两个增长"不可逆"，即人口增长"不可逆"和农产品（粮食）需求增长"不可逆"。因此，粮食安全问题不容忽视。在我国，尽管粮食实现"十年连增"，2013 年粮食总产量达到 60194 万吨，但是人均占有产量却只有 440 公斤，仅比 1984 年人均拥有粮食产量多 50 公斤。2012 年我国三大主粮净进口达到 1900 万吨。② 我国人口基数大，尤其是计划生育政策调整后，人口增长率将更高。据《1997—2010 年全国土地利用总体规划纲要》预计，到 2030 年我国将达到或接近人口峰值年，人口总数将达到 15 亿—16 亿。③ 尽管受恩格尔定律的影响粮食需求量可能增长较慢，但由于人口总量大，以及人们对食品结构、质量要求提高，粮食需求总量将会增加。所以，作为粮食消费大国的中国，粮食供求将长期处于紧平衡状态。

农业小部门化不仅是经济发展的一种趋势，而且是衡量经济发展程度的一种标志。但必须满足一个前提条件：农业劳动生产率的提高和农产品的供给，必须保证工业化和城市化发展所有劳动力及居民对农产品增加的需求。可见，农业小部门化不意味着农业产品或产值"小化"；相反，农业小部门化，必须要实现农业产品或产值"大化"，这样农业才能支撑得起整个国民经济系统的正常运行。由于农业发展受自然和市场双重制约较大，农业增长通常比较缓慢，仅靠农业自我积累和自身发展，小部门化的农业难以发挥"大"的作用。因此，要在农业小部门化的趋势中夯实工业化和国民经济发展的基础，亟须抓住机遇，实施工业反哺农业战略。既要抓住农民进城的机遇，推进户籍制度改革和农村土地适度规模经营，又要加强农业基础设施建设和对现有农民进行人力资本投资，等等，不断提高农业劳动生产率和降低农业生产成本，使农业生产经营者至少获取社会平均利润。

---

①　胡其峰：《第二次全国土地调查成果公布》，《光明日报》2013 年 12 月 31 日。

②　王金辉：《我国耕地资源安全与口粮安全》，《人民政协报》2014 年 3 月 12 日。

③　《1997—2010 年全国土地利用总体规划纲要》，http://www.mlr.gov.cn/zwgk/ghjh/200710/t20071017_ 88615.htm，2007 年 10 月 17 日。

二 农民增收的要求

中国共产党领导的革命、建设和改革的重要目的之一，就是让广大农民获得翻身解放，不断过上幸福生活。早在民主革命时期，毛泽东从农民的经济、社会地位出发分析农民的本质特性，认识到了土地问题是农民问题的核心，从而在实践中把解决农民的土地问题作为中国革命的突破口，领导中国农民实现了两次巨变——土地革命和合作化运动。20 世纪 70 年代末，邓小平充分认识到农民最大的利益就是自己有对土地经营的自主权，从而推行农村联产承包责任制。江泽民、胡锦涛根据中国改革开放和现代化建设实际，全面贯彻"三个代表"重要思想和科学发展观，尤其注重对"三农"问题的研究和逐步解决。2010 年，《中共中央关于制定国民经济和社会发展第十二个五年规划的建议》明确指出：必须坚持把解决好农业、农村、农民问题作为全党工作重中之重，统筹城乡发展，坚持工业反哺农业、城市支持农村和多予少取放活方针，加大强农惠农力度，夯实农业农村发展基础，提高农业现代化水平和农民生活水平，建设农民幸福生活的美好家园。2012 年召开的中共十八大又指出：解决好农业农村农民问题是全党工作重中之重，……着力促进农民增收，保持农民收入持续较快增长。实现国内生产总值和城乡居民人均收入比二〇一〇年翻一番。中共中央一直以来把增加农民收入作为当前乃至今后农村工作的一个重点，是有充分依据的。"三农"问题归根结底是农民问题，农民问题的核心是增收问题。只有把农民收入搞上去，扩大农村消费、改善农民生活才有最广泛、最深厚的物质基础。"仓廪实而知礼节，衣食足而知荣辱"。让广大农民收入增加、安居乐业，才能在广大农村形成和谐安定、健康向上的良好局面，农村社会稳定才能有坚实的基础，社会和谐稳定才能有可靠的保障。

农村实行家庭联产承包责任制后，极大地释放了农民的生产活力，农民既可以在家种田，又能进城务工，有效地拓宽了农民增收的渠道，从而带来了农民收入的迅速增长。然而，目前我国农民增收状况仍不容乐观。

第一，农民收入与城镇居民收入相比仍然存在较大的差距（见图 2 - 1）。根据国家统计局公布的统计数据 2013 年我国城镇居民家庭人均可支配收入为26955.1元，农村居民家庭人均纯收入为8895.9元。可见，虽然自改革开放以来农民人均纯收入的绝对额大幅度增长，但是城乡居民的收入差距却越来越大。而在发达国家农民和城市居民人均收入的差距不断缩小。如日本，1960年农民人均收入是城市居民人均收入的70%，1975年攀升至城市居民收入的103%，此后，农民人均收入一直呈高于城市人均收入的态势，1994年达到城市居民收入的115%。[①]

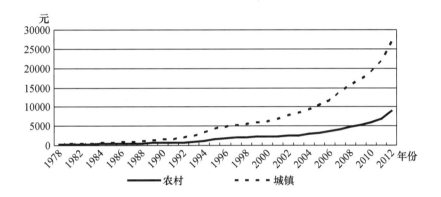

图2-1 中国城乡居民家庭人均可支配收入比较

资料来源：《中国统计年鉴》。

第二，农民收入增长年际间波动较大，阶段性变化明显（见图2-2）。1978—1984年，农民收入增长较快，人均纯收入的名义增长率和实际增长率都在10%以上。1985—1989年，农民收入增长缓慢，且实际增长率下降幅度很大，1989年农民人均纯收入的实际增长率出现了负数。1990年农民人均纯收入名义增长率由上年的10.4%上升到14.1%，实际增长率也由负转正，1991年农民人均纯收入名义增长率下降至3.2%，但实际增长率仍达到2.0%。1992—1996年，农民收入实现了恢复性增长，名义收入增长率恢复到10%以上，扣除物价因素，实际收入增长率仍逐年上升。1997—2000年，农民人均纯收

---

① 丁玉、孔祥智：《日本农民增收的经验和启示》，《世界农业》2014年第5期。

入迅速下降，2000 年名义增长率和实际增长率分别下降至 1.9% 和 2.1%。2001—2003 年，农民收入增长率缓慢恢复。2004 年以后，农民收入进一步恢复增长，但增长率仍较低，2010 年名义增长率和实际增长率分别只有 14.9% 和 10.9%，2013 年又分别下降到 12.4% 和 9.3%。

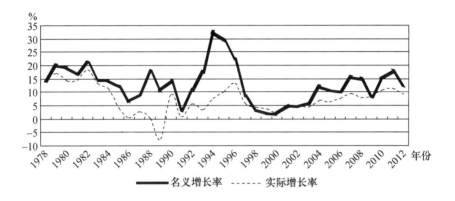

图 2 - 2　中国农民家庭人均纯收入名义增长率与实际增长率变化情况

资料来源：《中国统计年鉴》；《新中国农业 60 年统计资料》，中国农业出版社 2009 年版。

从目前情况看，我国农村居民收入增长相对较慢的原因至少有 3 个方面。

第一，农业经营风险大。一是自然风险大。农业是以生命有机体作为生产对象，具有自然再生产的生产特殊性，除有自身的生长发育规律外，还受气候等自然条件的影响特别大，极易受自然灾害干扰。如果"老天爷"大发慈悲，风调雨顺，农业会五谷丰登；如果"天公"不作美，旱涝连连，农业则会产量锐减，甚至颗粒无收。如 2014 年 8 月，河南省驻马店市一些农民含泪将因干旱收成无望的玉米粉碎还田。"季节到了，就是有水浇，也不结棒儿了。""玉米长在地里，耗地力；机割粉碎玉米秆还田，还能养养地，等待 10 月种麦。"[1]

①《河南重旱区农民含泪铲除绝收玉米》，http：//news. qq. com/a/20140806/015031. htm#p=2，2014 年 8 月 6 日。

可见，农业对环境和自然力的依赖相当强，使农业生产具有明显的不稳定性和脆弱性。这种情形，即使在生产力发达的美国仍然存在。二是技术风险大。农业技术风险是指由于农民缺乏农业技术或某些技术在应用后产生的不确定副作用，对农业生产经营活动所造成的损失。农业技术风险主要来自农业技术经济绩效的不确定性、农业技术应用的复杂性和农民素质状况。在自给自足的小农生产方式下，农民靠"干中学"的经验来控制风险，这一问题尚不突出。但从 20 世纪 80 年代中期开始，规模种养、高新技术农业开始出现，农业大量使用新设备、新技术，但技术服务队伍和组织机构缺位，新的农业技术推广体系还未完全形成，农业经营的技术风险日益加大。技术风险轻者可以造成减产、效益下降；严重者造成绝收，血本无归。三是市场风险大。在市场经济条件下，农业产品绝大部分是商品，需要进入市场进行交换。但由于农业生产的生产周期较长，对市场信息的反应常常滞后，生产者依据现时市场信号做出的生产决策待产品产出后，情况可能已发生了很大变化，加上大部分农产品是鲜活、易腐产品，不耐久储，保管费用高，容易受到损失。更要命的是，农产品需求弹性低（一般认为，农产品需求弹性小于 1），当农产品丰收出现供过于求时，容易造成"谷贱伤农"，农民增产不增收。在我国，由于农业经营单位较小，组织化程度低，市场风险将更大。

第二，农村土地经营规模小，经济效益低。在人少地多的美国，如果家庭农场要获得美国家庭收入水平，必须要经营近 416 公顷土地的农场规模。然而，2000—2006 年，美国农场平均拥有土地 178.5 公顷，离 416 公顷差距甚大，农场经营净剩余的实际值逐年降低，90% 以上的农场不能获得家庭收入水平，需要政府对其进行补贴。① 我国农村人多地少，尽管有部分农民进城务工，但由于城市户籍制度限制，农村剩余劳动力未能真正向城镇转移，农村土地经营规模更加小，农业机械化难以推广，劳动生产率难以得到有效提高，农业生产难以形成规模经济效应，农民经营性收入的提高更加有限。

---

① 张锦洪、蒲实：《农业规模经营和农民收入：来自美国农场的经验和启示》，《农村经济》2009 年第 3 期。

第三，农民收入结构单一。目前，我国农村居民的收入主要来源于家庭经营性收入和工资性收入，而财产性收入和转移性收入的来源则极为有限。2000 年，尽管经营性收入只有 1427 元，工资性收入有702 元，但却分别占农民家庭人均纯收入的 63.3% 和 31.2%；而财产性收入和转移性收入分别只占 2.0% 和 3.5%。到 2012 年，经营性收入占农民家庭人均纯收入的比重下降到 44.6%，但仍然为农民收入的最主要来源；而财产性收入和转移性收入占比有所上升，但分别也只有 3.1% 和 8.7%（见表 2-2）。在发达国家，非农收入在农民收入中占主导地位。如日本，1960 年农业收入占农民总收入的比重为55%，非农收入占的比重为 45%，至 2000 年，农业收入的比重下降到 17.9%，非农收入的占比已上升至 82.1%。日本政府对农业的高补贴支持和农业协同组合（即农协）作用的积极发挥，使农民收入逐渐高于城市。[①] 日本农户年收入的 60% 来自政府的各种补贴；[②] 美国农场主的收入大约 1/3 来自政府的农业补贴。[③] 欧盟农民的收入很多也是来自政府的各种补贴。

表 2-2　　2000—2013 年中国农民家庭人均纯收入来源结构变化

年份	经营性收入		工资性收入		财产性收入		转移性收入	
	规模（元）	占比（%）	规模（元）	占比（%）	规模（元）	占比（%）	规模（元）	占比（%）
2000	1427	63.3	702	31.2	45	2.0	79	3.5
2002	1487	60.1	840	33.9	62	2.5	87	3.5
2003	1541	58.8	918	35.0	68	2.6	95	3.6
2005	1844	56.7	1175	36.1	88	2.7	147	4.5
2007	2194	53.0	1596	38.5	128	3.1	222	5.4
2009	2527	49.0	2061	40.0	167	3.3	398	7.7

[①] 丁玉、孔祥智：《日本农民增收的经验和启示》，《世界农业》2014 年第 5 期。

[②] 李巧莎、吴宇：《日本增加农民收入的途径及启示》，《日本问题研究》2010 年第 4 期。

[③] 俞宜国：《发达国家如何保护和发展农业》，《农村合作经济经营管理》1993 年第 9 期。

续表

年份	经营性收入		工资性收入		财产性收入		转移性收入	
	规模（元）	占比（%）	规模（元）	占比（%）	规模（元）	占比（%）	规模（元）	占比（%）
2011	3222	46.2	2963	42.4	229	3.3	563	8.1
2012	3533	44.6	3448	43.6	249	3.1	687	8.7
2013	3793	42.6	4025	45.3	293	3.3	784	8.8

资料来源：根据相关年份《中国统计年鉴》数据整理。

由以上分析可知，农民增收困难，水平受限，要增加农民收入，需要农民自己的勤劳努力，更需要实施工业反哺农业战略。工业反哺农业，才能加强农业基础设施和农产品市场建设，加强农业科技研究开发和农民培训，以及深化户籍制度和农村土地经营制度改革，不断完善家庭承包经营制度和农业资助政策，等等，使农民收入不断增加。

三 农业及人类可持续发展的要求

在工业化进程中，农业小部门化并不意味农业将消失，或可有可无。否则，人类将无衣食之源、生存之本。在人类发展历史中，农业支撑了人类社会的发展和进步。然而，随着工业化的发展和人口不断膨胀，资源日趋耗竭，无论是再生资源还是非再生资源的消费量都与日俱增，环境退化，人类对自然界的"赤字财政"严重制约着农业及人类自身的可持续发展。

1962 年美国海洋生态学家雷切尔·卡尔森（Rachel Carson）在《寂静的春天》中，以无可辩驳的事实指出，一些农药和化学物质污染对动物和人类造成了极大的危害，敲响了环境的警钟。1972 年联合国通过了《联合国人类环境会议宣言》，国际社会开始认识到，地球只有一个，环境污染已经成为制约世界经济和社会发展的重大因素，必须采取共同行动，保护环境，拯救地球。1982 年美国农业科学家莱斯特·布朗对"可持续发展观"作了系统阐述。此后，美国政府开始关注农业可持续发展，并制定了自己的发展模式，同时也推动了世界农业可持续发展。1992 年在巴西召开的联合国环境与发展大会，提出了以人的全面发展为目标，经济、社会和资源、环境协调持续发展的新发展观，进一步指出可持续发展是满足当代人的需要，又不对后代人满足其需求构成威胁的发展。这一新的发展观把农业可持续发展的研究推向了一个新的阶段。目前，农业可持续发展已经成为各国非常关注的全球性问题。[①]

中国是最早采纳可持续发展战略性和协调性举措的国家之一。在1992年联合国环境与发展大会举行之后不久，我国政府随即发布了《21世纪中国人口、环境与发展白皮书》，并将其作为实现可持续发展战略的指导性文件。[②] 1997年召开的中共十五大就明确提出了实施可持续发展战略。2012年中共十八大又指出："建设生态文明，是关系人民福祉、关乎民族未来的长远大计。……必须树立尊重自然、顺应自然、保护自然的生态文明理念，把生态文明建设放在突出地位，……努力建设美丽中国，实现中华民族永续发展。"

然而，目前我国农业和人类可持续发展仍面临着严峻的挑战。

第一，耕地利用潜力减小。粮安天下，地为根基。耕地作为粮食生产的载体和人类生存发展的重要物质基础，具有稀缺性和不可替代性。目前，世界可适宜用作耕地的土地面积约为42亿公顷，仅占世界土地面积的30%左右，且世界大量耕地被占用和消耗，面临日益严重的耕地减少问题。此外，由于工业"三废"污染和农业面源污染，造成耕地质量下降，世界可利用耕地不断减少。[③] 如2011年联合国粮农组织（FAO）发布的《世界耕地与水资源现状》显示，全球25%的耕地"严重退化"，44%的耕地"中度退化"，仅有10%的耕地"状况改善"。联合国粮农组织官员雅克·迪乌夫说："报告警醒人们，不要再觉得这些重要资源（耕地）无穷无尽。"由于耕地数量减少和"严重退化"，威胁2050年前全球粮食增产七成的目标。至2050年，即使粮食产量翻一番，全球仍将有3700万人挨饿。[④] 粮食

---

① 陈士军、殷红春、刘兴：《国外农业可持续发展的经验及对我国的启示》，《中国农机化》2008年第4期。

② 苏琳：《可持续发展，让人类与自然共存》，《经济日报》2005年9月7日。

③ 尹成杰：《世界耕地资源与粮食安全》，《农村工作通讯》2009年第10期。

④ 新华社专电：《联合国：全球四分之一耕地严重退化》，《新华每日电讯》2011年11月30日。

的生产直接依赖于耕地和加诸耕地上的劳动，所以耕地资源的有限性及人口数量的不断增加，决定了农产品的供给始终处于相对不足的状态。我国是世界上人口最多的国家，目前我国以占世界10%的耕地，承载着世界25%的人口，耕地资源的有限性更为突出，粮食安全问题更为严峻。

由于人口增长对农产品的需求压力，迫使我国农民高强度地使用耕地，使耕地的污染和退化严重。目前，主要通过大量使用农药和化肥来提高粮食产量，导致土地结构被破坏、板结贫瘠、肥力下降等一系列问题。有学者认为，中国用不到世界10%的耕地，却耗掉了全球化肥总量的1/3，农业生态环境急剧恶化。[①]

据环境保护部和国土资源部2014年4月联合发布的全国首次土壤污染状况调查公报资料显示，全国土壤环境状况总体不容乐观，土壤污染严重，全国土壤总的点位超标率为16.1%，其中轻微、轻度、中度和重度污染点位比例分别为11.2%、2.3%、1.5%和1.1%。从土地类型看，耕地、林地、草地土壤点位超标率分别为19.4%、10.0%、10.4%；从污染类型看，以无机型为主，有机型次之，复合型污染比重较小，无机污染物超标点位数占全部超标点位的82.8%。[②] 2014年6月《2013中国环境状况公报》发布，环保部官员在发布会上说，我国耕地土壤环境质量堪忧，区域性退化问题较为严重，全国年内净减少耕地面积8.02万公顷，现有土壤侵蚀总面积2.95亿公顷，占国土面积的30.7%。[③] 另有研究表明，目前全国耕地优等地面积为 3337.56×10^3 公顷，占全国耕地评定总面积的2.67%；高等地 37509.49×10^3 公顷，占29.98%；中等地 63360.62×10^3 公顷，占50.64%，低等地 20907.39×10^3 公顷，占16.71%。[④] 耕地是

① 郭丽琴、丁灵平：《中国不到世界10%的耕地，耗掉全球化肥总量1/3》，《第一财经日报》2013年3月14日。

② 毕淑娟：《两成耕地土壤污染超标　中国向土壤污染宣战》，《中国联合商报》2014年4月28日。

③ 李禾：《〈2013中国环境状况公报〉发布》，《科技日报》2014年6月6日。

④ 程锋、王洪波、郧文聚：《中国耕地质量等级调查与评定》，《中国土地科学》2014年第2期。

一种不可再生资源，我国现有耕地资源短缺，质量偏低，后备资源严重不足，随着人口的不断增加，工业化和城市化进程加快，未来我国耕地面积减少将是一种不可避免的长期趋势，这种趋势只能减缓而不能遏制。[1]

第二，水资源短缺。水是生命之源、生产之要、生态之基，是人类赖以生存和发展的重要载体和物质基础。当今世界，水资源不足和水污染引起的水源危机已成为许多国家在政策、经济和技术上所面临的复杂问题和社会经济发展的主要制约因素。2012 年，第六届世界水资源论坛在法国马赛开幕，论坛提出警告指出，当今世界仍有 20 亿人不能喝到干净的饮用水，全世界每年都有上百万人因为喝了脏水而患病死亡。[2] 有专家预计到 2030 年，全球水需求量将超过可持续供水量的 40%，届时全世界至少有一半人口将因严重缺乏淡水而面临生存的威胁。联合国教科文组织前总干事克劳斯·特普费尔说，在不久的将来，最激烈的冲突可能是为水而战。[3]

在全球范围内，中国是世界上最缺水的 13 个国家之一。中国用全球 7% 的水资源养活了占全球 21% 的人口，人均水资源占有量仅为世界平均水平的 28%。目前我国每年缺水量达 500 亿立方米，其中农业缺水 400 亿立方米，每年因干旱缺水导致农业减产问题是比较严重的，另外 100 亿立方米是工业和生活缺水。[4] 在全国 400 多座缺水城市中，有 110 座严重缺水，重度缺水的省份有 16 个之多[5]，主要是在西北、华北地区。由于人多水资源少，我国地下水超采区达 400 余个，超采区总面积 19 万平方公里，约占全国平原区面积的 11%。[6] 有的地区如北京的地下水是过度取用的，造成了北京的地下水位从解放初期的 5 米下降到现在的 50 米，地下水位每年下降将近 1 米。此

---

① 孙英兰：《中国耕地质量之忧》，《农村实用技术》2010 年第 11 期。

② 潮轮：《世界水资源现状堪忧》，《生态经济》2012 年第 5 期。

③ 李华、叶敬忠：《被捕获的自然：重审水资源商品化》，《中国农业大学学报》（社会科学版）2014 年第 2 期。

④ 李禾：《中国喊"渴"如何破解水资源困境》，《科技日报》2014 年 5 月 30 日。

⑤ 纪平：《让水资源的约束力"硬"起来》，《中国水利》2014 年第 11 期。

⑥ 王尔德、平亦凡：《全国地下水超采区达 19 万平方公里》，《21 世纪经济报道》2012 年 4 月 24 日。

外，我国用水浪费大，水污染严重。我国每 1 万元的 GDP 用水量是世界平均水平的 5 倍，每年没有处理的水的排放量是 2000 亿吨，2000 亿吨的污水排放量造成了 90% 流经城市的河道受到污染。[①]《2013 中国环境状况公报》显示，全国地表水总体为轻度污染，部分城市河段污染较重。长江、黄河、珠江、松花江、淮河、海河、辽河、浙闽片河流、西南诸河和西北诸河十大水系的国控断面中，一至三类、四至五类和劣五类水质的断面比例分别为 71.7%、19.3% 和 9%。黄河、松花江、淮河和辽河轻度污染，海河中度污染；在监测营养状态的 61 个湖泊（水库）中，富营养状态湖泊（水库）占 27.8%，其中轻、中度富营养的湖泊（水库）比例分别为 26.2%、1.6%；在 4778 个地下水监测点位中，较差和极差水质的监测点比例为 59.6%。[②] 有专家认为，目前全国水供需达标率不到一半，约 47.4%，也就是说，实际上有超过 50% 的水没有达到它的功能所需要的水质标准，如部分农业用水达不到农业灌溉的水质要求。[③] 在南方地区，资源不缺水，但是水质性缺水。目前我国 9000 亿立方米可用水总量已经用掉 6300 亿立方米，占可用水总量的七成，距我国 7000 亿立方米的可用水供应"红线"已经非常接近。[④] 到 2030 年，中国将达到缺水的高峰，因为那时候人口将达到 16 亿，人均水资源的占有量将为 1760 立方米（2005 年人均拥有水资源 2220 立方米）[⑤]，水资源供需矛盾将更加突出。

第三，工业和农业综合污染，人类健康受到严重威胁。随着工业化和农业科技不断发展，工业和农业所造成的污染越来越严重，污染不仅使耕地损失、水源减少，而且严重威胁人类的身体健康。有资料表明，全世界每天约有 6000 个儿童死于与不卫生水相关的疾病[⑥]，每

---

①　木佳：《2030 年：中国水资源告急》，《中华工商时报》2005 年 6 月 8 日。

②　李禾：《〈2013 中国环境状况公报〉发布》，《科技日报》2014 年 6 月 6 日。

③　李禾：《中国喊"渴"如何破解水资源困境》，《科技日报》2014 年 5 月 30 日。

④　张小伟：《我国用水总量已临供应"红线"》，《首都建设报》2014 年 5 月 19 日。

⑤　木佳：《2030 年：中国水资源告急》，《中华工商时报》2005 年 6 月 8 日。

⑥　陶金：《世界水资源态势》，《决策与信息》2012 年第 10 期。

年约有 1500 万人死于环境污染，每分钟有 28 人死亡。① 在中国，改革开放 30 多年来，经济以粗放式发展为主要模式。2010 年中国超过日本成为世界第二大经济体，2013 年中国超过美国成为世界第一大货物贸易国。而与此同时，造成的污染也相当严重。从工业来看，高增长、高能耗、高排放的三高企业造成工业"三废"大面积扩散，镉、汞、砷等重金属不断向水土渗透。据有关部门调查显示，全国 4.6 万多家重点行业及化学品企业中，12% 的企业距离饮用水水源地、重要生态功能区等环境敏感区域不足 1 公里。72% 的企业分布在长江、黄河、珠江和太湖等重点流域沿岸，50% 的企业无事故应急池。以长江为例，沿岸有 40 多万家化工企业，此外还分布着五大钢铁基地、七大炼油厂以及三大石油化工基地。② 根据国际能源机构的最新数据，截至 2011 年，中国二氧化碳排放量达到 80 亿吨，已占到全球碳排放总量的 25.5%，即 1/4 强，超过美国碳排放量 50% 左右，被国际社会认为是世界上最大的碳排放国。2013 年以来，我国多次出现持续性、大面积雾霾，覆盖全国 25 个省份、100 多个城市，受影响人口约 6 亿人，使中国成为国际社会高度关注的焦点，甚至被国际低碳经济研究所称为"当今全球最大的环境灾害"。③ 依据新《环境空气质量标准》，2013 年我国 74 个重点城市环境空气质量达标比例为 4.1%，仅 3 个城市空气质量达标，城市环境空气质量形势严峻。④ 从农业来看，点源污染与面源污染交织，生产污染和生活污染并存。一是化肥农药使用过多。我国是农业大国，但由于农业化水平低、农业技术相对落后，使得在农业种植过程中大量施用化肥和有毒的农药。如 2003 年，中国农田化肥施用量为 464.5 公斤/公顷，超过发达国家安全施用量 225 公斤/公顷上限的 1 倍以上；农药施用量达 15 公斤/公顷，是发达国家使用量的 2 倍多；其中，高毒农药占农药施用总量的

---

① 李渊丰：《浅谈国际组织与世界环境问题》，《阴山学刊》2013 年第 2 期。
② 佚名：《我们应当深入反思》，《中国环境报》2014 年 4 月 22 日。
③ 章轲：《中国污染到底有多重？ 污水总量超环境容量三倍》，《第一财经日报》2014 年 5 月 22 日。
④ 李禾：《〈2013 中国环境状况公报〉发布》，《科技日报》2014 年 6 月 6 日。

70%，国家明令禁止的一些高毒高残留农药仍在部分地区违规使用。①
二是农村养殖污染大。特别是畜禽大量养殖，畜禽粪便直接排放，使
农村养殖主要排放物的污染已大大高于农村工业废水和生活废水的污
染。根据相关监测数据，农村在非现代化养殖条件下，一头猪所产生
的废水约等于 5 个成年农村人生活所产生的废水。加上部分农业化养
殖区域违规修建在水源保护地或水源上游，使得水源的环境也在日益
恶化。三是农村生活废水污染。目前，我国大多数农村安装了自来
水，但生活排水系统却没有搞好，大多是随意排放。"污水靠蒸发、
垃圾靠风刮"是不少地区农村环境的真实写照。目前，全国农村每年
产生生活污水约 80 亿吨，生活垃圾约 1.2 亿吨。② 工业和农业造成的
污染，不仅使我国农产品产量减少，还导致农产品有毒成分超标，空
气污浊，威胁人体健康。世界银行的一份关于环境问题的报告列举了
一组触目惊心的社会事实：在中国的主要城市中，估计每年有 7.8 万
人由于大气污染的危害而过早地死亡；在沈阳、上海以及其他一些主
要城市，受调查的儿童血液中铅含量平均超过被认为对智力发展不利
水平的 80% 左右；中国的大气与水污染，尤其是细微大气颗粒对人体
健康的危害每年至少达 540 亿美元，几乎是 1995 年中国国内生产总
值的 8%。③

　　资源耗竭、生态退化、环境污染的原因是多方面的，但主要是工
业化引起的。工业化不仅占用了大量的土地和水资源，造成了严重的
环境污染，而且迫使农业过度开发，农业发展面临严峻挑战。从"谁
受益、谁补偿"和"谁污染、谁治理"的基本原则看，为保障农业
可持续发展和粮食安全，工业必须反哺农业。另外，面对资源耗竭、
生态退化、环境污染，发展农业已从过去单纯注重其经济意义向经济
意义和生态意义并重的方向转变。现代农业具有多功能性，即农业对
整个社会所产生的外部效果及其引申的外溢效用。如除粮食安全及国
家安全外，还有农业对农村发展和就业的影响，农业水利实施的蓄

---

① 王静波、和向东：《农村环境污染现状及防治分析》，《环境科学导刊》2014 年第 2 期。
② 解艳华：《环境保护和污染治理的重心必须向农村转移》，《人民政协报》2014 年 3
月 11 日。
③ 李文武、马瑞：《环境问题：一个社会问题的再阐释》，《新学术》2008 年第 3 期。

水、防洪和发电等综合功能，水田对地下水资源的涵蓄功能，植被的生态功能、对水土保持和气候的调节功能，等等。日本学者认为，该国政府对稻米的保护不仅为了稻米的产品价值，也不仅是稻米的收购政策手段，也不是仅为了对农民进行补贴，它还涉及对水资源的保护。① 所以，发展农业不能以提高竞争力和农民收入为仅有的目标，还要考虑长期发展。在政策取向上，应分为竞争农业和公共农业两个部分。前者是与国际竞争的，侧重于提高竞争力和经济效益；后者是为了生态、社会，那就要讲公共性，需要国家掏钱来发展。因此，为了实现农业和人类可持续发展，需要工业反哺农业。没有工业的支持，农业的生态功能就难以得到充分的发挥，难以平衡工业化进程中给资源和环境带来的负面效应。

第三节　发达国家普遍实施工业反哺农业

从经济角度上来看，农业是一个弱质产业，无论从其国内产业间的比较利益上，还是从出口创汇的能力和效率上讲，农业都不是一个理想的支持和保护对象，但是农业是一个特殊的产业，其产品也是一种特殊的产品。所以，世界各国在发展市场经济和推进工业化进程中，都高度重视对农业的反哺和保护，尤其是发达国家工业反哺农业已达到了相当高的水平。如战后日本、美国及欧盟各国，不但制定和实施了对农业投资、价格补贴和科技进步实行财政支持的政策，而且还制定了诸如《农业法》、《农业基本法》、《农业调整法》、《农业投资法》、《农业现代化资金补助法》、《农业信贷法》、《农业合作法》、《粮食增长法》、《畜产振兴法》、《农业机械化促进法》等较为完备的农业支持法规体系，从而极大地刺激了本国农业经济增长。② 尽管乌拉圭回合谈判经过多方反复磋商，最终达成了《农业协议》，提出发

---

① 樊端成：《新型工业化与农业转型》，《生产力研究》2005 年第 6 期。
② 居占杰：《从农业的弱质性看农业保护的必要性》，《河南社会科学》1996 年第 3 期。

达国家在 2000 年、发展中国家在 2004 年前取消农产品贸易壁垒和出口补贴，但发达国家工业反哺农业政策从未停止。

一 美国

美国农业的强势，既源于美国得天独厚的自然资源禀赋，更源于政府自始至终对农业产业的支持政策。美国农业部建立于 1862 年，在其部徽的下方就写上了这么一句格言："农业是制造业与商业之基础"。随着工业化的发展，美国在 1900 年开始逐步从以农补工向以工补农转换，旨在促进农业生产力发展，提高农业生产率。在经历经济大危机后，1933 年美国出台了《农业调整法》、《土壤保护法》，开始大规模地实施工业反哺农业的政策。其主要做法是：实行农产品价格补贴和农业生产休耕补贴；提供农产品储存信贷和农业生产信贷，鼓励农产品出口；救济穷人，保护农业资源；有节制地保障农场主收入。1977 年美国颁布了《土壤和水资源保护法》，制订了"土壤保持计划"、"用地和养地结合计划"等，不断增强对耕地的保护。进入 20 世纪 80 年代以后，美国的农业法成为一个独立的法律部门，农业的基础地位得到巩固。1996 年，克林顿总统签署了《联邦农业改进和改革法》（又称《农业自由法》），首次从法律上把政府对农业的支持和补贴同农产品价格脱钩，将原来的"价格支持政策"转变为"固定直接支付政策"，即无论市场价格如何变动，政府对农民的收入支持只能采取固定支付手段。这样就增加了农民的风险。《农业自由法》当时被誉为是自罗斯福新政以来农业政策的重大改革措施。然而，由于受亚洲金融危机的影响，1998 年 9 月，小麦、玉米等农产品的市场价格跌破了价格支持水平，为提高农民收入，美国政府在 1998 年以后又签署了一系列农业救济紧急法案，其中包括一项新的农业政策——市场损失援助，也就是后来的"反周期补贴"的前身，农业支持和补贴规模再次扩大。2001 年美国农业国内支持为 970 亿美元，是其当年农业生产总值 1940 亿美元的 50%。[①] 实际上，1996 年到 2002 年美国支付的农业现金补贴，远远超过法案初期预计的金额。2002 年

---

① 张莉琴、林万龙、辛毅：《我国农业国内支持政策中存在的问题及调整对策》，《中国农村经济》2003 年第 4 期。

5 月布什总统签署了《2002 年农场安全及农村投资法》（称新农业法），把以市场化导向为基础的克林顿法案一笔勾销，又将政府对农业的补贴和支持同农产品价格变动挂钩，使始于 1985 年的以减少补贴和市场化为导向的"自由市场农业"改革发生了根本性逆转。新法案生效期至 2007 年，共 6 年。[①] 新农业法还启动了一系列耕地保护计划，将 2002—2007 年内用于保护耕地的资金预算由 1996—2002 年的 13 亿美元增加到 46 亿美元。在水土流失严重的地区，实施"土壤保护储备计划"，1985 年政府与农场主签订合同，给予农场主相当于每年地租、绿化及土壤保护成本总和一半的补偿。要求农场主在休耕期间不得抛荒土地，必须维护土地的生产能力。[②] 2002 年的新农业法规定，今后 10 年（2002—2011 年），政府补贴农业的资金为 1900 亿美元，比 1996 年《农业法》预算增加了约 830 亿美元，平均每年增加 190 亿美元。2002—2007 年，按 1996 年《农业法》预算，农业补贴为 666 亿美元，而 2002 年在此基础上又增加了 519 亿美元，6 年总计达到 1185 亿美元。除了对原来的农产品继续进行补贴外，又把许多农产品增加到新农业法的补贴范畴当中，几乎覆盖了所有的农产品。[③] 近几年由于财政资金紧张、农产品价格上涨和农民收入提高，美国政府内部要求降低农业财政预算资金的呼声高涨，未来的农业政策将注重提升农业部门的长期竞争力、实现农业可持续发展。[④]

二 欧盟

1913 年，德国开始逐步从以农补工向以工补农转换，是欧盟实施工业反哺农业较早的国家。1947 年、1953 年、1954 年英国、德国、法国相继进入大规模反哺农业期。为支持农业发展，这些国家依法强制整理土地，将零散土地连接成片，促进农户规模升级，资助农户迁

---

① 王福刚：《从美国立法看美国的农业保护》，《农村·农业·农民》（B 版）2006 年第 12 期。

② 艾维：《粮安天下地为根基》，《中国国土资源报》2014 年 1 月 11 日第 3 版。

③ 王福刚：《从美国立法看美国的农业保护》，《农村·农业·农民》（B 版）2006 年第 12 期。

④ 吕晓英、李先德：《美国农业政策支持水平及改革走向》，《农业经济问题》2014 年第 2 期。

往人烟稀少地区建立大规模新农场。同时提供强有力的农业财政、税收和信贷支持，给予大农场生产投资补贴，按"保证价格"收购农产品，给予农林食品业税收优惠，等等。如英国1947年制定《城乡规划法》规定所有土地的发展权均归国家所有，要求各郡制定出本郡土地20年的发展规划，另外，还制定了《新城镇法》、《村庄土地法》等10多部与土地有关的法律，形成了较为完整的规划立法体系，为土地调查、分类定级、保护耕地、提高土地质量提供了法律保障。[①]1957年，法国、西德、意大利、比利时、荷兰和卢森堡6国签订了《罗马条约》，1958年元旦《罗马条约》生效，欧洲经济共同体正式成立（1967年7月后称欧洲共同体，1993年11月起称欧洲联盟，简称欧盟）。1962年1月欧共体6个成员国签署了"建立农产品统一市场的折中协议"，这标志着欧共体共同农业政策（Common Agricultural Policy，CAP）的诞生。1962年4月，欧共体设立"欧洲农业指导与保证基金"（以下简称农业基金），它是欧共体共同农业政策得以顺利实施的财政基础。1971年之前，农业基金同其他基金一致，都实行独立核算，1971年开始，欧共体实行新的财政政策，农业基金也进入到共同预算当中。农业基金的总规模不断扩大，如在1983年到1992年10年之间，由165亿欧元增长为364亿欧元，增长幅度达120%。农业基金的支出主要包括两部分：一是用于农产品市场管理的保证部分，二是农业结构改革的支出。农产品市场保证方面包括：出口补贴、农产品市场干预、因汇率波动而产生的货币补偿、新成员加入补偿，其中，前两项占到保证部分支出的95%以上。保证部分的支出是"强制性支出"，其实际支出金额不受限制；而结构改革的指导支出则是受限制的。

欧盟（欧共体）的农业支持与保护主要是通过实行共同的农业政策来实现的。基于保证粮食安全、增加农民收入、优化农业结构、维护农产品市场稳定、促进农村社会发展等目标，共同农业政策在推行的几十年当中，不断补充、完善。

20世纪60年代初期，欧洲许多国家粮食生产无法完全自我满足，

---

① 艾维：《粮安天下地为根基》，《中国国土资源报》2014年1月11日。

必须依赖于进口。所以，欧盟最初的农业政策的出发点是促进农业生产，提高农业生产率，增加农民收入。如 1962 年制定的共同农业政策认定"农业的稳定是整个社会稳定的保证"，它把欧洲的主要粮食作物小麦视为"粮食武器"，赋予农业以战略地位，其中最为突出的是法国。法国把农业看作"确保法国安全的重要资本"。[①] 欧共体内开始实行粮食价格支持和农业补助。20 世纪 60 年代末，一些农产品开始出现过剩，农民收入偏低。1972 年欧共体部长理事会通过了三项指令：一是农场现代化指令，即提供相当于农业指导和保障基金的 25% 的资金，帮助收入接近或者低于平均收入水平的农民实现生产的现代化；二是重新分配土地指令，对 55 岁以上的农民发放一次性补助或者年金，让他们离开土地；三是社会经济支持指令，指帮助农民提高农业生产技能，或引导其将劳动扩展到非农部门而提高收入。

进入 20 世纪 80 年代，欧共体农产品过剩状况日益严重，农业开支不断增大，在整个 80 年代，农业基金在欧共体总预算当中的比例从未低于 60%，在 1984 年、1985 年和 1988 年甚至多于 70%。同时，此时期保证部分支出在农业基金当中的比重始终高于 95%，其占 GDP 的比重也不断上升。1991 年，农业基金较上年再增长 20%。1992 年，为协调乌拉圭回合谈判中的立场，欧共体开始降低支持价格水平，逐步过渡到以价格和直接补贴为主的机制。同时，继续鼓励 55 岁以上的农业生产者提前退休，以便安置青年；继续扶持山区和条件较差地区的农业发展。这次改革使欧共体所承受的外部压力有所减弱，但其内部的压力——欧共体长期所具有的预算问题并未得以解决。也就是说，欧共体农业支持的力度仍很大。

2000 年，为解决农业的可持续发展问题，欧盟《2000 年议程》提出了构建"欧洲农业发展模式"，即将共同农业政策转型为共同农业和乡村发展政策，并制订出详细的财政支持计划：年轻农民首次建立的、具有明确经济前景并且达到环境、卫生和生态条件最低标准的农业生产项目，一次性给予 2.5 万欧元的资助；农民用于造林的耕地

① 俞宜国：《发达国家如何保护和发展农业》，《农村合作经济经营管理》1993 年第 9 期。

每 0.405 公顷（1 英亩）补偿 752 欧元，其他私有法人用于造林的耕地每 0.405 公顷补偿 185 欧元；对农业环境保护项目，季节性作物每 0.405 公顷补偿 600 欧元，特殊永久性作物每 0.405 公顷补偿 900 欧元，其他用途的土地则每 0.405 公顷补偿 450 欧元。2000—2006 年间欧盟的总预算维持在 1000 亿欧元每年，其中用于农业基金的占 400 亿欧元。[1]

2011 年，欧盟又开始讨论新的共同农业政策改革议案，提出将 30% 的单一支付计划（SPS）补贴用于环境保护，农场要将 7% 的土地用于环境保护。苏格兰 2011 年农业总产值是 28 亿英镑，农业总投入也是 28 亿英镑；2012 年法国用于与农业技术有关的预算达 4000 万欧元，用于农民协会、合作社等民间组织达 600 万欧元。[2]

三　日本

作为一个人多地少的岛国，日本农业具有亚洲农业的特点。日本农产品高度依赖进口，其食品自给率仅为 40%，但它无论是在经济腾飞时期，还是在此后经济泡沫破灭的复苏时期，仍然始终高度重视农业支持和保护。日本把大米尊为"稳定民心的战略商品"，在其《农业基本法》中明确指出：提高农业劳动生产率，实现农工收入均增，是日本农业政策的最终目标。

日本人均耕地面积不足世界平均水平的 10%，耕地资源极其有限。为了保障粮食生产，日本政府首先大力促进土地开发和土地改良，以扩大耕地面积，提高耕地质量，完善粮食生产的外部环境。1949 年，日本政府制定《土地改良法》，建立了国家、县、农协三级组织的土地改良体系，利用日本河多、水资源丰富的优势，改、扩水稻生产，划定改良区，组建水利建设管理机构，设立专项资金，开始实施以改良水田灌溉、排水为中心的耕地、土壤改良政策。1952 年又制定了《耕地培养法》，鼓励农户多堆肥、施肥，改良土壤结构，改造低洼地和酸性土壤。土地改良为粮食增长打下了良好基础，也为实

---

① 徐毅：《欧盟共同农业政策改革与绩效研究》，博士学位论文，武汉大学，2012 年。
② 农业部欧盟农业政策考察团：《从英法农业现状看欧盟共同农业政策的变迁》，《世界农业》2012 年第 9 期。

业预算达 92220 亿韩元（约折合人民币 614.8 亿元），占国家财政预算的 8%。从韩国 189 万公顷耕地和 128 万户农户规模看，国家财政的扶持力度是相当可观的。为解决农村融资困难，韩国还专门把农协银行与农业银行合并，成立农协银行，为农民提供比商业银行低息的贷款，并建立了比较完善的农村金融体系，至今发挥着积极而不可代替的作用，政府还经常免除贷款利息和本金。此外，为提高农民收入，减轻消费者负担，韩国采取"高购低销"的米价政策。对立志务农的年轻人，政府将免费培训；新购土地时，政府将予以低息贷款；购置农机具时，政府补贴 50% 的资金等。韩国政府在实施工业反哺农业政策的过程中，财政支持力度较大，农民收入中有 50% 是来源于各级政府的直接补贴和间接补贴。[①]

从总体看，发达国家的农业支持水平，普遍高于发展中国家水平。目前大多数发达国家对农业的支持水平一般为农业生产总值的 30%—50%，美国和欧盟分别达到 50% 和 60%，或占到生产者收入的一半以上；发展中国家的巴基斯坦、泰国、巴西、印度在 15% 强，我国不足 9%。[②] 发达国家的农业支持保护经历了一个从低到高不断增长的过程，使用了所有的"政策箱"。近年来，发达国家的农业支持保护虽然时有增减，但仍然维持在高水平。多数国家把增加农民收入摆到重要位置，一些国家将农业支持保护的目标定位在使农业生产者收入能够维持在与非农产业生产者大体相当的水平上。对农产品的价格支持和收入政策是发达国家农业政策最重要、最核心的手段。在现代农业生态、人文等多功能性日益显现的新形势下，发达国家农业支持保护的目标逐步向保障食物安全、提高农产品质量、保护生态环境、延展农业文明等方面演变。[③]

---

① 唐筱霞：《韩国实施工业反哺农业政策对我国的启示》，《福建行政学院学报》2010 年第 3 期。

② 张兴旺：《纵观国外农业支持保护体系的发展健全中国农业支持保护体系》，《世界农业》2010 年第 1 期。

③ 同上。

第三章 协调发展论：工业反哺农业的理论基础

发达国家早在 20 世纪初就开始实施了工业反哺农业战略，一些发展中国家如韩国在 20 世纪 70 年代也对农业进行了反哺。所以，工业反哺农业是一个普遍的经济发展现象，是一国工业化过程中后期处理工农关系所采取的政策措施。随着我国经济发展所表现出来的工业化中期特质，适度实施工业反哺农业政策，已成为我国实现现代化和工业化目标的战略性选择。工业反哺农业属于工农关系调整范畴，马克思主义经典作家、西方经济学家，以及我国重要领导人和学者等对此都进行了深刻阐述。这些都构成我国工业反哺农业深厚的理论渊源。

第一节 马克思主义经典作家关于 工农关系的论述

马克思主义经典作家，全面深刻地揭示了工农业发展相互关系的原理，提出了优先重工业、发展工业必须和发展农业相结合，"以农业为基础，以工业为主导"发展国民经济的学说。在他们的许多论著和讲演中，以社会扩大再生产的理论，揭示了优先发展重工业的客观依据，同时，也强调农业在国民经济中的基础地位和作用，并一直将消灭工农差别、城乡差别、促进城乡融合视为未来社会发展的重要任务。

一 马克思和恩格斯的论述

马克思和恩格斯在批判地继承资产阶级古典政治经济学，特别是重农学派的农业基础地位理论的基础上，全面深刻地揭示了农业在前资本主义社会和资本主义社会国民经济中的基础地位和作用。马克思在考察剩余劳动一般发生的基础，并进而具体考察农业剩余劳动发生的基础时，明确指出："农业劳动（这里包括单纯采集、狩猎、捕鱼、畜牧等劳动）的这种自然生产率，是一切剩余劳动的基础。"① "从事制造业等等而与农业完全相分离的工人……的数目，取决于农业劳动者所生产的超过自己消费的农产品的数量。"② "食物的生产是直接生产者的生存和一切生产的首要的条件……在这种生产中使用的劳动，即经济学上最广义的农业劳动，必须有足够的生产率，使可供支配的劳动时间不致全被直接生产者的食物生产占去；也就是使农业剩余劳动，从而农业剩余产品成为可能。"③ "农业劳动不仅对于农业领域本身的剩余劳动来说是自然基础……而且对于其他一切劳动部门的独立化，从而对于这些部门中创造的剩余价值来说，也是自然基础。"④ 恩格斯也指出了农业的基础地位与重要作用。1884 年恩格斯在《家庭、私有制和国家的起源》一书中写道："农业是整个古代世界的决定性的生产部门，现在它更是这样了。"⑤

马克思着力地论述了工业化初期阶段资本原始积累的顽强性，认为在工业化初期阶段农业支持工业、农业为工业提供积累是必然的。马克思在《资本论》中指出："所谓原始积累只不过是生产者和生产资料分离的历史过程，……对农业生产者即农民的土地的剥夺，形成全部过程的基础。"⑥ 以现代制造业为主要特征的现代产业，要从无到有发展起来，必须有一个先行积累的阶段。这种积累的来源，归根结底，主要来自传统生产方式的直接生产者——农民创造的剩余。农业为工业化提供巨大的劳动力要素和广阔的国内市场。

马克思、恩格斯辩证地认识了工业化、城市化对农业发展的影

---

① 《马克思恩格斯全集》第 46 卷，人民出版社 2003 年版，第 713 页。
② 《马克思恩格斯全集》第 33 卷，人民出版社 2004 年版，第 21 页。
③ 《马克思恩格斯全集》第 46 卷，人民出版社 2003 年版，第 715—716 页。
④ 《马克思恩格斯全集》第 33 卷，人民出版社 2004 年版，第 21 页。
⑤ 《马克思恩格斯选集》第四卷，人民出版社 2012 年版，第 165 页。
⑥ 《马克思恩格斯选集》第二卷，人民出版社 2012 年版，第 291 页。

响。他们观察到了工业部门形成过程中工业对农业的促进作用，预见了工业成果引入农业，能大大促进传统农业的变革和农业社会的转变。马克思在《经济学手稿》中指出："现代的［历史］是乡村城市化，而不像在古代那样，是城市乡村化。"① 资产阶级"创立了巨大的城市，使城市人口比农村人口大大增加起来，因而使很大一部分居民脱离了乡村生活的愚昧状态"②。恩格斯指出："城市的繁荣也使农业摆脱了中世纪的最初的粗陋状态。人们不仅开垦了大片的荒地，而且种植了染料植物以及其他引进的作物，对这些作物的精心栽培，使农业普遍得到了有益的促进。"③ 同时，马克思、恩格斯还指出了工业化、城市化对农业发展的负面影响。由于城市工业发展的速度、程度，劳动生产率和工资水平高于农业，城市居民的文明程度高于农村居民，城市还通过垄断价格、赋税制度、行会、商业欺诈以及高利贷等形式剥削农业生产者，另外，农民因居住分散，不能享受应有的精神文化生活，使农民处于贫困境地。"在现代农业中，像在城市工业中一样，劳动生产力的提高和劳动量的增大是以劳动力本身的破坏和衰退为代价的。……资本主义农业的任何进步，都不仅是掠夺劳动者的技巧的进步，而且是掠夺土地的技巧的进步。"④

　　马克思、恩格斯认为："城乡之间的对立只有在私有制的范围内才能存在。"⑤ "消灭城乡对立不是空想，不多不少正像消除资本家与雇佣工人的对立不是空想一样。"⑥ "城市和农村的对立的消灭不仅是可能的，而且已经成为工业生产本身的直接需要，同样也已经成为农业生产和公共卫生事业的需要。"他们认为，消除城乡对立的根本是废除私有制，同时，"大工业在全国的尽可能平衡地分布是消灭城市和乡村的分离的条件"。⑦ 在《共产党宣言》中他们又指出："把农业

---

① 《马克思恩格斯全集》第 30 卷，人民出版社 1995 年版，第 474 页。
② 《马克思恩格斯文集》第 2 卷，人民出版社 2009 年版，第 36 页。
③ 同上书，第 222 页。
④ 《马克思恩格斯全集》第 44 卷，人民出版社 2001 年版，第 579 页。
⑤ 《马克思恩格斯文集》第 1 卷，人民出版社 2009 年版，第 556 页。
⑥ 《马克思恩格斯选集》第三卷，人民出版社 2012 年版，第 264 页。
⑦ 同上书，第 684 页。

和工业结合起来，促使城乡对立逐步消灭。"① 实现农业和工业结合的方法就是加强城乡产业联系。要按照统一的总计划协调安排社会经济发展，使工农业生产发生密切联系。"公民公社将从事工业生产和农业生产，将把城市和农村生活方式的优点结合起来，避免二者的片面性和缺点"，"通过消除旧的分工，通过产业教育、变换工种、所有人共同享受大家创造出来的福利，通过城乡的融合，使社会全体成员的才能得到全面发展"。②

二 苏联领导人的论述

按照马克思和恩格斯的设想，社会主义革命是在资本主义最发达的一些国家如英国和西欧各国同时爆发的，这些发达资本主义国家早已完成国家的工业化，所以无产阶级取得政权时，虽然仍然需要继续发展生产力，却不会面临国家工业化的任务。马克思和恩格斯的社会主义理论中未包括工业化理论。然而，历史的实际过程出乎马克思的预料。社会主义革命不是首先在发达国家发生，而是在资本主义世界中经济发展程度较低的俄罗斯发生。所以新生的苏维埃政权诞生后，经济建设的首要任务，就是改变经济落后面貌，实现国家工业化，变落后的农业国为先进的工业国。

列宁关于社会主义建设中正确处理工农业相互发展关系的理论，在他的全部社会主义建设理论体系中，占有极其重要的地位。列宁一直强调发展为农业服务的工业。他指出："社会主义的物质基础只能是同时也能改造农业的大机器工业。"③ "支援为农业服务并帮助农业发展的小工业。"④ 1920 年列宁在《生产宣传提纲》（草稿）中就明确指出："社会主义的任务是使工业和农业接近并且统一起来。"⑤ 列宁在强调发展工业的同时，一直强调注意发展农民经济和改善农民生活的问题。1921 年列宁在《论粮食税》中指出：要改善农民的生活状况和提高他们的生产力，"因为要改善工人的生活状况，就需要有

---

① 《马克思恩格斯文集》第 2 卷，人民出版社 2009 年版，第 53 页。
② 《马克思恩格斯文集》第 1 卷，人民出版社 2009 年版，第 686—689 页。
③ 《列宁专题文集》（论社会主义），人民出版社 2009 年版，第 238 页。
④ 同上书，第 233 页。
⑤ 《列宁全集》第 40 卷，人民出版社 1986 年第 2 版，第 17 页。

粮食和燃料。""要增加粮食的生产和收成，增加燃料的收购和运输，非得改善农民的生活状况，提高他们的生产力不可。""谁若认为把农民提到第一位就等于'放弃'或者类似放弃无产阶级专政，那他简直是不动脑筋，只会空谈。"①

继列宁之后，斯大林进一步地论证和发展了"农业是基础"的理论，特别是进一步揭示了工农业相互发展的关系。他说："我国工业是整个国民经济体系中的领导因素，它带领着、它引导着我国国民经济（包括农业）前进。……但是我国工业，只有在不脱离农业，只有在不撇开我国积累的速度，不撇开我们所握有的资源和后备的情况下才能光荣地完成这个领导和改造的使命。"② 对党内一些人把农民群众看成是异类，看成是工业的剥削对象，斯大林指出："这些人是危险的人。对于工人阶级来说，农民既不能是剥削对象，也不能是殖民地。农民经济是工业的市场，正像工业是农民经济的市场一样。""农民经济的提高，……农民物质生活状况的改善，是一种前提，没有它就不能保证我国工业有较大的发展。反过来说，发展工业，生产农业机器和拖拉机，以大量工业品供给农民，又是一种前提，没有它就不能推进农业。"③ 但斯大林的"贡税论"指出，农业和农民要为工业发展提供大量积累和贡税，又把农民挖得太苦，对农业发展又造成了极大的影响。

布哈林认为，农业是国民经济的基础，主张工农业协调发展。他说："农业是全部经济的基础。我们的工业发展得比较差一些，它的发展也取决于农业的增长。"④ "我们的工业在很大程度上是为农民市场而生产的，工业生产的产品的消费者首先是我们的农民经济。……要使工业有越来越大的发展的可能性，就要使农民经济本身也发展起来。"⑤ "农民的有支付能力的需求愈大，则我们的工业就发展得愈快。……同样，没有城市工业的发展，农民经济的发展也是不可设想

---

① 《列宁专题文集》（论社会主义），人民出版社 2009 年版，第 215—216 页。
② 《斯大林全集》第 8 卷，人民出版社 1954 年版，第 121 页。
③ 同上书，第 128—129 页。
④ 《布哈林文选》上册，东方出版社 1988 年版，第 390 页。
⑤ 同上书，第 414 页。

的。农业要发展，就必须获得它自己不生产的、要由我国的各工业部门提供的种种产品。……这种互相依赖的关系是最根本的东西，它本身应当决定领导党的正确政策。"① 布哈林认为，在资本主义制度下，虽然农业在工业的影响下得到了发展，但存在着寄生的成分，资本主义使农业受到轻视。社会主义工业化对农村来说不是寄生性过程，……而是对农业进行巨大改造和使农业得到巨大增长的手段。因此，国家工业化也意味着农业工业化。对于如何发展农业，布哈林认为，应统筹工业和农业发展。他说："我们必须力求使工业化有一种尽可能高的速度。这是不是说，我们必须把一切都用于基本建设呢？这个问题是相当荒谬的。""在制订基本建设计划的时候，必须考虑党关于后备（外汇后备、货币后备、粮食后备和商品后备）的指示。"② "而在我们的农业中还存在多少野蛮情况呀！这里就产生了怎样得到新的资金来建立新技术的问题。""总之，为了农业的真正发展也需要额外的资金。农业需要改造。"③

第二节　西方经济学家关于工农关系的论述

一　古典学派的论述

古典经济学家亚当·斯密认为，农业在整个国民经济中占有极其重要的地位。斯密在《国富论》中说道："乡村向城市供应生活资料和制造业所用的原料。"④ 他分析说，按照人类需求的自然层次（按照事物的性质），人们对生活资料的需求总是先于对便利品和奢侈品的需求，所以"生产前者的产业必然要先于生产后者的产业。""乡村的耕种和改良必然要先于城市的发展，乡村是提供生活资料的，而

---

① 《布哈林文选》上册，东方出版社 1988 年版，第 422—423 页。
② 《布哈林文选》中册，东方出版社 1988 年版，第 291 页。
③ 同上书，第 306—307 页。
④ ［英］亚当·斯密：《国富论》上册，杨敬年译，陕西人民出版社 2001 年版，第 425 页。

城市只提供便利品和奢侈品。"① 斯密认为，只有在农业得以改良的基础上，城市才有可能得以建立和繁荣。他说："只是乡村的剩余产品，即超过维持耕者的部分，构成城市的生活资料，因此，城市只有靠这种剩余产品的增长才能增长。……这种事物的顺序在一般国家是由必要性造成的。虽然不是每一个国家都是这样，然而，在每一个国家，人类的天性又促成了它。如果这种人类天性从来没有受到人类制度的阻挠，城市的发展就不可能超过所在地区的改良和耕种所能支持的限度，至少是，直到所在的全部地区得到彻底改良和耕种的时候。"②

斯密认为，农业发展是工商业和对外贸易所需要的精良制造业发展的一般基础，是国家长久繁荣的根本保证。他说："在利润相等或大致相等的情况下，人们会选择在土地的改良和耕种上，而不是在制造业或对外贸易上投入资本。"③ 因为投资于农业部门，投资人"能亲眼看到它和支配它"，从而避免风险，稳获利润。所以，"根据事物的自然进程，每一个增长中的社会的大部分资本，首先应当投入农业，然后投入制造业，最后才投入对外商业。这种事物顺序是极其自然的，所以在每一个拥有领土的社会，我相信总是可以看到在某种程度上都遵循这种顺序"。④

但是，在欧洲的大部分地区，城市的商业和制造业不是乡村改良和耕种的结果，而是它的原因。斯密认为"这种顺序是违反事物的自然进程的，所以必然是缓慢和不确定的"。⑤ 他认为，财富极大地依存于其商业和制造业的欧洲国家进步缓慢，而财富完全以农业为基础的北美殖民地发展迅速。"在欧洲的大部分地区，居民人数在将近 500年间没有增加一倍。在我国的几个北美殖民地，居民人数在 20 年或

---

① ［英］亚当·斯密：《国富论》上册，杨敬年译，陕西人民出版社 2001 年版，第426 页。

② 同上书，第 426—427 页。

③ 同上书，第 427 页。

④ ［英］亚当·斯密：《国富论》上册，杨敬年译，陕西人民出版社 2001 年版，第429 页。

⑤ 同上书，第 465 页。

25 年间就增长了一倍。"① 斯密考察了欧洲很多国家的盛衰兴落情况。他说，法国在英格兰以商业国著称以前的将近一个世纪，在对外商业中就占很大的份额；西班牙和葡萄牙对欧洲其他地区的国外商业份额非常之大，葡萄牙的对外商业比欧洲任何大国（除意大利外）有更长久的历史，但由于这些国家片面重视商业，法律从未给农业以相同的直接鼓励，农业发展一直比较落后。法国的耕种和改良，整个来说，不及英格兰，西班牙和葡萄牙"两国大部分地区仍然没有开垦"②。这些国家由于国民经济发展没有稳固的基础，其发展很快就落后了。而英国和意大利则不同。尽管英国的农业与其商业、制造业相比，似乎发展得很慢，"并且落后一段距离"，但是，自伊丽莎白即位以来，"英格兰的法律不仅由于保护商业而间接地有利于农业，而且对农业还有几种直接的奖励。除了在歉收年份，谷物不仅可以自由输出，而且还有出口奖金。在收获一般的年份，对外国谷物进口课税等于禁止的重税"③。结果英国不断地繁荣起来了。他说："自从伊丽莎白即位以来现在已经过去两百多年了，这个时期已经是人类繁荣过程通常所能持续的最长时期。"④ 意大利是欧洲的大国，除了发展对外贸易和制造业外，国土似乎每一部分都得到了耕种和改良。所以，"虽然意大利在 15 世纪末和 16 世纪初所遭遇的不幸大大减少了伦巴底和托斯卡纳各城市的商业和制造业，这些地区仍然属于欧洲人口最多和耕种得最好的地方"⑤。

斯密认为："任何一国通过商业和制造业获得的资本，在其一部分保存于和体现于其土地和耕种改良之前，还是非常不可靠、不确定的财产。……一个商人不一定要是任何一个国家的公民。他在哪里经商，对他来说在很大程度上是无关紧要的，一件非常细小的不快之事，就可以使他把资本从一国调往另一国，随同迁移的是资本所支持

① ［英］亚当·斯密：《国富论》上册，杨敬年译，陕西人民出版社 2001 年版，第 465 页。

② 同上书，第 468—469 页。

③ 同上书，第 467 页。

④ 同上书，第 468 页。

⑤ 同上书，第 469 页。

的全部产业。"① 斯密以汉萨同盟和弗兰德为例，他说，汉萨同盟的大部分城市以商业为基础，曾拥有巨大财富，但除了在 13 世纪和 14 世纪的幽暗的历史书中，再也没有留下什么痕迹。弗兰德因有良好的农业基础，虽经巨大动乱，赶走了安特卫普、根特和普鲁日的大商业，但"仍然是欧洲最富、耕种得最好和人口最多的省份之一"②。斯密由此感慨地说："战争和政治所造成的普通大变革，很容易使仅凭商业产生的财富来源枯竭。而由于比较坚实的土地改良所造成的财富，除了由敌对的野蛮民族在持续一两个世纪中的蹂躏所造成的那种比较激烈的震动，例如罗马帝国衰落前后在欧洲西部各省所发生的震动以外，它是不可能被摧毁的。"③

斯密认为，工业和农业是相互促进的，城市的兴起有利于乡村的发展。斯密说："没有某些工匠的帮助，土地的耕种便不可能顺利进行，会遭受巨大的不便和经常的干扰。铁匠、木匠、车轮匠、犁匠……，这些人的服务是农民常常需要的。"④ 城市是一个经常的集市或市场，城市的增加和工商业的繁荣，"依三种途径对其所在乡村的改良和耕种做出贡献。第一，城市为乡村的天然产物提供了一个巨大的和方便的市场，从而鼓励了乡村的耕种和进一步改良。……第二，城市居民获得的财富常常用来在乡村购置可供出售的土地，其中大部分常是荒地。商人们普通都有成为乡绅的强烈欲望，当他们的愿望实现时，他们常常是最好的改良家。……第三，也是最后，商业和制造业逐渐引进了秩序和良好的政府，随之在乡村居民中引进了个人的自由和安全"⑤。

斯密还认为，农业的发展需要政府采取适当措施给予保护。一是稳定土地使用权。斯密说：在欧洲分益佃农之后，有真正的农民，他们用自己的资财耕种土地，向地主缴纳一定的地租，农民觉得投资改良土地对自己有益，但由于有租约，"这种农民的占用土地，在长期

---

① ［英］亚当·斯密：《国富论》上册，杨敬年译，陕西人民出版社 2001 年版。
② 同上。
③ 同上书，第 470 页。
④ 同上书，第 427 页。
⑤ 同上书，第 456—457 页。

内也是极不安全的"①。在欧洲一些地方，虽然发现了保证佃农的租期使不受继承人和购买人的侵害是有利的，"但他们的保障条件仍然局限在一个非常短促的时期内"，"不能鼓励佃农去进行最重大的改良"。② 所以，斯密认为，政府应在法律上保障土地的使用权长期维持不变，才有利于农民投资和农业发展。二是减轻农民税负。斯密说，教会征收的什一税，虽然只占产物的 1/10，已被发现是改良的极大阻碍。"因此，一种数额达到一半的课税，一定是改良的十足障碍。"③不利于农民发展农业生产。三是允许谷物流通。斯密认为，欧洲的一些政策不利于农业发展：除非有特许，否则一般禁止谷物输出；"不仅对谷物而且对每一种其他的农场产品的国内贸易实行了限制"。"禁止谷物出口，连同给予外国谷物进口的某些奖励，怎样妨碍了古代意大利的耕种事业，而意大利自然是欧洲土地最肥沃的国家，当时是世界最大帝国的中心。这种对谷物的国内商业的限制，再加上一般禁止出口，对于土地不那么肥沃、位置不那么有利的国家的耕种事业会产生多大的阻碍作用，或许就很难想象了。"④

二　发展经济学家的论述

20 世纪 50 年代以来，发展经济学就把工农业关系作为研究主题之一，并建立和发展成较为完整的理论体系。其工农关系理论是随着工业化的进程不断演变的，归纳起来主要有重工轻农论、工农并重（协调）论、以工补农论 3 种思路。

1. 重工轻农论

这种观点主要以李斯特、普雷维什、辛格、刘易斯为代表。这种观点认为，在工业发展初期，工业化问题是国家的发展重点，是国民经济发展的主题。在发展中国家，工业化是改变经济落后面貌的重要途径。工业化是经济发展的同义语，钢铁是国家实力的象征。由于多数发展中国家是农业国家，且传统农业改造未完成，实现工业化仍需

①　[英] 亚当·斯密：《国富论》上册，杨敬年译，陕西人民出版社 2001 年版，第439 页。

②　同上书，第440 页。

③　同上书，第438 页。

④　同上书，第443 页。

要原始资本积累。所以，这种观点中充斥着"工业是第一位，农业第二位"的思想。① 他们主张采取剥夺农业的政策，依靠农业剩余来支持工业发展。

李斯特的社会历史发展阶段理论认为，社会历史发展必须经过农业社会这一重要阶段，而且工业发展必须是以农业的发展为基础的，在一个工业发展还不显著的国家，农业的发展往往也存在很多缺陷。在李斯特看来，要从根本上改变农业社会的状况，必须建立并发展工业。他认为，工业力量同农业在政治上、商业上、地区上结合得越密切，农业生产力的增长则越快。工业力量有了较大的发展以后，农业生产中的生产力协作和商业行为的划分，也将得到同比例的发展，并达到更高的阶段。李斯特反复强调，如果研究农业繁荣的根本原因，就会发现这主要是由于工业的存在，因此要促进欠发达国家的经济发展和农业本身的进步，就必须先保护工业的发展。②

普雷维什和辛格的贸易条件理论认为，在世界经济体系中，发达的工业国位于中心，而生产初级产品的欠发达国家处于外围。在这种国际分工体系下，欠发达国家处于不利的地位。普雷维什考察了英国1870—1930年对外贸易的比价，它发现初级产品的比价实际在下降，否定了传统贸易理论中所谓"初级产品价格应不断上升而制成品价格应不断下降"的观点。认为解决问题的关键是，在经济发展的早期，政府就应当推行一种具有保护色彩的工业化战略。辛格同样认为，如果按照斯密的国际分工体系，各国根据自然条件和资源状况进行生产，再通过国际交换来互通有无，取长补短，那么其结果并不是像斯密所说的那样"各国都能从国际分工中得到好处"。事实上，一旦发展中国家专业化生产某种初级产品，那么结果只能成为工业化国家食物和原料的供给中心，对于欠发达国家而言是不幸的。为了摆脱不公

---

① Olson M.，*The Logic of Collective Action*，Cambridge，MA：Harvard University Press，1965，pp. 204－206.

② 周建华：《工业反哺农业机制构建问题研究》，博士学位论文，湖南农业大学，2007年。

平贸易关系，辛格认为要尽快实现工业化，并设法保护工业化成果。[①]

美国经济学家、诺贝尔经济学奖获得者刘易斯是重工轻农论的主要代表。刘易斯通过对印度、埃及等发展中国家的研究，于1954年、1955年先后发表了《劳动力无限供给下的经济发展》和《经济增长理论》等著作，提出了发展中国家经济发展过程的"二元经济结构"理论。"二元经济"是指发展中国家同时存在着以小生产农业为主的传统经济部门与以大工业为代表的现代资本主义经济部门的经济结构。刘易斯的二元经济结构理论的核心内容是：在经济开始时，发展中国家的经济是由两个不同的部门——现代工业部门和传统的农业部门——所组成的。现代工业部门包括国营或私营的大工业、采矿业，技术比较先进，生产效率比较高；传统农业部门技术比较落后，生产效率低，是以实物自给为目的。刘易斯认为，在这种二元经济中，由于传统的农业部门存在着隐蔽性失业，由于人口的迅速增加和妇女劳动力的解放，劳动的供给是无限的，这也是经济发展的前提。在这种情况下，现代工业部门工人的工资就不是由本部门工人的边际劳动生产力和劳工市场的供求关系来决定，而是由传统农业部门农民的平均收入来决定。因为农民的收入低，工资水平也就低，同时，因为劳动的供给大于需求，工资水平一旦确定之后就基本不变。只要现代工业部门工人的工资水平略高于农民的平均收入，传统农业部门的劳动力就会源源不断地涌向现代工业部门。直到将传统农业部门的剩余劳动力吸收殆尽，部门收入差别消失，二元经济变成一元的同质经济，不发达经济就可以转上正常发展的轨道。如何把农村中的剩余劳动力转移到现代工业部门中去，是不发达国家经济发展的关键。[②] 刘易斯的二元经济发展理论强调了通过工业化来发展经济。他指出工业部门是经济发展的主导，农业部门完全处于被动地位，农业对经济发展的贡

---

① H. W. Singer, "The Distribution of Gains between Investing and Borrowing Countries", *American Economic Review*, Vol. 40, No. 2, May 1950, pp. 473–485.

② 胡显中：《关于刘易斯二元经济理论及其实践效果》，《农村经济与社会》1988年第2期。

献只是为工业部门的扩张提供所必需的廉价劳动力。① 在其著名的二元经济发展模型中，农业的发展则是又喜又忧，喜的是，农业劳动生产率的提高带来农业剩余的增加，会使工业部门的贸易条件得到改善，从而有利于阻止工业部门实际工资的上升；忧的是，农业劳动生产率的提高，会增加农民的实际收入，从而推动工业部门实际工资的上涨。

重工轻农理论尤其是刘易斯的二元经济理论，所揭示的农村存在大量剩余劳动力及其转移的必要性，与我国经济发展状况有一定的相似性。因此，可以为认识和理解我国工业反哺农业问题提供重要思路。刘易斯在二元经济发展理论中，分析了农业停滞落后、食物价格上涨，由此而引起的工资增加、利润减少对经济发展的不利影响，看到了工业与农业相互依赖、相互牵制的关系。他指出，如果农业生产不能同时得到增长，制造业的增加就不是有利的，这也是工业与农业革命总是同时发生的原因，是农业停滞的经济中工业无法发展的原因。② 尽管刘易斯在二元经济中对工农业关系的认识还只局限于农业对工业的消极适应，但刘易斯的二元经济理论高屋建瓴地把握了经济增长与经济结构转换的重大问题，提出了"让农村人口进城，让资本下乡"的消除二元经济结构的思路。③ 这一思路对中国经济发展和城乡经济的协调发展至今仍有重大意义。

2. 工农并重（协调）论

二元经济理论自 20 世纪 50 年代提出以来，一直受到种种非议。有的学者认为，刘易斯把发展中国家的经济发展与发达国家早期资本主义发展看作完全相同的逻辑过程，这就忽视了经济发展的不同历史背景，看不到发展中国家今天的条件与发达国家过去条件的重大差别；刘易斯的理论没有足够重视农业在促进工业增长中的重要作用，忽视了农业劳动生产率提高而使剩余农产品增加是农业劳动力转移的

---

① ［美］刘易斯：《劳动力无限供给条件下的经济发展》，载［美］刘易斯《二元经济论》，施伟等译，北京经济学院出版社 1989 年版，第 1—46 页。

② 梁小民：《评刘易斯的二元经济发展理论》，《经济科学》1982 年第 2 期。

③ 崔立新：《工业反哺农业实现机制研究》，中国农业大学出版社 2009 年版，第 72 页。

先决条件；刘易斯假设的必要前提是农村劳动力过剩，而城市生产部门则可以实现充分就业，但许多发展中国家的现实情况却是城市中也存在着大量失业。① 从 20 世纪 60 年代开始，许多实行"重工轻农"赶超战略的发展中国家不仅未能有效地促进工业和整个国民经济的发展，甚至导致了农业的停滞。发展中国家的实践使经济学家们认识到：发展经济确实是要实现工业化，但在发展中国家只有首先大力发展农业，才能为工业化提供资金和市场。要实现工业化，首先必须有农业的发展，这正如 G. M. 迈耶（Meier）所说的，如果说在长期里产量和劳动会有一种结构性转变（指由农业向工业的转变），那么在短期内就必须有成功的农业发展政策，以便有利于这种转变。② 于是出现了工农并重（协调）论，认为工业和农业是相互补充、相互促进的，二者应该平衡发展，不可偏废。

20 世纪 60 年代，美国经济学家舒尔茨在对印度、危地马拉等国家经济发展问题研究的基础上，就提出了一些不同于重工轻农理论的观点。他认为，工业化应该包括农业现代化的内容，工业化同时应促进农业现代化，而并不是工业的片面发展；没有农业的进步与发展，工业化必然陷入困境和危机之中。③

针对刘易斯在二元经济理论中忽视农业劳动生产率提高和收入水平增长的问题，美国经济学家费景汉、拉尼斯在刘易斯二元经济理论基础上提出了修正。指出，农业发展产生的剩余可以促进工业部门的增长，而工业部门的增长又可以吸收农业劳动力。他们认为，农业生产力的提高，是农业剩余劳动力成功转移的前提和基础，如果农业不能随工业平衡发展，那么不仅农业部门不能为工业提供必要的剩余，而且无法阻止工业部门贸易条件的恶化，结果势必制约工业的发展，势必打断结构转换的进程。因此提出发展中国家发展经济需要工农业

---

① 胡显中：《关于刘易斯二元经济理论及其实践效果》，《农村经济与社会》1988 年第 2 期。

② 梁小民：《评刘易斯的二元经济发展理论》，《经济科学》1982 年第 2 期。

③ ［美］西奥多·W. 舒尔茨：《经济增长与农业》，北京经济学院出版社 1991 年版，第 3 页。

协调发展的理论。① 后来刘易斯也认识到了农业的重要性，他说，印度强调工业发展而遭到失败的事实使我确信，农业的发展是第三世界经济福利的中心。此时，二元经济的成功发展，被称为刘易斯—费景汉—拉尼斯模型。

美国经济学家托达罗在 20 世纪 60 年代末 70 年代初进一步发展了刘易斯—费景汉—拉尼斯模型理论。托达罗指出，减少城镇劳动者失业的前提是工农业平衡发展。在他看来，在农村和农业存在大量的剩余劳动力，以及城乡居民收入差距过大的情况下，工业和城市发展越快，城镇劳动者失业率就反而越高，失业的人数越多。因为大量的农村剩余劳动力涌入城市。所以，要减少城市和工业对农民的"拉力"，以及农村和农业对农民的"推力"，关键是促使工业和农业平衡增长，缩小城市与乡村发展差距。托达罗认为，发展农业和农村经济、增加农民收入、提高农民生活水平，缩小城乡差距，最直接的途径是增加农业资金投入。② 还有一些发展经济学家如美国的纳克斯等也认为，坚持工农业的平衡增长，工业部门就能为农业部门提供更多的生产资料，有利于工业部门用较先进的生产技术来改造传统农业，提高农业部门的生产率。

3. 以工补农论

20 世纪 80 年代，世界工业化进入快速发展的后期阶段，发展中国家以及发达国家的工业化出现了一些新问题，如环境的污染、信息化的挑战等。发展经济学家经过反思，提出了工业化过程中的环境问题及其治理手段，信息化背景上的工业化及工业化过程中的不同部门的分工问题，并对解决工业化中环境的税收政策进行了研究，主张工业应为农业发展提供辅助，提出"以工补农论"。如日本经济学家速水佑次郎认为，农业在国民经济中份额下降，政府应该逐步加大对农业的保护力度，对农业结构进行调整，有选择地发展适应需求结构变

---

① ［美］费景汉、拉尼斯：《增长与发展：演进的观点》，商务印书馆 2004 年版，第 2—4 页。

② ［美］迈克尔·P. 托达罗：《经济发展》，中国经济出版社 1999 年版，第 142 页。

化的农产品生产。①

西方经济学家关于工农关系、城乡关系的理论和观点说明，在工业化发展的初期阶段农业支持工业、为工业化提供积累是必然的，在工业化发展到一定程度后，工农业要平衡发展，城乡必须融合。②

第三节 中国领导人及学者关于 工农关系的论述

一 党和国家领导人的论述

1. 毛泽东的"农业基础论"

毛泽东继承马克思主义工农关系的基本思想，坚持以中国国情为基本出发点，科学地分析了中国的实际状况，总结了国内外建设社会主义的基本经验，在长期的实践中，逐步形成了发展国民经济要"以农业为基础"的思想。

早在 1948 年 4 月 1 日《在晋绥干部会议上的讲话》中毛泽东就指出："消灭封建制度，发展农业生产，就给发展工业生产，变农业国为工业国的任务奠定了基础。"③ 新中国成立以后，毛泽东从中国是一个农业大国的现实出发，深刻地阐述了农业是国民经济基础的思想。1956 年他在《论十大关系》一文中就指出："我们现在发展重工业可以有两种办法，一种是少发展一些农业、轻工业，一种是多发展一些农业、轻工业。从长远观点来看，前一种办法会使重工业发展得少些和慢些，至少基础不那么稳固，几十年后算总账是划不来的。后一种办法会使重工业发展得多些和快些，而且由于保障了人民生活的需要，会使它发展的基础更加稳固。"④ 1957 年，毛泽东在《在省市

---

① 周建华：《工业反哺农业机制构建问题研究》，博士学位论文，湖南农业大学，2007 年。

② 王先锋：《工业反哺农业、城市支持农村的理论基础研究》，《内蒙古财经学院学报》2005 年第 5 期。

③ 《毛泽东选集》第 4 卷，人民出版社 1991 年版，第 1316 页。

④ 《毛泽东文集》第 7 卷，人民出版社 1999 年版，第 25 页。

自治区党委书记会议上的讲话》上进一步阐明了农业对国民经济发展的重要作用，深刻地指出："全党一定要重视农业。农业关系国计民生极大。要注意，不抓粮食很危险。不抓粮食，总有一天要天下大乱。"① "在一定的意义上可以说，农业就是工业。要说服工业部门面向农村，支援农业。要搞好工业化，就应当这样做。"② 在《关于正确处理人民内部矛盾的问题》一文中毛泽东又强调，"这里所讲的工业化道路的问题，主要是指重工业、轻工业和农业的发展关系问题。我国的经济建设是以重工业为中心，这一点必须肯定。但是同时必须充分注意发展农业和轻工业"。"我国是一个农业大国，……发展工业必须和发展农业同时并举。" "没有农业，就没有轻工业"。③ 1959 年毛泽东根据我国条件的变化，针对农业和轻工业与经济发展、人民生活改善和扩大出口需要不相适应的情况，指出对国民经济计划"过去安排是重、轻、农，这个次序要反一下，现在是否提农、轻、重？"④ 1962 年毛泽东在中共八届十中全会上更加明确地提出了"以农业为基础，以工业为主导的发展国民经济的总方针"，强调以农轻重为序来安排国民经济发展计划。毛泽东把农业提到了经济工作更重要的位置，从而形成了数十年来被理论工作者当作经济规律奉为经典的"农业基础论"。

对于如何发展农业，毛泽东认为，必须关心农民的物质利益，提高农民的物质生活水平。早在 1956 年毛泽东在深刻地总结苏联发展农业的教训时，就明确指出："苏联的办法把农民挖得很苦。他们采取所谓义务交售制等项办法，把农民生产的东西拿走太多，给的代价又极低。他们这样来积累资金，使农民的生产积极性受到极大的损害。你要母鸡多生蛋，又不给它米吃，又要马儿跑得好，又要马儿不吃草。世界上哪有这样的道理！我们对农民的政策不是苏联的那种政策，而是兼顾国家和农民的利益。我们的农业税历来比较轻。工农业品的交换，我们是采取缩小'剪刀差'，等价交换或者近乎等价交换

① 《毛泽东文集》第 7 卷，人民出版社 1999 年版，第 199 页。
② 同上书，第 200 页。
③ 同上书，第 240—241 页。
④ 《毛泽东文集》第 8 卷，人民出版社 1999 年版，第 78 页。

的政策。我们统购农产品是按照正常的价格，农民并不吃亏，而且收购的价格还逐步有所增长。我们在向农民供应工业品方面，采取薄利多销、稳定物价或适当降价的政策，在向缺粮区农民供应粮食方面，一般略有补贴。但是就是这样，如果粗心大意，也还是会犯这种或那种错误。鉴于苏联在这个问题上犯了严重错误，我们必须更多地注意处理好国家同农民的关系。"①

同时，毛泽东还认为，发展农业必须提高农民的科学文化水平。社会主义制度为农业发展开辟了广阔的前景，在当时的条件下，虽不采用科学技术，借助于优越的社会主义制度，也能使农业劳动生产力得到一定程度的提高，但是这种提高终究会因基础贫乏、后劲不足受到制约，社会主义农业不可能建立在落后的手工业劳动基础上。毛泽东对农村科学技术和农民的文化水平极为了解，他说："农民不能说没有文化，精耕细作，唱民歌、跳舞也是文化。但是他们大多数不识字，没有现代的文化技术，能用锄头、木犁，不能用拖拉机。"② 中国农村的科技现状和农民的科学文化水平严重影响和制约着农业生产的发展。因此，毛泽东认为："无产阶级没有自己的庞大的技术队伍和理论队伍，社会主义是不能建成的"，"搞农业不学技术不行了"。③

毛泽东同志这些深刻的论述，是我国重视农业、反哺农业的重要理论依据。当然，毛泽东在认识和处理农业、农村和农民问题上，也出现过偏差，甚至犯过严重的错误。这主要表现在不顾我国农业生产力的发展状况，人为地变革生产关系，在所有制方面片面追求"一大二公三纯"；提出了坚持以"阶级斗争为纲"的政治路线，试图保持农民思想的纯洁而忽视了农民的物质利益，违背了农民的意愿等。尽管有以上种种失误，但总的来说，毛泽东对解决我国农业、农村和农民问题的贡献还是巨大的和第一位的。

2. 邓小平的"农业根本论"

农业是人类的衣食之源、生存之本。无农不稳、无粮则乱是古今

①《毛泽东文集》第 7 卷，人民出版社 1999 年版，第 29—30 页。
② 同上书，第 79 页。
③ 同上书，第 309 页。

中外政治家、经济学家的共识，也是治国安邦的一条基本经验。任何社会的存在，所有经济文化的发展和政治变革，都必须以农业的发展为前提。在社会主义初级阶段，邓小平对农业的重要性有了深刻的认识，他多次指出："农业是根本，不要忘掉。"① 一些国内学者将之概括为"农业根本论"。

实事求是是邓小平观察和处理问题的根本指导思想。20 世纪 70 年代末 80 年代初，我国生产力落后，商品经济不发达，而且大多数人生活在农村，为解决人民的温饱问题，邓小平指出：改革和建设要"从中国的实际出发，我们首先解决农村问题"②。不仅如此，邓小平同志以其政治家的敏锐眼光，高瞻远瞩，教育全党不能仅就农村、农民问题看农村和农民问题，还要从政治和社会全局的高度来认识。他说："中国有百分之八十的人口住在农村，中国稳不稳定首先要看这百分之八十稳定不稳定。"③ "农村不稳定，整个政治局势就不稳定，农民没有摆脱贫困，就是我国没有摆脱贫困。"④

农业是一个很不稳定的弱质产业，为了减少农业出问题给国民经济造成的长期不利影响，邓小平认为应该给农业以更多的重视和支持。他指出：发展工业要"确立以农业为基础、为农业服务的思想。工业支援农业，促进农业现代化，是工业的重大任务。工业区、工业城市要带动附近农村，帮助农村发展小型工业，搞好农业生产，并且把这一点纳入自己的计划。许多三线的工厂，分散在农村，也应当帮助附近的社队搞好农业生产"⑤。同时，邓小平还认为，"农业的发展一靠政策，二靠科学。"⑥ 他说："农业问题也要研究，最终可能是科学解决问题。科学是了不起的事情，要重视科学。"⑦ "将来农业问题的出路，最终要由生物工程来解决，要靠尖端技术。"⑧ "今后要进一

---

① 《邓小平文选》第 3 卷，人民出版社 1993 年版，第 23 页。
② 同上书，第 65 页。
③ 同上。
④ 同上书，第 237 页。
⑤ 《邓小平文选》第 2 卷，人民出版社 1994 年版，第 28 页。
⑥ 《邓小平文选》第 3 卷，人民出版社 1993 年版，第 17 页。
⑦ 同上书，第 313 页。
⑧ 同上书，第 275 页。

步提倡科学种田，还要大力培养农业科技人才。我们有大量中学生，要把他们培养成土专家，让他们在农村发挥作用。"①

邓小平的"农业根本论"是对"农业基础论"的进一步发展。"农业根本论"强调了农业关乎社会的稳定与发展，而稳定与发展首先是农业自身的稳定与发展；强调了把保护农民的利益放在首位，而不是把农业对非农产业的贡献放在首位；强调了农业的发展需要工业和其他非农产业的反哺，而不是单纯依靠自身的积累。邓小平这些重要论述是我国实施工业反哺农业战略的重要理论依据。

3. 江泽民的"重视三农论"

江泽民对我国"农业、农村和农民"的重要地位和作用有很深刻的认识。1990 年 6 月，他对"三农"的地位与作用进行了首次论述。他在详细分析我国国情和总结经验的基础上，提出了"农业和农村工作是关系治国兴邦的重大问题"的科学论断。他认为，我国是一个农业大国，十一亿多人口，九亿在农村。这个基本国情是我们考虑全部问题的根本出发点。如果农业上不去，整个国民经济就上不去；农业不稳定，整个社会就不会安定；农村经济得不到相应发展，国民生产总值再翻一番、人民生活达到小康水平就不可能实现。江泽民特别强调了"三农"在我国发展中的重要性。同时他针对在发展社会主义市场经济的新形势下所出现的新矛盾和新问题，明确要求全党同志，"在建立社会主义市场经济体制过程中，要继续坚定不移地贯彻以农业为基础的方针，坚定不移地把农业放在经济工作的首位。越是加快改革开放，越要重视农业、保护农业、加强农业。要真正地而不是表面地，实际地而不是口头地，全心全意地而不是半心半意地加强农业这个基础。新中国成立初期实行依靠农业积累发展工业的战略是必要的。现在条件不同了，应该调整结构，包括调整基本建设投资、财政预算内资金、信贷资金结构。宁肯暂时少上几个工业项目，也要保证农业发展的紧迫需要。……在确保农业持续稳定发展的前提下，安排整个国民经济的发展规模和速度，安排工农业两大门类资金投放的比

----

① 中共中央文献研究室：《邓小平思想年谱》，人民出版社 1998 年版，第 275 页。

例。"① 工业和农业、城市和农村的协调发展，关系我国改革、发展和稳定的全局，关系整个现代化事业的成败，关系社会主义政权的巩固。必须采取坚决有力的措施，促进农业的发展、农民的富裕和农村社会的进步。江泽民对"三农"重要地位和作用的反复强调，不仅说明了重视"三农"是由我国国情和农业的特殊性所决定的，而且说明了坚持农业是国民经济的基础，把农业放在国民经济的首位，是一条长期的全局性的方针，经济不发达时要坚持，经济发展了仍然要坚持。江泽民还把"三农"问题上升到重要的战略地位，他说："完全可以这样说，没有农业的牢固基础，就不可能有我国的自立；没有农业的积累和支持，就不可能有我国工业的发展；没有农村的全面进步，就不可能有我国社会的全面进步；……没有农民的小康，就不可能有全国人民的小康；没有农业的现代化，就不可能有整个国民经济的现代化。总之，农业在我国经济社会发展中的基础地位和战略作用，永远忽视不得，只能加强，不能削弱。"② "农业、农村和农民问题，始终是一个关系我们党和国家全局的根本性问题。新民主主义革命时期是这样，社会主义现代化建设时期也是这样。"③ 不但如此，江泽民还认为，"三农"问题，"不但是个重大的经济问题，同时是个重大的政治问题"，"农业、农村和农民总是关系着改革开放和社会主义现代化事业的大局，关系着党的执政地位的巩固，关系着国家的长治久安"。④

对于如何解决"三农"问题，江泽民除了强调深化农村经济体制改革、大力推进农业产业化、大力发展乡镇企业等战略性措施外，还强调对农业的保护和支持。他说：要"改革农村投融资体制，增加对农业的投入，完善粮食储备调节、风险基金和保护价收购制度，建立农业保险制度，加快国家对农业的支持保护体系的建设。……改革和

---

① 《江泽民论有中国特色社会主义（专题摘编）》，中央文献出版社 2002 年版，第119 页。

② 《江泽民文选》第 1 卷，人民出版社 2006 年版，第 259 页。

③ 《江泽民论有中国特色社会主义（专题摘编）》，中央文献出版社 2002 年版，第119 页。

④ 同上书，第 120 页。

规范农村税费制度，探索减轻农民负担的治本之策"①。1996 年 6 月江泽民在河南考察农业和农村工作时说："在整个现代化的进程中，我们都必须加强农业，重视对农业的保护和扶持，确保农业逐步实现现代化。这样的基本道理，在干部和群众中要经常讲、反复讲。"②

二 学者的论述

1. 工农协调发展论

这种观点认为，中国的工业化起步甚晚，在工业化初期阶段，为了加强工业化的进程，农业和农民为国家工业化做出了巨大贡献，同时自身却又付出了巨大的牺牲。工业增长的比例大一些是正常的，但必须以农业的承受能力为前提条件，否则就会造成工农业的比例失衡；反过来，农业的脆弱和严重滞后又会影响和延缓工业化的过程。如李明（1990）认为，新中国成立初期，我国是一个落后的农业国。为实现国家工业化，发展经济，从第一个五年计划开始，在国民经济恢复的基础上，我国实行了低农产品价格、高积累、优先发展重工业的建设方针，这在工业化初期是十分必要的，也是世界各国工业化不可避免的过程。但是，在近 40 年的发展过程中，"工业为主导"的方针逐渐演变成了向工业倾斜的政策，并且持续时间太长，使工农业两大产业部门的发展长期失调。我国农业生产的发展与工农业关系的变化呈现出高度的相关性，凡是工农业关系协调的时期，也是农业增长速度较快的时期。反之，工农关系失调，农业发展也就必然缓慢或停滞。因此，要从根本上解决我国农业稳定增长的问题，必须从根本上调整工业与农业的关系，使工农业发展协调起来。③ 詹武（1995）认为，近年来，农业发展滞后对国民经济的制约越来越突出。问题的症结是，在农业比较利益偏低的驱使下，资金、土地、物资、技术人才和高素质劳动力等生产要素，往往从农业向效益高的第二、三产业转移。工业和农业发展速度的差距，城乡居民收入的差距，发达地区与欠发达地区经济发展的差距也日益扩大。对这种"一低（农业比较利

---

① 《江泽民文选》第 2 卷，人民出版社 2006 年版，第 214 页。

② 《江泽民：加强农业基础，深化农村改革，推动农村经济和社会全面发展》，ht-tp：//news. xinhuanet. com/ziliao/2005－03/14/content_ 2696290. htm，2005 年 3 月 14 日。

③ 李明：《工农协调发展是我国农业稳定增长的根本途径》，《东岳论丛》1990 年第 2 期。

益低）、一化（农业生产诸要素向第二、三产业转移的非农化）、三拉大（工农、城乡、地区差距日益扩大）"的趋势，必须大力予以扭转，也能够扭转。因为，以损害农业为代价，片面发展工业和进行片面的城市化，不符合马克思主义关于农业、工农业关系、城乡关系的基本理论，也不符合工业和农业必须保持合理比例协调发展的客观规律。只要我们把党中央的四个现代化战略和以农业为基础、农轻重为序，工农间、城乡间协调发展共同繁荣等一系列正确的方针原则长期坚持下去，以党中央的精神统一各种思想认识，并经过长期艰苦奋斗，进入21世纪后，我们中国不仅能够自己养活自己，而且能够丰衣足食，从而达到小康生活再达到富裕生活，把我们国家建成一个具有现代农业、现代工业、现代国防和现代科学技术的社会主义强国。① 郭书田（1999）认为，新中国成立以来，由于指导思想和方针政策上的错误，以及经济结构上的错位，历史上出现了工农业比例三次严重失衡，不仅严重削弱了农业，而且影响了整个国民经济的发展，值得进一步地反思。必须在进一步实施农村工业化和农村城镇化过程中推进农业的规模经营和运用新的农业技术改造传统农业，提高农业的现代化水平，使农业与工业持续稳定、协调发展。② 张培刚等著名学者也认为中国的工业化不能以牺牲农业、农民为代价，要改善农业和农民状况。

2. 工业反哺农业论

早在 20 世纪 90 年代初，国内一些学者就认为，从农业支持工业转向工业反哺农业是各国工业化的一般规律，我国也要注意两者之间的衔接，逐步推行工业反哺农业政策。1994 年，陈吉元根据我国工农业发展情况，就提出了"轮到工业反哺农业了"；冯海发也认为，从我国经济发展的趋势看，到 20 世纪末或 21 世纪初，我国经济发展将全面进入工业反哺农业的阶段。③ 2004 年以前，国内大量学者对我国工业反哺农业问题的研究（详见第五章），不仅推进了我国工业反哺农业序幕的拉开，而且是我国工业反哺农业的重要理论基础。

---

① 詹武：《工农城乡必须协调发展共同繁荣》，《农业经济问题》1995 年第 8 期。
② 郭书田：《二元经济结构与工农关系协调发展》，《环渤海经济瞭望》1999 年第 2 期。
③ 冯海发：《反哺农业的国际经验与我国的选择》，《农村经济》1994 年第 11 期。

第四章 农业补贴：国外工业反哺农业的基本经验

在国外，尤其是发达国家和地区，在经历了对农业的剥夺之后，进入工业反哺农业阶段时，出于实现保护农民利益、消除贫困、增加农民收入、保障粮食安全、保持农产品国际市场竞争力、促进农村发展、保护自然生态环境等不同目的，都采取农业补贴措施。在世界许多国家特别是发达国家，由于市场经济体制比较完善，农业补贴成为政府对本国农业支持与保护政策体系中最主要、最常用的政策工具。①研究各国农业补贴的方式、手段及其效果，对于探究农业补贴政策的基本特征和基本性质、掌握农业补贴政策的调整与发展方向，对于建立、改革和完善我国的农业补贴政策体系、加大工业反哺农业力度，具有重大的借鉴意义。

第一节 典型国家农业补贴政策的演进

从世界各个国家和地区工业反哺农业的过程来看，教育、卫生、基础设施、技术开发、粮食价格支持、直接补贴等，都是政府主导下的工业反哺农业的重要选项。在发达国家，实施工业反哺农业政策以后，首先考虑的是教育、医疗卫生、技术开发、粮食产量价格支持；其次是农村基础设施建设。最近几年，随着粮食保护价收购等价格支

---

① 李芳芳、冷传慧：《WTO 规则下农业补贴的焦点和我国的选择》，《国际商务——对外经济贸易大学学报》2009 年第 4 期。

持政策的弱点日渐显现，价格支持政策又转为对农业的直接补贴政策。① 在发达国家和地区，农业补贴政策主要体现在农业保护的法律与法规之中，并随着经济发展而进行调整。

一 美国农业补贴政策变化

美国是世界上农业最发达的国家之一，其一贯坚持通过农业补贴政策来支持本国农业生产和贸易的发展。美国政府的财政农业补贴政策始于20世纪30年代的经济大萧条时期。1933年政府制定了《农业调整法》（The Agricultural Adjustment Act of 1933），确定把支持农民收入作为农业政策的主要目标，决定对农产品实行平价收购政策，即对贫穷的农民实施价格稳定行动，于是支持价格政策开始实施。1933年，政府为农业提供了1.31亿美元的补贴。② 1933—1984年，美国农业政策的主要目标是提高农产品价格、增加农民收入。这期间农业法案的核心部分是"农产品计划"，主要政策包括"销售贷款补贴"和政府农产品储备调控体系等。1985年美国颁布了《食物安全法》，1990年美国颁布了《食物、农业、保育和贸易法》，美国农业政策开始向市场化方向调整，农业补贴措施有所改变，如采取较低的价格补贴、不再依据当年的实际种植情况来确定补贴等。③ 1996年，为了减少财政预算赤字和适应WTO《农业协议》的要求，美国农业法案中提出了对传统的价格支持政策进行调整和改革的措施。计划在7年过渡期（1996—2002年）后，停止对农场主进行有关价格和收入支持方面的补贴。从1996年开始实行"生产灵活性契约支付计划"，这是一种与生产脱钩的直接收入补贴方式，它取代了传统的通过目标价格实施差额补贴的方式。从1998年起，针对农产品价格下跌、农民收入下降的形势，政府又推出了紧急援助补贴政策。紧急援助补贴以基金形式向遭受自然灾害与市场灾害的农民提供援助。此项补贴自1998年启动以来迅猛增长，2002年其补贴已高达84亿美元，成为第一大

---

① 杨国才：《发达国家工业反哺农业的路径选择及其启示》，《黑龙江粮食》2008年第4期。

② 沈淑霞、秦富：《财政农业补贴方式改革效应的中外比较》，《世界农业》2005年第9期。

③ 李雅云：《对美国削减农业补贴的思考》，《理论视野》2014年第3期。

农业补贴项目。① 2002 年 5 月，美国开始实施新农业法案即《2002 年农场安全与农村投资法案》（The Farm Security and Rural Investment Act of 2002），该法案有效期至 2007 年。新法案决定在 1996 年《联邦农业完善与改革法》的基础上，增加对农业的补贴。该农业法案的主要目标是为农场主"提供可靠的收入安全网"，农业补贴政策由重在对农民的直接补贴转向大规模提升农业保险项目的比重。根据美国农业部估算：按照 1996 年农业法规定，2002—2007 年 6 年期间的各项农业补贴约为 666 亿美元，新农业法在此基础上又增加了 519 亿美元，总计 6 年达 1185 亿美元。② 2008 年，美国出台了《食物、环境保育与能源法》。该法案更综合和复杂，不但包括传统的"农产品计划"、"环境保育计划"和"农产品贸易计划"，而且包括许多其他内容，如对国内贫苦人口的食物营养项目、科研和推广、食品安全、林业发展、农业保险、生物质能源发展等，甚至还包括农村的电力发展和污水处理。③

由于金融危机引发经济衰退和联邦政府财政赤字不断攀升，美国也在不断调整农业补贴政策。2009—2011 年，美国联邦政府财政赤字连续三个财年突破 1 万亿美元大关，引发了各界对美国财政可持续状况的担忧。④ 2012 年 2 月，美国政府向国会提交 2013 财年政府预算报告，提议将美国农业部 2013 财年预算中的农业补贴和其他支出削减数十亿美元。这一提议将农业部预算规模削减 3%，至 230 亿美元。削减措施包括完全取消备受争议的直接支付补贴计划、降低农作物保险补贴以及费用很高的土地保护计划。2012 年 6 月，美国参议院通过了为期 5 年的《农业改革、食品与就业法案》，该法案削减了已实施 20 年的直接支付的农业补贴。根据该法案，美国将在未来 10 年内削减 236 亿美元农业开支，其中绝大部分是提供给美国农业从业者的直

---

① 沈淑霞、秦富：《财政农业补贴方式改革效应的中外比较》，《世界农业》2005 年第 9 期。
② 同上。
③ 李雅云：《对美国削减农业补贴的思考》，《理论视野》2014 年第 3 期。
④ 王珊珊：《美国预算报告提议削减农业补贴》，http：www.cacs.pov.cn/cacs/newcommon/details – aspx? article Id = 94484，2012 年 2 月 15 日。

接支付补贴。但是，该法案也同时提高了对农场主保险费用以及农作物保险公司的补贴。在 2012 年之前的 20 年中，美国每年通过直接支付方式给农场主提供大约 50 亿美元农业补贴。[①] 由于这种补贴方式不考虑农作物价格和收成的变化，不像保险项目仅在农作物价格下降或歉收的时候才启动，因此一直遭到批评。2012 年的《农业改革、食品与就业法案》，很好地回应了这一批评——削减了直接补贴，提高了受损失情况下的间接补贴，使得整个补贴政策更合理、更公平。该法案不仅减少了农业补贴，而且对于减轻美国政府财政支出负担也有一定帮助。由于国际金融危机对美国经济产生了较大冲击，贸易保护主义有所抬头。美国削减农产品补贴，实际上是美国农产品贸易保护政策翻新了花样。美国农产品贸易保护主义的主要表现是大力补贴农场主保险费用和农作物保险公司、出台大量技术性贸易措施、不断延长贸易救济措施期限以及恢复出口补贴。首先，把给农场主的直接补贴变为间接补贴。通过完善农业保险制度，以法案形式提高对农场主保险费用的补贴以及对农作物保险公司的补贴。这样不仅补贴到位了，还可以有效降低农场主的风险。农业法案还建立了农业教育补贴体系，用于提高农业从业者的素质，这在 2012 年的农业法案中体现得最为明显。目前农业保险已经成为美国农业补贴政策中最重要的部分，在 2013 年的财政预算中，农业保险项目的预算占到了美国农业补贴总量的 63%。其次，出台技术性贸易措施。金融危机爆发后，美国技术性贸易措施呈上升趋势。2007 年美国向 WTO 提交了 48 件 SPS（即《实施动植物卫生检疫措施的协议》，简称 SPS 协议）通报，2008 年上升到 65 件，增幅达 35.4%。2009 年和 2010 年美国通报的 SPS 措施有所下降。2011 年随着《食品安全现代化法》出台，美国 SPS 通报再次大幅度增加，达到 73 件。最后，继续采取出口补贴措施。例如，2009 年 5 月，美国宣布恢复对 9 万吨乳制品的出口补贴来应对乳制品价格下跌。[②]

---

① 阳建、王宗凯：《美国参议院通过削减农业直接补贴法案》，http://news. xinhuanet. com/2012 - 06/22/c_ 112271650. htm，2012 年 6 月 22 日。

② 李雅云：《对美国削减农业补贴的思考》，《理论视野》2014 年第 3 期。

从美国农业补贴政策的演变来看，美国农业补贴一直在"农业法案"的护卫下有效实行。从 1933 年出台第一部《农业调整法》到 2012 年的《农业改革、食品与就业法案》，美国施行了一系列法案，农业补贴进行了多次调整，但始终围绕着增加农业从业者收入和市场化两大主题进行，美国的农业补贴政策没有发生根本性变化。

二　欧盟农业补贴政策演变

农业补贴是欧盟共同农业政策的重要内容，农业补贴占欧盟预算的一半。从 1962 年欧共体执行共同农业政策开始到 1992 年，欧盟农业补贴的基本性质是 WTO 下的"黄箱"补贴和"蓝箱"补贴，主要包括价格补贴和生产补贴。欧洲经济共同体对农业的补贴是很大的，农业补贴一度占到欧共体财政预算的 2/3。按英国 1979 年统计，该年英国农业纯收入为 11.9 亿英镑，其中共同农业政策（Common Agricultural Policy，CAP）对英资助为 3.3 亿英镑，英国本国对农业的各种资助为 2 亿英镑，两项共计 5.3 亿英镑，为其农业收入的 44%。[①] 1992 年欧盟为协调乌拉圭回合谈判中的立场，对其共同农业政策进行了系统的改革。改革的主要内容是将其农业保护政策从以价格支持为基础的机制，过渡到以价格和直接补贴为主的机制。改革目标是：通过降低价格支持水平，保障欧洲农业在世界上的竞争力，控制农产品生产和财政预算开支的过度增长，进行国土整治和保护环境等，促进农村发展。1999 年欧盟委员会通过了《欧盟 2000 年议程》，强调对农业政策进行更为彻底的改革。改革的中心还是将欧盟农产品价格支持体系转变为与农产品产量限制相结合的价格补助体系。农产品产量限制的基本形式是实施有限度的强制休耕规划，并奖励自愿休耕。改革措施主要是在两个方面，一是降低主要农产品的行政定价，二是对因降价给农民带来的收入损失进行直接补贴。比如，用两年时间将粮食支持价格下调 15%（即每年 7.5%），对粮食的直接补贴额提高到每吨 63 欧元，这相当于抵偿粮食支持价格降幅的 50%；牛肉支持价格分三个阶段降低 20%，同时通过提供直接收入补贴的方式补偿饲养者 85% 的损失；马铃薯淀粉的价格也用两年时间降低 15%，同时对

---

① 佘名杰：《欧洲经济共同体的农业补贴政策》，《世界农业》1983 年第 1 期。

农民收入进行补偿；对油料作物、蛋白作物、饲料作物等的补贴也进行了相应的调整。经过改革，欧盟农业补贴有所减少，但总体上仍处于较高水平。如 1991 年，法国的农业补贴为 68 亿欧元，其中用于市场方面（价格补贴和出口补贴）的补贴为 62 亿欧元，用于直接补贴给农场的仅 6 亿欧元；到 1999 年，法国的农业补贴上升到 92 亿欧元，其中用于市场方面的补贴为 33 亿欧元，用于直接补贴给农场的达到 59 亿欧元。[1] 在德国，2000 年 60 万农民共从欧盟得到了 122 亿马克的补贴，德国各级政府又提供了 151 亿马克的补贴，分摊到每个农民头上，人均高达 4.5 万马克。据统计，德国农民的平均年收入不过是 6.3 万马克，换句话说，德国的农民其实是靠政府养着。这种补贴还只是直接的农业投入部分，用于道路等基础设施的费用还不计算在内。[2] 欧盟每年的农业补贴仍约为 430 亿欧元，约占欧盟预算的一半。按照经济合作与发展组织（Organization for Economic Co-operation and Development，OECD）的计算，欧盟生产者补贴等值接近 100 亿欧元，相当于美国和日本生产者补贴等值之和。[3] 2003 年欧盟农业部长会议通过了欧盟共同农业政策改革方案，其主要内容是：废除将农业补贴与农产品产量挂钩的做法，改为向农民提供"单一农场支付"；将农业补贴额度与环保、食品安全等标准挂钩，不符合上述标准的农民将无法得到补贴等。2008 年，鉴于一些会员国强调农产品国际贸易自由化是一个渐进的过程，不同意农业预算的整体减少，欧盟各成员国部长就共同农业政策（CAP）审查达成的一项政治协议，就直接补贴予以灵活的分类调整：如果一个农民原来直接收入补贴每年超过 5000 欧元，则其现在直接收入补贴减少 5%，到 2012 年减少 10%；如果一个农民直接收入补贴一年超过 30 万欧元，则其现在直接收入补贴减少 9%，削减的补贴转移到农村发展补贴项目中，而且，这些补贴转移资金将得到欧盟 75% 和 90%（在经济薄弱地区）的配套支

---

① 郭玮：《美国、欧盟和日本农业补贴政策的调整及启示》，《经济研究参考》2002 年第 56 期。

② 朱立志、方静：《德国绿箱政策及相关农业补贴》，《世界农业》2004 年第 1 期。

③ 沈淑霞、秦富：《财政农业补贴方式改革效应的中外比较》，《世界农业》2005 年第 9 期。

持。此外，与生产脱钩的直接收入补贴范围在扩大的同时允许对特殊农产品的例外，其补贴额度可以维持现在水平。① 可见，在 WTO 农业规则的约束下，欧盟农业补贴政策改变的只是农业补贴的方式，减少了直接支付，将削减下的资金用于应对与适应气候变化、完善农业水利设施与管理、生物多样性保护和绿色能源的研发等。

尽管欧盟各成员社会经济自然条件不同，各国内部补贴结构不同，绿色化或环境友好型补贴实施情况也不同，但其"绿箱"补贴的"绿色化"程度及力度都是很大的。如法国农业环境补贴超过总补贴的 40%，瑞典和奥地利超过 80%，而卢森堡和芬兰提供的农业补贴，几乎都是农业环境补贴。从有机农业补贴来看，2007—2011 年，除法国和罗马尼亚外，有 25 个成员国都实行了五年计划补贴方案。其中，塞浦路斯、比利时、马耳他和意大利（某些地区）补贴较高。在具体补贴操作中，成员国按有机农业种类、地区或者结合种类和地区进行补贴。2010 年，欧洲有机农业面积达到 1000 万公顷，有机农业面积占全球有机农业面积的 27%，其中欧盟 27 个成员国占欧洲有机农业面积的 90% 左右。② 2010 年欧盟有机农业面积前 10 位成员国补贴情况见表 4 - 1。

表 4 - 1　2010 年欧盟有机农业面积前 10 位国家有机转轨补贴情况

单位：欧元/每公顷

国家	面积（千公顷）	可耕地	蔬菜/香草	四季果园水果	葡萄园
西班牙	1456.7	77—480	238—640	94—1075	210—1239
意大利	1113.7	88—600	166—921	307—900	470—900
德 国	990.7	150—252	300—576	308—1080	430—1080
法 国	845.4	—	—	—	—
英 国	699.6	84—171	79—180	102—484	150
奥地利	543.6	285	450—660	450—750	750
波 兰	522.0	195	263—337	178—408	0

① 吴喜梅：《论欧盟农业补贴政策的价值取向》，《东岳论丛》2013 年第 4 期。
② 谢玉梅、周方召：《欧盟有机农业补贴政策分析》，《财经论丛》2013 年第 3 期。

续表

国家	面积（千公顷）	可耕地	蔬菜/香草	四季果园水果	葡萄园
捷 克	448.2	155	564	510—849	849
瑞 典	438.7	161—533	533	830	0
希 腊	309.8	320—600	320	0	900

资料来源：转引自谢玉梅、周方召《欧盟有机农业补贴政策分析》，《财经论丛》2013 年第 3 期。

　　为农业和农村可持续发展提供补贴是欧盟农业补贴的一大特色。将农村发展主要瞄准在农村社区发展上，其中，又将发展具有竞争力的农业作为农村发展的关键。补贴支持的重点主要是发展中小企业，向农场主提供环保技术援助，扶持对资源合理利用和环境保护有利的环境友善型农业技术和生产经营方式，开发郊区旅游业，人员培训，保护乡村遗产以及田园风光等。欧盟将支持农民和给予农业补贴，与保护环境统一起来。欧盟认为，给予农业补贴不能仅仅是为了粮食生产。①

　　为了确保农业补贴政策的实施，依托欧盟预算，欧盟建立了欧洲农业指导保证基金（European Agricultural Guidanceand Guarantee Fund，EAGGF），所有需要的资金都源于发展基金。欧盟 CAP 的农业补贴范围包括谷物、蛋白作物、能源作物、小麦、稻米、乳制品、淀粉、马铃薯等，尽管农业补贴政策不断调整，农产品补贴方式不断变化，但农业补贴的幅度仍很大。2010 年欧盟农业支出预算仍占总预算的42%（其中直接补贴31%，农产区发展11%）。② 2011 年，荷兰得到欧盟共同农业政策支持9.8 亿欧元，其中直接补贴8.17 亿欧元，其余是农村发展政策补贴和少量的市场政策补贴；在欧盟共同农业政策外，荷兰政府还安排农业部农业预算5 亿欧元，主要用于农村发展政策补贴。2012 年，芬兰得到欧盟共同农业政策补贴13.24 亿欧元，同

――――――――――

　　① 李长健、李昭畅：《论我国与欧美农业补贴制度的对比和借鉴——农业补贴利益的和谐实现》，《理论导刊》2008 年第 4 期。

　　② 李自海：《欧盟农业补贴政策的分析及探究》，《农村经济与科技》2013 年第 2 期。

时，芬兰本国用于农业和园艺方面的补助总计约 5.44 亿欧元，农业补贴支持总额为 18.68 亿欧元，与近年来的补贴水平基本持平。[1]

三 日本农业补贴政策变化

日本是世界上少数对本国农业保护程度最深、保护时间最长的国家之一。政府对农业和农民的补贴较高，日本农业被称为"财政买来的农业"。

从 1868 年明治政府推行"维新"改革起，日本就表示出对农业的关注。1900 年起日本政府一直在向农民"撒票子"，即实行农业补助金政策。第一次世界大战后的 20 年代，为了对付经济萧条，日本开始对农村进行大规模的补贴。第二次世界大战后，补贴规模不断提高，比例相对稳定。1952 年日本《农地法》实施，日本政府重新关注农业。1961 年日本政府制定《农业基本法》，明确了农业政策的基本目标，并把农业政策的主要任务定位在改善农业结构上。农业结构改善的主要目的就是要扩大经营规模、实现农业机械化。《农业基本法》的实施，标志着日本真正进入了农业补贴时代。农业补贴项目主要有农业结构改善事业补贴金和农业现代化资金的利息补贴两大类。如 1970 年为缓解大米过剩而创设的"水田改作奖励金"项目，按规定每缩减 0.1 公顷水稻种植面积，农户可从政府得到 35000 日元的补助金；1979 年在农业预算支出中开始设置的"农地流动化奖励金"项目，以促进农地流动，扩大农业经营规模。日本政府的价格流通补贴预算则大部分用于大米、小麦等粮食的管理经费。日本政府几乎对所有上市农产品都给予形式不同的价格补贴。如对大米实行的是国家直接控制的"双重米价制"，即国家向农户支付的"生产者米价"明显高于其向消费者出售的"消费者米价"，购销倒挂部分由农林水产预算补偿。1975 年购销差价最大之时曾达每 60 公斤大米 3365 日元：当年"生产者米价"每 60 公斤高达 15570 日元，而"消费者米价"则仅有 12205 日元。这实际上等于国家在消费者支付的价格之上，每 60 公斤大米又向农户补贴了 3365 日元。仅此一项，日本政府就从

---

① 李健华：《芬兰、冰岛、荷兰农业补贴政策的基本情况及特点》，《世界农业》2012 年第 10 期。

1975 年的农业预算中补贴了 8110 亿日元。[1] 再如对大豆、油菜籽、原料用牛奶等农产品，实行的是所谓"差额补贴价格制"。其特点是国家虽规定一基准（保证）价格，但并不在市场上强制实施，而是当市场实际价格低于该基准（保证）价格时，国家再以补贴金的形式把差额部分支付给生产者。[2] 20 世纪 80 年代以来，日本政府每年用于农业方面的补贴总额都在 40000 亿日元（1 美元约合 86.91 日元）以上。日本农业生产者收入总额中有一半以上来自政府补贴。据亚太经合组织和世界贸易组织的调查显示，日本对农民的补贴已超过了农业的收入。[3] 在发达国家中，日本的农业补贴程度是最高的。据估算，1986 年世界各国政府发放的农产品价格补贴总额约为 1100 亿美元，而仅日本一国即达 400 亿美元，约占 1/3。按 1982—1984 年平均计算，国家补贴部分在农户农业收入中所占的比重，欧洲共同体国家和美国分别仅为 33% 和 22%，而日本却高达 72%。1990 年日本中央财政的农业预算支出额高达 23784.7 亿日元（在 20 世纪 80 年代初曾一度达 3 万多亿日元），其中用作各类农业补贴的支出竟占近 70%，在各级地方财政的农业预算中，农业补贴所占的比重更高。[4]

　　日本采取的巨额农业补贴政策不断受到世贸组织和一些国家的指责。从 1995 年开始，日本大幅度修改本国的农业政策。1995 年实行新的粮食法，减少政府管制的大米流通份额，1997 年出台大米流通法，1999 年颁布的《食品、农业、农村基本法》，即新基本法，对农业补贴政策进行了一些方向性的调整。在逐步减少对粮食的直接价格补贴的同时，加大对养护农业资源环境、农业基础设施、农民调整种植结构、农业技术研发与普及推广、病虫害防治、农产品检疫、农产品批发市场建设、重要食品的公共储备（主要是大米、小麦、饲料谷物）等的财政支持力度，以保持农业的持续发展。政府为了鼓励农民增加农业投入，尤其是农业生产资料和农用设施投入，采用了配套补贴制度。农民集体或农协购买属于共同利用的拖拉机、联合收割机及

①　江瑞平：《日本农业补贴的经济后果评析》，《现代日本经济》1992 年第 3 期。
②　同上。
③　王永春、王秀东：《日本的农业补贴——水稻》，《世界农业》2009 年第 12 期。
④　江瑞平：《日本农业补贴的经济后果评析》，《现代日本经济》1992 年第 3 期。

大型加工、烘干、储藏设备、灌溉、施肥设备等，都可以得到中央和地方政府的补贴，补贴额一般可占到全部费用的50%左右。此外，农民联合进行农业生产的生产资料投入也可得到政府的补贴。日本农民建立或改造农业生产设施，可以从政府获得其投资额65%—85%的财政补贴，其余部分还可以贷款。① "乌拉圭回合"以后，日本政府还将培养农业"接班人"纳入农业政策制定范畴。由于粮食价格保护机制的作用，日本大米价格一直居高不下，远远高于国际市场价格。1995年实施的新粮食管理法取消了政府对大米等粮食作物生产和流通的直接管理，农产品供求日益成为多渠道的市场自主调节模式。农业补贴从过去以生产、流通环节为主，转变为以支持提高农民收入、促进农业结构调整为主的政策上来。同时，日本还对特定地区农户实行直接收入支付补贴。日本山区耕地面积占全国耕地面积的40%，由于历史原因和自然条件的限制，山区、半山区的农业发展相对落后于平原地区，抛荒现象严重，农业的多功能性降低，面临着经济、社会发展的停滞甚至倒退。为了振兴山区、半山区农业，日本政府于2000年出台了《针对山区、半山区地区等的直接收入支付制度》，对该地区的农户进行直接收入支付补贴。具体标准是支付生产成本差异的80%，对每个农户的补贴上限为100万日元。其最终目的是将该地区的生产力水平提高到邻近的非补贴对象地区的普遍水平。②

2009年，尽管全世界都处于经济危机的阴影之中，日本也深受影响，但日本农业补贴预算仍高达25605亿日元，相比2008年保持了基本稳定。农业补贴预算总额中，公共事业费和非公共事业费分别占38.9%和61.1%。2009年，日本的主要农业政策预算涉及五大方面，包括建立食品安全保障体系、增强农村活力、资源和环境对策、森林资源的活用和林业及山村的再生、确立可持续的水产业等。占预算首要地位的是建立食品安全保障体系，这其中预算较多的是提高国内食品供给能力和增强国内农业。按照政府农业预算，日本共有各类农业

---

① 叶宁：《发达国家农业补贴政策调整的启示与借鉴》，《浙江财税与会计》2003年第11期。

② 周建华、贺正楚：《日本农业补贴政策的调整及启示》，《农村经济》2005年第10期。

补贴项目 160 个，分布在农林水产各业各个方面，其中水稻业可申请的补贴项目最多，有 78 个，旱地农业补贴项目 76 个，园艺补贴项目 73 个，水果补贴项目 70 个，畜牧业补贴项目 69 个，其他补贴项目 112 个。[1] 2007—2009 年，日本平均每年用于农业补贴支持的总支出（TSE）达到 5.4 万亿日元（折合 519 亿美元），相当于农业总产值的 65%。其中，对生产者补贴（PSE）达 4.3 万亿日元，农户收入的 47.3% 来源于农业补贴政策。政府综合服务补贴（GSSE）达到 1.1 万亿日元，占到 TSE 的 20%。[2]

日本的农业补贴项目由农林水产省统一管理，项目实施主体一般为都道府县。由农民或基层农业组织、团体通过农协或市町村向都道府县提出补贴申请，或在网上直接进行电子申请，都道府县审核通过申请后上传到农林水产省，由农林水产省决定是否给予补贴，然后再依次下达补贴决定的通知。由于手续简单，农民获得补贴成本很低。

四　韩国农业补贴政策变化

从 20 世纪 50 年代末开始，韩国经过近 10 年的工业化发展，初步具备了补贴支持农业的经济基础。为解决连续困扰国家发展的食物供给问题，尤其是大米的自给问题，韩国政府从 1968 年开始连续 4 年大幅度提高大米收购价格，并采取与日本同样的方式"高价收购、低价销售"双重购销价格政策促进粮食产量增加，购销差价由政府财政承担。对大米和大麦实行市场价格支持政策，标志着韩国农业进入了补贴时代。之后，随着韩国经济的发展及农产品国际贸易环境的变化，韩国政府不断对农产品补贴种类、补贴方式及补贴水平做出调整。

大米是韩国民众最主要的粮食消费产品。大米补贴政策是韩国农业补贴政策的核心。2002 年，韩国政府实施稻米所得保障直接补贴制度，该项补贴与稻米价格挂钩，以目标价格与当年价格差额的 85% 作为补贴，当稻田直接补贴达不到该水平时，即启动稻米所得保障补

---

① 王永春、王秀东：《日本的农业补贴——水稻》，《世界农业》2009 年第 12 期。

② 朱满德、刘超：《经济发展与农业补贴政策调整——日韩模式的经验》，《价格理论与实践》2011 年第 1 期。

贴。2004 年，为履行 WTO 有关综合支持量削减承诺，韩国政府开始采用"稻田直接收入支持机制"（Direct Income Support Mechanism for Paddy Field）。这标志着韩国政府对农产品的支持政策开始由"市场价格支持"为主向"直接支付"的方向转变。"稻田直接收入支持机制"包含"固定支付"和"可变支付"两部分内容，该政策具体从2005—2006 年开始正式实施。符合固定支付的条件是：1998—2000年一直种植水稻的稻田；符合可变支付的条件是：在政府登记的耕地里，当前种植水稻的。支付金额由每年收获后的市场价与目标价格之间的差额计算。2004 年韩国补贴稻米的支出为 7.92 万亿韩元，2005年为 5.88 万亿韩元，2009 年为 4.96 万亿韩元。[①] 园艺产业方面，韩国政府给予的主要支持政策是稳定蔬菜市场价格：当蔬菜的价格下跌至蔬菜成本价以下时，政府鼓励农户作调节性储存，减少市场上蔬菜供应量，稳定蔬菜价格。政府对作调整性储存的农户给予补贴。补贴的费用由农渔市场公司从农渔产品价格稳定基金支出。经常作调整性储存的蔬菜有：红辣椒、大蒜和洋葱。牛肉、猪肉、鸡肉是韩国农户生产的主要的畜产品。韩国政府对牛、猪、鸡等畜产品没有系统的支持政策，只是当牛肉、猪肉和鸡肉的市场价低于成本价格时，实行价格干预政策，补偿农户市场价与生产成本价之间的差价。2007—2009年，韩国政府平均每年用于猪肉、牛肉、牛奶三项重要产品的价格支持达 3.37 万亿韩元，占到整个价格支持的 18%。[②]

为促进农业产业结构调整，1997 年韩国政府制定了农民提前退休直接支付政策。该政策规定：年龄超过 65 岁的农民，如果愿意将自己的耕地出售（或出租）给全职农户，他们将有资格连续 5 年获得来自政府的直接支付补贴。1997 年直接支付补贴的标准为每公顷 258 万韩元；直接支付补贴的标准随时间的推移逐步提高，2006 年韩国政府对计划退休的农民连续 8 年给予直接支付，补贴标准为每公顷 290 万韩元。为了优化环境，从 1999 年开始，韩国政府对执行"环境友好

① 马晓春、宋莉莉、李先德：《韩国农业补贴政策及启示》，《农业技术经济》2010 年第 7 期。

② 朱满德、刘超：《经济发展与农业补贴政策调整——日韩模式的经验》，《价格理论与实践》2011 年第 1 期。

型"农业生产的农户给予直接支付补贴，补偿农户因减少化肥和农药使用导致作物减产带来的收入损失。2006 年韩国政府对执行"环境友好型"农业生产农户的直接补贴标准为：在旱地实行"环境友好型"农业的补贴标准为每公顷52.4 万—79.4 万韩元，稻田的补贴标准为每公顷 21.7 万—39.2 万韩元。2006 年韩国共有 27000 户实行"低化学或无化学"或生产"有机农产品"的家庭农场得到政府给予的"环境友好型"农业直接补贴，补贴金额总和为 114 亿韩元。从 2004 年开始，韩国政府又对畜牧业中执行"环境友好型"养殖的农场实行直接支付补贴试验。截至 2006 年，韩国共有 900 个家庭养殖农场按照"环境友好型"标准进行养殖，政府财政支付的直接补贴金额达到 58 亿韩元。[①]

2007—2009 年，韩国平均每年用于农业补贴支持的总支出达到 24.3 万亿韩元（折合 224 亿美元），相当于农业总产值的 64%。其中，对生产者补贴为 20.9 万亿韩元，农户收入的 52.1% 来自农业补贴支持；政府综合服务补贴增加到 3.3 万亿韩元，占农业补贴支持总支出的比重提高到 14%。[②]

五　印度农业补贴政策变化

印度是南亚次大陆的重要国家，与我国同属于工业化进程中的发展中国家。2011 年印度总人口已达 12.1 亿（其中农村人口所占比重约为 72%），在全球总人口中所占比重上升至 17%，而印度的国土面积仅占全球陆地总面积的 2.4%，相应地，农业生产中人均耕地资源稀缺、农业资源禀赋劣势凸显、以分散经营为主的农业生产组织形式等均是制约其农业发展和农民增收的"瓶颈"因素。[③] 作为传统农业大国和 WTO 成员方，为了大力发展农业，印度给予了本国农业大量补贴，长期以来印度农业补贴政策在实践中不断趋于完善。

自 1965 年以来，印度一直坚持实行粮食最低保护价政策。该政

---

①　马晓春、宋莉莉、李先德：《韩国农业补贴政策及启示》，《农业技术经济》2010 年第 7 期。

②　朱满德、刘超：《经济发展与农业补贴政策调整——日韩模式的经验》，《价格理论与实践》2011 年第 1 期。

③　赵和楠：《印度农业补贴政策及其启示》，《地方财政研究》2013 年第 4 期。

策的执行部门农产品成本和价格委员会根据农产品成本，并考虑到工农产品比价、作物之间的比价及供需状况、农民的合理利润等因素，每年向政府提出关于农产品收购价格的建议，然后经政府确定并在收获前正式公布，该价格即为最低保护价。[①] 印度农业补贴虽然数额远远低于发达国家，但2002—2011年，印度政府对主要农产品的最低价格支持水平绝对量均实现了不同程度的增长（见表4-2）。

表4-2　　　　　　2002—2011年印度主要农产品最低支持价格

单位：卢比/百公斤

年份	玉米	稻谷（普通类）	大麦	小麦	甘蔗	棉花
2002	485	530	500	620	69.5	1675
2003	505	550	525	630	73.0	1725
2004	515	560	540	640	74.5	1760
2005	540	570	550	650	79.5	1760
2006	540	580	565	750	80.3	1770
2007	620	645	650	1000	81.2	1800
2008	840	850	680	1080	81.2	2500
2009	840	950	750	1100	129.8	2500
2010	880	1000	780	1120	139.1	2500
2011	980	1080	980	1285	145.0	2800

资料来源：Agricultural Statistics at Ulance 2010；Agricultural Statistics at Ulance 2011。转引自赵和楠《印度农业补贴政策及其启示》，《地方财政研究》2013年第4期。

由表4-2可知，在相对量方面，印度政府在2002—2011年对六种主要农产品最低支持价格增幅最大的是甘蔗，最低支持价格增幅高达108.63%，然后依次是小麦、稻谷、玉米、大麦和棉花，最低支持价格增幅分别为107.26%、103.77%、102.06%、96.0%和67.16%。不难发现，印度政府对农产品的财政补贴力度在逐渐增加。

———————

① 孔军：《印度农业补贴政策的特点与启示》，《生产力研究》2011年第11期。

对于粮食而言，印度补贴总额已从 1990 年的 245 亿卢比增至 2010 年的 5557.8 亿卢比，20 年间补贴数额增长了约 22 倍。此外，从粮食补贴占印度中央政府预算支出的比重看，1995—2010 年印度的粮食补贴占财政支出总额的比重整体上仍旧趋于上升态势。[①]

此外，印度自 20 世纪 80 年代开始，便对部分农业生产投入品采取直接补贴政策，并逐步成为印度现行农业补贴架构中的重要组成部分。一是化肥补贴。印度政府对化肥生产企业、进口商，包括对化肥运输费用、进口价和零售价差价进行补贴，使得农民可以按照化肥实际成本的 25%—40% 购入化肥用于农业生产。根据《印度经济调查》的数据显示，1995 年以来，印度化肥补贴绝对额整体上呈现快速上升趋势，补贴总额由 1995 年的 623.5 亿卢比增加到 2010 年的 4998.1 亿卢比，增幅高达 701.62%。尽管 2009—2010 年化肥补贴占比再次出现下降，但仍旧稳定在较高水平（2010 年化肥补贴占比为 6.32%）。二是电力补贴。主要用于弥补供电成本和农户缴纳电费之间的差额。生活在贫困线以下的农民可以免费用电，而其他农民农业用电免费，生活用电则可以享受一定的优惠。自 2004 年起，印度农业电力补贴在中央政府财政预算支出总额中的比重持续上升，到 2008 年达到最高值 0.84%，此后尽管补贴比重有所降低，但仍稳定在较高水平，且具有一定的上升趋势。三是灌溉补贴。近年来印度政府开始注重对水资源的合理有效利用，加大对农业灌溉设施建设与管护的补贴力度。2004—2005 年，印度灌溉补贴达到 27.4 亿美元，占农业补贴总额的 25%；2008—2009 年灌溉补贴额增加到 46.4 亿美元，占农业补贴总额的 15%。四是其他补贴。如豆类、棉花、水稻、玉米的种子及农作物保险计划等补贴。这类补贴增长也很快。2004—2005 年补贴额达到了 8.1 亿美元，占投入补贴总额的 7%；2008—2009 年上升到 65.14 亿美元，占投入补贴总额比重高达 20%。[②] 根据 WTO《农业协议》相关规定，农业生产资料补贴属于对生产和贸易具有扭曲作用的"黄箱"中非特定产品支持政策，需要进行削减，但由于印度非特

---

① 赵和楠：《印度农业补贴政策及其启示》，《地方财政研究》2013 年第 4 期。

② 胡烨：《印度农业补贴政策及对中国的启示》，《南亚研究季刊》2014 年第 2 期。

定产品的支持水平低于农业总产值 10% 的微量允许水平，故而这部分无须进行削减。印度政府充分利用这一规则，不断加大农业补贴的力度。

第二节　国外农业补贴政策工具

国外尤其是发达国家农业补贴政策工具种类繁多、形式多样。按照服务政策目的的不同，国外农业补贴政策工具可以归结为四种类型。

一　价格支持类

这类工具始于各国尤其是发达国家农业发展的早期阶段。尽管发达国家农业补贴政策不断改革，或降低价格的支持水平，或调整支持的品种范围，或改革具体的操作方法，但始终没有放弃价格支持。如欧盟的干预价格、美国的营销贷款支持、日本的最低保证价格、韩国的政府收购价格等，均具有最低保护价性质，始终是各国补贴支持农业的基础性措施。

欧盟为实施共同农业政策，进行了一系列体制建设，其中最重要的是价格干预体制。欧盟农产品价格干预政策伴随着农产品供求状况和财政承受力，不断推进改革和发展。20 世纪 70 年代，欧盟主要农产品几乎都是净进口，为刺激农民生产粮食和其他主要农产品的积极性和增加生产总量，欧盟采取直接价格干预政策，即提高欧盟粮食市场价格，其核心是实行市场支付（主要是价格干预和出口补贴）。到 20 世纪末，欧盟采取价格干预与收入支持"双轨制"。价格干预体系是欧盟共同农业政策的核心与基石，欧盟主要的农产品都通过价格干预和与此相联系的对外保护获得补贴。在 2007 年之前，价格体系包括目标价格（既为欧盟农业生产者的指导价格，又是生产者价格浮动的最高限度）、门槛价格（即进口农产品的控制价格）与干预价格（农产品价格下浮的最低限度，当市场价格下降到干预价格时，市场管理组织将以该价格收购农产品，以保证农产品价格不再下跌及保障农民利益），其中三者之间的高低顺序依次为目标价格、门槛价格、干预价格。2007 年，欧盟建立了单一共同市场组织，形成了新的价格体系，与之前的价格体系相比，不再设立目标价格与门槛价格，而是转变为参考价格与边境价格，但都包含干预价格。其中参考价格是核心，通常情况下，干预价格小于或等于参考价格，而边境价格是在设定的关税高峰的基础上得来的，通常大于前面两者价格。欧盟在 2007 年和 2013 年年底，分别制定公布了 2007—2013 年与 2013—2020 年两段时期的参考价格与干预价格。由于参考价格实际上并不具有价格上限的功能，在大多数情况下，销售价格往往是高于参考价格的。① 欧盟农产品价格支持政策呈现高度法制化、透明化，且各级政府与生产者共担风险，政府干预与市场融合并存。历经半个世纪的发展，欧盟农产品价格补贴体系已相对完备。

　　美国是世界上农业最发达的国家之一。美国除了对农业给予一定的税收、财政和技术支持外，还给予了农产品差额补贴。美国从 20 世纪 30 年代开始，先后颁布了 10 多个农业法案，涉及对小麦、玉米、大米、食糖、牛奶等多种农产品价格的管理，形成了较为完善的价格支持体系。从历史上看，美国农产品价格支持政策演变过程大致经历 1933 年以前、1933—1995 年、1996—2001 年和 2002 年以后 4 个时期，其中 1933—1995 年及 2002 年以后两个时期着重实施价格补贴政策。1933 年以前，美国农产品价格以市场调节为主，政府对农产品市场基本采取自由放任不干预政策。然而，1929—1933 年大经济危机后，农产品产销矛盾加剧，价格暴跌，自由放任的市场调节机制显得力不从心。从 1933 年开始，美国农产品价格机制转向以市场调节为主、政府干预为辅的全面价格调控机制。1933 年美国出台了其历史上第一个农业法案《农业调整法》（Agricultural Adjustment Act of 1933），确立了以干预和补贴为主的保护农业生产者和消费者的基本政策，目的主要是限制生产和维持价格稳定。1938 年的农业调整法取消了限制生产部分，继续扩大对农产品价格的支持。1973 年美国用目标价格来替代之前的价格支持，对农业生产者进行差额补贴。此后，

---

　　① 亢霞：《欧盟粮食干预价格政策及其对我国的启示》，《价格理论与实践》2014 年第 7 期。

随着国际贸易的发展，农产品在国际市场上的竞争日趋激烈，美国为巩固其农产品在国际农产品市场上的竞争优势，价格支持政策得以沿用，补贴力度不断加大。虽然在 1985 年的农业法案中提出要削减价格补贴，控制农业贷款，但因遭反对而未实行。直到 1995 年，美国建立了有序的农产品市场体系。1933—1995 年是美国实行农产品价格支持的典型时期。美国农产品价格支持政策包括平价补贴、休耕价格补贴、扩大出口补贴、无追索权贷款及控制流通领域内农产品价格等。① 美国政府用于国内农产品价格补贴数额巨大，价格补贴占农场主纯收入的 10%—30%，最高年份达 117.1%。② 1996—2001 年，根据乌拉圭回合谈判结果，美国取消了长达 20 多年的农产品目标价格和差额补贴制度，主要实行收入补贴政策。2002 年以后，美国农业法案又扩大了补贴范围，收入补贴政策和价格补贴政策并存。2002 年农业法案补贴内容包括销售贷款差额补贴、直接补贴、反周期波动补贴。销售贷款差额补贴指当市场价格低于贷款率时，农民仍然将产品出售到市场上，不必将产品抵押给国家，国家补贴市场价格低于贷款率部分；直接补贴指政府以农民预先确定的作物面积和产量为基础对具体商品提供一个固定补贴，是一种与农产品生产、价格不挂钩的固定补贴；反周期波动补贴是由 1998—2001 年的"市场损失援助"政策演变而来的一种新的制度，把过去一些临时性的补贴永久化，通过"反周期计划支出"提供农民收入补贴。该补贴与市场价格成反向运动，当农产品价格下跌时补贴增加；反之，补贴减少。2008 年农业法案基本保持了 2002 年的框架，"反周期补贴"和"直接补贴"基本保持不变，"反周期补贴"和"销售贷款补贴"扩大到豆类作物，"销售贷款补贴"对棉花、大麦、小麦的目标价格进行调整。2012 年农业法案在价格方面的调整主要是由农业收入风险保障计划取代直接支付、反周期等支持政策；取消了乳品价格支持计划、牛奶收入损失支付和乳品出口刺激计划，同时增加了乳品利润保护计划和市场稳定计划。美国现行农业补贴政策中，涉及目标价格的主要是贷款差额补

---

① 岑剑：《美国农产品目标价格支持政策及启示》，《世界农业》2014 年第 9 期。
② 侯石安：《财政对农业补贴的国际比较》，《湖北财税》（理论版）2002 年第 9 期。

贴和反周期补贴。其中贷款差额补贴是美国农业补贴政策的基石，包括无追索权贷款、营销援助贷款和贷款差额支付。营销援助贷款是无追索权贷款的延续，贷款差额支付是营销援助贷款的替代。反周期补贴实际上是贷款差额补贴与直接补贴相互混合的产物。[①]

日本一直是实行着全球对农产品价格支持力度最大政策的国家之一。日本农产品价格支持政策，主要包括管理价格制度和调节价格制度两方面。管理价格制度主要是针对大米制定的。与美国农产品价格支持政策涵盖范围广不同，日本实行以大米为核心的价格保护政策。对大米的价格管理可以追溯到 1942 年的《粮食管理法》。当时的背景环境是作为日本国民主食的大米极度缺乏，因此该法规定大米的收购价格、批发价格以及销售价格都由政府确定，政府收购农民种植的大米，高价收购低价销售，以此进行价格支持和补贴农民。20 世纪 60 年代后期，日本步入发达国家行列，为缩小工农收入差距，保证粮农的生产积极性和稳定收入，日本始终保持较高的米价支持。由于高度保护米价，财政负担加重及大米生产过剩，1971 年日本又实行《水稻播种面积转换计划》，规定如果稻农转产其他作物，政府将给予"面积调减补贴"。1995 年以后，为了应对世贸组织农业规则，并迫于欧美等国要求其开放农产品市场的压力，日本对其农产品价格支持政策进行了调整，实行《新粮食法》，取消政府对大米生产和流通的直接管制，减少"政府米"的比重，允许有资格的零售商从事大米销售。1999 年日本在乌拉圭回合谈判中获得的延迟大米关税化到期，进口米凭借价格优势大量涌入日本市场，日本政府出台《新农业法》，取消政府对大米等粮食作物生产和流通的补贴，使米价逐步走向由市场决定。进入 21 世纪以来，日本对外开放了大米市场，但考虑到大米在国民生活中的特殊地位，政府转而更多地采用技术壁垒、绿色壁垒等手段，限制国外大米进入日本市场。日本的调节价格制度主要是针对大米和烟草之外的其他农产品制定的。对大麦、小麦以及加工用的甘薯、土豆、甜菜等给以最低价格保证。对油菜籽、大豆、牛奶等产品实行差额补贴，就是政府事先规定一个目标价格，当市场价格下

---

① 岑剑：《美国农产品目标价格支持政策及启示》，《世界农业》2014 年第 9 期。

跌到目标价格以下时，政府为农民提供目标价格与市场价格之间的差额补贴；对乳制品和肉类产品设定价格稳定带，即政府事先规定这两类农产品市场价格的最高价和最低价，当其价格高于规定的最高价或低于规定的最低价时，政府就会进行卖出或买进的操作，以保证这些农产品的市场价格稳定在规定的价格区间内；对仔猪、小牛肉、蛋类、蔬菜及加工水果等实行安定基金与差额补贴相结合制度，即当这些农产品的市场价格低于目标价格时，差额由政府、农协和生产者共同出资建立的"价格平准基金"支付。① 目前日本仍广泛实行价格支持政策。与基期平均每年用于价格支持的 6.5 万亿日元相比，当前日本的价格支持支出仍达到 3.7 万亿日元，相当于农业总产值的 43.2%。对于重点农产品——大米，尽管当前日本政府每年用于价格支持支出已经减少 53.8%，但仍达到 1.19 万亿日元，相当于大米产值的 67.3%。② 与美国、欧盟相比，日本农产品价格支持政策有两个特点：一是农产品价格支持政策有着浓厚的行政管制色彩。如在对大米的价格支持政策中，从大米的生产到销售都用行政手段严加管制，以确保大米的稳定供应和农民的利益。二是农产品价格支持政策的重点在于流通环节，以维持较高的农产品价格，鼓励农民充分利用稀缺的土地资源发展农业生产。

其他国家，如韩国、泰国、印度、巴西等，为保护其脆弱的农业生产和农民生产积极性，也都采取了一系列农产品价格支持政策。韩国实行高额农产品价格补贴。政府不仅对粮食有最低保护价，而且对大米、玉米及牛肉制品等，还有一系列的补贴，其中又以大米的补贴最为突出。政府规定，农具、农药以及稻种购买都可以获得政府 10%—50% 不等的补贴。③ 目前韩国的农产品价格支持支出由基期的 9.2 万亿韩元迅速增加到 18.8 万亿韩元，享受价格支持政策的农产品

① 齐洪华、郭晶：《日本农产品价格支持政策评析及借鉴》，《价格理论与实践》2011 年第 10 期。

② 朱满德：《经济发展中的农业补贴政策调整：国际经验与启示》，《华南农业大学学报》（社会科学版）2011 年第 2 期。

③ 白朋飞：《借鉴国外经验完善我国农产品价格支持政策探析》，《价格月刊》2014 年第 10 期。

产值占农业总产值的 56.1%，其总共获得了相当于农业总产值 49.2% 的价格支持。① 泰国从 20 世纪 90 年代初开始实行综合的农产品价格支持计划。这项计划由稻谷典押计划（Paddy Mortgage Scheme）和稻谷购买两部分组成。稻谷典押计划的主要内容是：在大米收获季节，如果大米市场价格低于政府的目标价格，农民可以将所收获的大米作为典押品向商务部的公共仓储组织和农业与合作社部的农民市场组织共同管理的下属机构抵押，获得低息典押贷款凭证，农业与合作社银行负责向农民发放贷款，贷款金额为农民典押大米的数量与政府预先制定贷款价格（贷款价格通常为目标价格的 80%—90%）的乘积。在典押期限内，如果市场价格高于贷款价格，农民能以贷款价格加上较低的贷款利息（3%）将典押粮食赎回，在市场上自由出售。反之，如果市场价格始终低于贷款价格，农民可以不必赎回，直到典押期限结束，政府完全获得典押大米的所有权，农民免除此前的贷款负债。他信政府上台以后，稻谷典押计划逐步向价格支持政策转变，成为一种变相的核心补贴政策。稻谷典押计划使农户能够以贷款的形式提前获得折价后的销售收入，稻谷典押计划是价格支持计划中的政策主体。稻谷购买主要是政府临时指定下属的政府部门或者国有企业向市场直接收购粮食，如 2000 年泰国农业和合作社部的农业合作社司、内政部和农业推广司下属的农民协会分别购买了 15 亿泰铢、3 亿泰铢、1 亿泰铢的大米，以低价向当地市场销售。阿披实政府上台后，又实施"价格保险计划"（Price Insurance Scheme）。该计划政策有市场价格、基准价格、收入保险价格 3 种价格。基准价格是指政府的最低收购价，即当市场价格低于基准价格时，政府将以基准价格从国内市场收购大米。收入保险价格是指由政府预先制定的价格（制定的依据是减去单位生产成本后，能使农民实现 30%—40% 的利润）。当基准价格低于保险价格，农民可以获得直接的差价补偿。英拉政府上台后，放弃了价格保险计划，重新采用大米典押政策，制定了更高的收

① 朱满德：《经济发展中的农业补贴政策调整：国际经验与启示》，《华南农业大学学报》（社会科学版）2011 年第 2 期。

购价格。① 印度从 1965 年起对农产品价格政策进行了重大调整。政府成立了"农产品价格委员会"，负责调查主要农产品的生产成本，并提出支持价格和收购价格的建议，经政府批准后实施。印度农产品最低支持价格相当于生产成本，收购价格则在成本之外保证农民有一定利润。在计算生产成本方面，除了通常的物质和劳动力耗费之外，还有"固定资产利息"、"地租"及"流动资金利息"三个项目。"流动资金利息"既包括银行存款的利息，也包括自有种子等折成金额之后再乘以银行存款利率。这样计算，农民可获得更多的边际利润。② 巴西是拉丁美洲最大的国家，巴西对农产品实施保证价格始于 20 世纪初。1906 年 3 月，咖啡主要产地里约热内卢、圣保罗、米纳斯吉拉斯三州州长达成协议，决定采取由政府提供补贴以保持价格稳定。这是巴西利用保护价格来维护农业生产者利益的第一次尝试。第二次世界大战期间，棉花是巴西仅次于咖啡的第二项重要出口品，为促进棉花生产，1943 年政府对棉花的收购实行保证价格。1945 年政府又宣布对大米、杂豆、玉米、花生、大豆和向日葵实行最低保证价格。从 1952 年开始，政府每年公布一次农产品最低保证价格指数，从而正式确立了巴西农产品最低保证价格政策。1979 年巴西政府颁布"农业一揽子计划"，对最低保证价格进行修正。巴西最低保证价格政策的基本点是对农业生产者的产品实行保价政策和政府收购剩余农产品。农产品基本收购形式有联邦政府收购、联邦政府贷款和联邦政府贷款预支款三种。最低保证价格的主要受益者是农业生产者和农业生产合作社，但畜牧业生产者在购买玉米、高粱等牲畜饲料时也可以得到资助。此外，政府还把粮食加工商、工业家或出口商也作为资助对象，目的是促使他们以高于政府最低保证价格的价格购买生产者的产品，从而间接资助农业生产者。③

二　收入补贴类

为减轻政府财政补贴的负担，以及适应 WTO《农业协议》的要

---

① 钟钰、陈博文、孙林等：《泰国大米价格支持政策实践及启示》，《农业经济问题》2014 年第 10 期。

② 黎淑英：《印度政府干预农产品价格的经济措施》，《亚太经济》1986 年第 1 期。

③ 吕银春：《巴西的农产品最低保证价格政策》，《拉丁美洲丛刊》1983 年第 5 期。

求，一些发达国家如欧盟从 1992 年就开始逐步减少农产品市场价格支持，转向增加对农民收入的直接补贴。世界贸易组织其他成员国自 1995 年以后，也对其国内农业补贴政策进行调整和改革，迈开了由价格补贴向直接收入补贴转变的历史性的一步。

欧盟对农民收入直接补贴主要是对种植业补贴。欧盟于 1993 年削减了对谷物、豆类作物和油子的价格支持，同时作为对生产者损失的补偿，欧盟引入了"补偿支付"这种部分与生产脱钩的直接收入补贴形式。对种植业的补贴支付主要基于这些作物 1989—1991 年的平均种植面积，并要求大农场或谷物生产总量超过 92 吨的生产者休耕 10% 的农田（休耕的土地也可以获得休耕补贴）。[①] 到 20 世纪末，欧盟对农业补贴采取价格干预与收入支持"双轨制"。1997 年欧盟对生产者的直接收入补贴由 1992 年为农业净收入的 20% 提高到 37%。[②] 进入 21 世纪后，随着欧盟成员国扩大，在新成员的农业补贴实施压力和国际市场压力下，欧盟在降低干预价格水平的同时，建立了与生产、价格不挂钩的"单一农场补贴"制度。截至 2014 年 3 月，欧委会通过共同农业政策改革，允许成员国在国家层面拟定执行共同农业政策改革的相应法规，以保证共同农业政策改革自 2015 年 1 月得以全面实施。[③] 目前欧盟的农民收入直接补贴尚未与生产完全脱钩。

美国在 1996 年以前，一直对农业实行价格支持政策。到 1996 年，为使农业完全过渡到市场经济，美国取消长达 20 多年的农产品目标价格和差额补贴制度，将农业的国内价格支持转变为对农民的直接收入支持，计划 1996—2002 年的 7 年间直接收入补贴总额为 356.26 亿美元。美国对农民直接收入补贴的方式主要有两种：一是生产灵活性合同补贴。1996 年 4 月美国改革后的新《农业法》引入了此项补贴，它是一种典型的脱钩收入补贴，即实际生产情况与补贴

① 喻翠玲、马文杰、李谷成：《农民直接收入补贴的国际比较及对中国的启示》，《世界农业》2004 年第 2 期。

② 叶静怡：《欧盟 90 年代共同农业政策改革的理论与实践——从价格干预到直接收入补贴的初步转变》，《经济科学》2000 年第 5 期。

③ 亢霞：《欧盟粮食干预价格政策及其对我国的启示》，《价格理论与实践》2014 年第 7 期。

没有联系，生产者无论生产什么，均能享受到这种补贴。具体操作是对于种植水稻、玉米、高粱、小麦、大麦、燕麦及棉花的农民，按1991—1995年平均生产量的85%乘以政府规定的单位重量补贴金额。以小麦为例：美国2000年小麦的补贴幅度为每吨45.20美元，1991—1995年平均每公顷小麦单产为3吨，据此计算，基期种植小麦的农民每公顷土地的补贴额为115美元。美国计划这一直接收入补贴每年递减，同时规定个人最高补贴额不超过4万美元。[1] 二是农业灾害补贴。农业自然灾害难以避免，影响较大，为保障农业生产者的利益，政府对农业灾害导致的严重损失都给予财政补贴，美国《特别灾害援助法》规定，如果农业遇到大范围的严重灾害时，所有遭灾的生产者都可得到政府的紧急灾害救助。因自然灾害导致不能播种或播种后严重减产的生产者，可得到联邦政府10万美元内的灾害补贴。1977年农业法修正案还授权农业部长，当牲畜和家畜的饲养因灾害得不到适当的饲料供应时，饲养者可得到相当于购买饲料成本50%的补贴。[2] 美国的特大灾害保险政策很宽松，农民只需要对每种作物缴纳60美元的手续费即可，但此类保险仅适用于产量低于正常产量的50%的情况。[3] 2002年以后，美国农业法案有所调整，扩大了价格补贴范围，但仍实行收入补贴政策，农业补贴进入了收入补贴和价格补贴并存时期。美国的直接补贴措施与欧盟的有所不同。美国的直接补贴与生产彻底脱钩；在补贴程度上，美国的单位面积补贴额相当于欧盟的1/3至1/2，但按农民人均收入则高于欧盟的2倍到3倍。[4]

日本从21世纪初开始对农民进行直接收入补贴。2000年，日本新出台了对山区、半山区的直接支付政策。此项补贴的对象是处于根据有关法规划定的山区和半山区的农田。对农田的要求是：面积1公

① 喻翠玲、马文杰、李谷成：《农民直接收入补贴的国际比较及对中国的启示》，《世界农业》2004年第2期。
② 侯石安：《财政对农业补贴的国际比较》，《湖北财税》（理论版）2002年第9期。
③ 喻翠玲、马文杰、李谷成：《农民直接收入补贴的国际比较及对中国的启示》，《世界农业》2004年第2期。
④ 徐克勤、万鹏：《我国农民直接收入补贴问题初探》，《农村财政与财务》2006年第9期。

顷以上坡度大（旱田 8 度以上，水田 1/20 坡度）毗连成块及地块小（多数地块不满 0.3 公顷，地块平均面积小于 0.2 公顷）但规整的土地；有坡度的人工草地，草地比例高（70%）的草原；一些特殊情况如农民老龄化较严重、撂荒比例高的土地等。除了要符合上述条件外，享受直接收入补贴的农民还要满足一些特殊要求，如农业生产活动必须有助于减少避免土地撂荒，要促进农村的综合发展，包括生物保护、防止水土流失等。日本的直接收入补贴按陡坡地和非陡坡地设定两个标准。[①]

墨西哥从 20 世纪 90 年代中期开始发起了新的农场计划，作为取消作物保护价对生产者的补偿，政府向大约占全国农民总数 90% 的谷物和油籽生产者提供直接收入补贴。补贴的基础是 1991—1993 年享有政府支持价格的 9 种作物的平均种植面积，并在 1996 年取消了作物种植品种限制。这一计划的实施期为 15 年，前 10 年补贴额固定，后 5 年补贴额递减。单个农场能获得的最大补贴额约 6700 美元。[②]

韩国于 2005 年随着《粮食管理法修正案》和《大米收入补贴法》在国会通过，正式实施了"种稻农户收入直接支付补贴制度"。政府通过设定目标价格，对当年大米实际市场价格与目标价格的差额部分以直接支付形式给予农民补贴。目标价格以 2001—2003 年大米产地平均价格为基础，综合此前"秋粮收购制"对农民的增收效果，自 2005 年起 3 年内统一定价为每吨 2126 美元左右。直接支付补贴包括定额补贴和差额补贴两部分。定额补贴为每公顷平均 600 美元；当市场价格与目标价格差额的 85% 超过定额补贴额度时，对超出部分给予差额补贴。[③]

三　边境措施类

这类措施包括进口关税、进口配额、出口支持、最低进口价格、新兴市场项目等。从本质上讲，这类补贴最终要通过影响国内价格水

---

① 喻翠玲、马文杰、李谷成：《农民直接收入补贴的国际比较及对中国的启示》，《世界农业》2004 年第 2 期。

② 同上书。

③ 韩英：《韩国将以直接支付形式对种稻农户收入给与补贴》，《小康生活》2005 年第 1 期。

平才能达到目的，所以也可以说它是价格补贴的变形。由于这类补贴牵涉到贸易国的利益，而且实施起来具有一定的隐蔽性，因此这样的政策工具用于各国保护其农业利益是备受青睐的。

欧盟在 20 世纪 80 年代前，主要农产品自给率尚低，主要是实行农产品进口非固定关税制度和进口配额。对限制进口的农产品征收特别关税，目的是不允许外部供给低于一定价格（门槛价格）进入国内市场，以避免国内市场农产品价格受到国际市场价格的影响。进行进口定额管理，主要是通过进口许可证制度来限制，或当国内价格低于参考价格时禁止进口。欧盟成员国在加勒比海、非洲和太平洋地区的前殖民地可以获得糖和牛肉的优惠进口配额，在这一范围内可以免除非固定关税制度的约束。到 20 世纪 80 年代后，欧盟一些农产品开始超出了市场的吸收能力，实现自给有余，欧盟开始实施农产品非固定出口补贴制度，目的是弥补农产品欧盟内部市场价格和国际市场价格的差额，提高剩余农产品在国际市场上的竞争力，扩大农产品在国际市场的占有份额。[1] 欧盟是世界上对农产品出口补贴最为严重的国家（在 WTO 成员方中欧盟作为一个国家）。欧盟内部的农产品价格偏高，其出口补贴力度强于美国。1995—2000 年，WTO 成员方每年平均使用了 62 亿美元的出口补贴，而其中欧盟出口补贴每年的平均数额为 55 亿美元，占整个 WTO 成员方出口补贴 90% 的比重。这一数额美国为 8360 万美元，名列第四。[2] 欧盟出口补贴主要集中于向发展中国家输出的农产品上，出口竞争政策主要集中于直接的出口补贴。[3]

美国作为农产品出口大国，尽管出口补贴力度不如欧盟，但出口支持项目多于欧盟。美国有庞大的农产品促销体系，除了直接的出口补贴之外，更注重于间接的出口鼓励措施。美国实施的直接出口补贴项目主要是出口增进项目和奶制品激励项目。1985 年美国依据当时的

---

① 叶静怡：《欧盟 90 年代共同农业政策改革的理论与实践——从价格干预到直接收入补贴的初步转变》，《经济科学》2000 年第 5 期。

② 朱颖、李艳洁：《美国农产品贸易政策的全面审视》，《国际贸易问题》2007 年第 6 期。

③ 张清：《美国和欧盟农产品贸易政策的比较分析及启示》，《山东经济战略研究》2009 年第 3 期。

《食品安全法》设立出口增进项目，并根据之后的农业法案如《1996年联邦农业完善和改革法案》、《2002年农业安全和农村投资法案》不断修订。奶制品出口激励项目最初是由1985年的《食物安全法》批准设立。这两个项目都以现金作为奖励，以出口量为计算依据。2000年以后，美国每年对出口补贴的支付上限为5.94亿美元。2002年，美国的出口补贴为3150万美元。[①] 出口补贴主要是鼓励出口商在目标国以低于成本价的价格销售美国农产品。美国间接的出口鼓励措施，主要是出口信贷和市场推广计划。有3个主要项目：出口信用保证项目、设备担保项目和供应商信用担保项目。1982年美国政府开展出口信贷担保项目，向美国私营部门提供期限最长为3年的短期出口信贷担保；1985年的《食品安全法》又设立了中期出口信用保证项目。1990年，由于意识到外国的农产品加工、搬运、储藏设施难以达到美国的要求，会对美国的农产品出口造成影响和损失，美国设立了一项专门针对设备的担保项目，旨在提高新兴海外市场储藏、加工或运输美国的农产品。1996年，美国农业部又推出了一项新的信用担保项目——供应商信用担保项目，由美国出口商直接向购买美国产品的进口商提供商业贷款。旨在鼓励美国出口商在没有农产品信贷公司担保的地区进行商业融资以保持、扩大和发展美国农产品市场。[②] 2002年至2007年间，美国投资8.75亿美元用于提高农产品出口的市场机会和拓宽国际市场，每年对新增生物技术项目投资6000万美元，用于签订双边动植物和转基因协定书及快速应对非关税措施对出口造成的影响。[③] 此外，美国农产品贸易政策中还有一个"国际粮食援助"。根据1949年《农业法案》，美国通过向发展中国家提供长期低息贷款用于采购美国的食品，或直接向发展中国家捐赠食品。虽然粮食援助有助于在紧急的时候解决饥饿问题，但一大部分援助被用于支持农产

---

① 朱颖、李艳洁：《美国农产品贸易政策的全面审视》，《国际贸易问题》2007年第6期。

② 张清：《美国和欧盟农产品贸易政策的比较分析及启示》，《山东经济战略研究》2009年第3期。

③ 段凌燕：《从中美农业补贴政策的比较看我国存在的问题》，《中小企业管理与科技》（上旬刊）2010年第10期。

品价格和处理剩余产品，粮食援助实际上构成了美国农产品出口的一部分，也体现着美国的外交政策意图。美国一直是世界最大的食品援助国家，2004 年美国的食品援助占全球食品援助的 56%。2005 年美国的食品援助金额为 21 亿美元。[①]

日本和韩国是粮食进口国家，其边境类政策主要是进口限额和关税等。日本 1962 年进口限额的农产品数目为 102 种，后来在国外贸易伙伴的压力之下，1970 年减少为 58 种，1974 年又减少为 22 种。除了进口限额措施以外，日本的大米、小麦等重要农产品的进口受到政府机构或半官方性质机构的直接控制。[②] 韩国在 20 世纪 90 年代，政府对 67 类农产品实行关税配额，目前依然有 27 种农产品实行关税配额。韩国实行严格的农产品的进口量配额。以大米为例，政府实行的大米进口市场准入量每年只有粮食消费量的 4%。[③]

四 其他类

这类补贴主要体现在两个方面，一是通过财政以外的其他手段进行的间接补贴，如农业保险补贴；二是一些"亲环境"的、促进农业可持续发展类的补贴，如休耕补贴等。这类补贴与农业生产有密切的关系，也属于农业保护性补贴。

（一）农业保险补贴

美国较早就建立了农业保险机制，其管理农业保险水平较高。1938 年美国颁布了《联邦农作物保险法》，这是联邦政府开展农作物保险的开端。美国巨灾保险范围包括飓风、洪水、火灾、冰雹、风灾等自然灾害。美国是世界上最早提出实施洪水保险的国家，并较早地以法律形式建立洪水保险体系，建立了全国范围内的巨灾基金。1973年的《洪水灾害防御法》进一步加强了洪水保险计划的实施，美国政府强制参与的洪水巨灾保险计划正式形成。1994 年美国国会在修订相关保险法的基础上，产生了《农作物保险改革法》，2000 年又通过了

① 朱颖、李艳洁：《美国农产品贸易政策的全面审视》，《国际贸易问题》2007 年第 6 期。
② 李先德：《中日韩农民收入问题与政府政策》，《财贸研究》2005 年第 5 期。
③ 白朋飞：《借鉴国外经验完善我国农产品价格支持政策探析》，《价格月刊》2014 年第 10 期。

《农业风险保护法》。美国法定可保的农作物保险标的极为广泛，几乎包括了农、林、水产养殖、园艺等所有的农产品。2000 年，美国可以参加农作物保险的作物已达 100 多种，农作物保险承保面积占可保面积的 76%。[①] 美国对农作物巨灾风险保险实行强制保险制度，农场主必须购买巨灾保险，其他都是自愿选择。美国政府对农作物保险的财政补贴主要包括三个方面：一是保费补贴。政府对巨灾保险补贴全部保费。虽然不同险种的补贴存在着差别，但平均补贴额达到纯保费的 53%。二是补贴或承担业务费用。政府补贴承办农作物保险业务的私营保险公司全部经营业务费用的 20%—25%；承担联邦农作物保险公司的各项经营业务费用。三是承担其他费用，如农作物保险的教育、推广费用等[②]，私营保险公司经营农业保险业务时除缴纳 1%—4% 的营业税外，其他各种税免征。[③] 美国的农业保险机制凸显了政府的支持，财政补贴大大提高了保险公司和农民参与保险的积极性。[④]

法国 1960 年通过法律规定实行农业保险，1964 年建立了"农业损害保证制度"，拓宽了保险范围。1982 年又通过一项法律，强制实行自然灾害保险。法国农业保险机制呈现"金字塔"结构：塔底是 9000 多家互助农业保险社，是保险体系中的底层单位，每个乡镇都有这样的机构；塔中是 20 多家地区或省级保险公司，它们对上层获得中央保险公司的再保险，对下层向农业保险社提供再保险业务；塔顶是中央保险公司，对地区或省级保险公司提供再保险。政府实行低费率与高补贴相结合的政策性农业保险优惠政策，给予农户高达 50%—80% 所交保险费的补贴比例。[⑤]

西班牙在 1978 年以前，农业保险完全由私人公司经营，政府没

---

①　吴扬：《国外农业保险发展的经验与启示》，《国际贸易问题》2006 年第 9 期。

②　陈德萍：《国外农业保险经验借鉴与中国政策性农业保险制度完善》，《国际经贸探索》2012 年第 6 期。

③　贺鲲鹏：《国外农业保险发展的趋同性及对我国的启示——以美国和日本为例证》，《农业经济》2013 年第 10 期。

④　甘长来、段龙龙：《国外农业巨灾保险财政支持模式及对我国启示》，《地方财政研究》2015 年第 1 期。

⑤　陈德萍：《国外农业保险经验借鉴与中国政策性农业保险制度完善》，《国际经贸探索》2012 年第 6 期。

有参与，但由于农业灾害多，理赔金额大，政府实行了特殊的援助制度，即对灾民给予救济补助。1978 年西班牙颁布了《农业保险法》，由农民自愿参加保险，政府对私人保险公司提供再保险，并对农民的保费给予补贴。对稀有珍贵作物的补贴标准比一般农作物高 20% 左右；对女性农民的补贴标准高于男性农民；对全职农民的补贴标准比兼业农民高 5%—14%；对集体投保的农民补贴标准比个人投保高 5%。对可行标的如粮食等谷类作物、工业用农作物及柠檬、土豆、畜禽等保险费率为 18%；对试验性标的平均保险费率为 23%，最高为 28%。如对甜菜、酿酒用葡萄及没有灌溉条件的谷类作物等，都实行 28% 的保险费率。对同一作物，由于保险的具体标的不同，费率也不同。如对橄榄稳定产量保险的费率为 28%，而对橄榄自然灾害保险的费率为 18%。西班牙通过调整保费补贴和保险费率的标准来调整农业种植结构。西班牙政府负担农业保险费用约占农业保险保费收入的50% 左右。如 2003 年西班牙农业保险保费收入 4.96 亿欧元，其中中央和地方政府负担了 2.83 亿欧元，占保费收入的 57%，农民负担2.13 亿欧元，占保费收入的 43%；2004 年农业保险的保费收入为5.25 亿欧元，其中中央财政安排 2.1 亿欧元，占保费总额的 40%，地方政府预算安排大约占总保费的 10%，农民负担 50%。[1]

　　日本灾害多发，政府向来较重视农业保险。如早在 1929 年日本就制定了《牲畜保险法》，1938 年制定了《农业保险法》，1947 年颁布了《农业灾害补偿法》，之后根据农业保险发展的需要，多次对农业保险法律进行修订。日本农业保险费率分为异常保险费率、超常保险费率和正常保险费率三个部分。在异常保险费率和超常保险费率中超过正常保险费率的部分一般由政府支付，正常保险费率中也有一部分由政府补贴。[2] 日本对保费补贴比例为 40%—70%，如猪为费率的40%，牛马为费率的 50%，春蚕茧为费率的 57%，水稻为费率的58%，小麦为费率的 68%。[3]

　　① 王简明：《成熟的西班牙农业保险》，《北京农业》2006 年第 4 期。
　　② 贺鲲鹏：《国外农业保险发展的趋同性及对我国的启示——以美国和日本为例证》，《农业经济》2013 年第 10 期。
　　③ 张权辉：《国外农业保险的经验与借鉴》，《生产力研究》2011 年第 2 期。

印度在 1961 年就开始对水稻、小麦等主要农作物在部分地区进行了农业保险试验，1972 年实行保险责任由中央与邦两级政府按比例分摊、经营管理费用全由国家负责。由于政府财力有限，印度农业保险的承保范围只限于水稻、小麦等主要农作物和养殖业的牛马等主要牲畜。[①]

（二）土地休耕补贴

美国自 20 世纪 30 年代开始就实施了一系列遏制土壤侵蚀和生态环境退化的政策。1986 年起美国实施环保休耕计划（Conservation Reserve Program，CRP）。这是一项政府投入最多、影响范围最大的农业环境政策，由美国农业部负责实施，农民自愿参与（休耕）。这项计划主要是针对那些土壤极易侵蚀或环境敏感的农业用地（耕地和牧场）。对休耕土地的农民给予休耕补贴。土地休耕成为美国农业的一项基本政策。1983 年美国土地休耕达到 3151.2 万公顷，是种植农作物的庄稼地面积的 20%。从 1933 年到 2001 年，加入美国土地休耕计划（包括年度终止的储备计划）的农地，每年平均达到 1252.4 万公顷，是种植农作物的庄稼地面积的 8%。[②] 土地休耕补贴主要由两部分构成：一是土地租金补贴。对于农民自愿退耕并纳入 CRP 的土地，农场服务局将根据这些土地所在地的土地相对生产率和当地的旱地租金价格，评估、确定一个年度土地租金补贴价格，农民获准加入 CRP 后，即可享受补贴。平均土地租金补贴大约是每公顷每年 125 美元（每英亩每年约 50 美元）。[③] 二是植被保护措施的实施成本。根据农民实施植树、种草等植被保护措施的成本，CRP 向农民提供不超过成本 50% 的现金补贴。另外，还有可能提供每公顷每年 9.9 美元（每英亩每年 4 美元）的补助作为一些特别维持责任的鼓励金；对于一些持续签约的项目，每年还提供不超过年租金 20% 的其他的经济资助作为激励。[④] 2002—2007 年，美国投资 220 亿美元用于农业资源保育计划

① 曾玉珍：《国外农业保险成功经验对构建中国农业保险模式的启示》，《世界农业》2006 年第 1 期。

② ［美］Ralph E. Heimlich：《美国以自然资源保护为宗旨的土地休耕经验》，杜群译，《林业经济》2008 年第 5 期。

③ 向青、尹润生：《美国环保休耕计划的做法与经验》，《林业经济》2006 年第 1 期。

④ 刘嘉尧、吕志祥：《美国土地休耕保护计划及借鉴》，《商业研究》2009 年第 8 期。

项目，主要包括土地休耕计划、草地保育、湿地保护、农田水土保持、农田与牧场环境激励项目等。[1]

欧盟的大小农场可自由休耕，自愿休耕的面积总量不限。每年一次的休耕享受与谷物同等的面积补贴标准，但是享受休耕补贴的上限为耕地面积的33%，超过部分不给予补贴。大农场须将休耕作为享受面积补贴的前提条件。多年性休耕，即至少休耕10年以上的，100公顷以下的农场最多可以休耕5公顷，100公顷以上的农场最多可以休耕10公顷，这种休耕补贴的标准略高一些，德国每公顷为700马克。[2]

日本土地资源有限，但也有土地休耕转产补贴，而且补贴的金额是非常巨大的。如1970年日本为缓解大米过剩而创设的"水田改作奖励金"项目，按规定每缩减0.1公顷水稻种植面积，农户可从政府得到3.5万日元的补助金。[3] 1996年，政府决定扩大水稻的休耕面积，将水稻总面积降为78.7万公顷。日本推行稻田休耕转作的主要目标，是使1999年底稻米的库存量能够降到150万吨。为此，政府对执行休耕转作的稻农发放平均每公顷约7万日元的基本补助金额，最高的补助金额达到每公顷50万日元，而对那些不配合政府推行办理稻田休耕转作计划的农民收取补偿金，每公顷由原来的10万日元提高到20万日元。[4]

第三节　国外农业补贴的效应

任何一项政策都不是孤立的，而是作为某个时期农业总政策的一个组成部分在起作用。在农业总政策中，有一部分可能对总政策起促进作用，而另一部分则可能起阻碍作用。因此，在估计农业补贴政策

① 段凌燕：《从中美农业补贴政策的比较看我国存在的问题》，《中小企业管理与科技》（上旬刊）2010年第10期。
② 喻翠玲、马文杰、李谷成：《农民直接收入补贴的国际比较及对中国的启示》，《世界农业》2004年第2期。
③ 江瑞平：《日本农业补贴的经济后果评析》，《现代日本经济》1992年第3期。
④ 曾供：《日本加强稻田休耕转作》，《台湾农业探索》1996年第3期。

对农业经济发展的作用时，只能说它在某个时期内起着积极或消极的作用，而很难确切地表示其作用的程度。从总体上看，国外实施农业补贴政策对农业生产力发展起到了巨大的促进作用，但同时又产生一些消极影响。

一　积极效应

（一）促进农业发展

与其他产业相比，农业受自然条件，特别是要素禀赋、气候变化的影响较大，具有天然的"弱质性"，实施农业补贴政策使农业生产者的农业经营效益保持稳定，从而保证了农业生产者有资金扩大农业投资，引进先进的设备和技术，促进农业现代化和稳定发展。在农业补贴政策中，农产品价格支持政策发挥的作用是最明显的，即价格支持能够有效地促进农业生产、提高农产品产出水平。一个很重要的原因是价格支持稳定了农民生产增收的心理预期。如国家通过最低价格或目标价格向农民传递了一个明确的收入保底值，给农民吃了"定心丸"，调动了他们发展农业生产的积极性。1987年澳大利亚农业经济局用法国、英国、爱尔兰、意大利、荷兰、西德、丹麦、比利时8个欧盟成员国1973—1982年的面板数据研究欧洲共同农业政策，发现农业总产出对实际价格变化的长期弹性系数达到0.7，短期弹性系数约为0.1。1988年联合国粮农组织（FAO）运用38个发展中国家及美国1968—1980年的混合数据考察农业总产出对价格的反应，结果表明：长期弹性系数，发展中国家的为0.07—0.54，美国的为1.02—1.79；短期弹性系数，发展中国家的为 - 0.05—0.3，美国的为0.07—0.16；而且，几乎在所有的区域和国家中，尽管各国的结果差异较大，但总产出对价格变动从统计上都有显著的反应。从种植面积对价格变化的反应程度看，联合国粮农组织（FAO）1988年的研究表明，长期种植面积弹性系数在0.3—1.2之间，短期弹性系数为0.8，即价格每提高20%，生产者长期种植面积将增加6%—24%，短期将增加16%。而就某一具体农产品而言，产量对价格变化也有很大程度的积极反应。如1987年格米尔分析表明，1974—1982年，欧盟的牛奶产量对价格的弹性系数，长期（5年）为1.3，短期（2年）

为 0.55；而食糖价格每上涨 1%，产量增长 1.1%。[①] 产出及种植面积对价格的反应足以表明，价格支持政策对农业生产具有明显的正向激励作用。在日本，虽然地少人多，但日本却以其 15% 的可耕种土地为自己提供了 73% 的食物，至 20 世纪 70 代中期，日本基本实现了农业现代化。在正常情况下，日本大米自给率一直超过 100%，这与日本长期以来对本国大米的价格支持是分不开的。[②] 日本政府对农产品的"价格稳定带"与最低保证制度的设定，对大米实行价格管理，保证了农产品价格的稳定，提高了农民生产稻米的积极性，保证了战后日本大米自给率的不断提高。在泰国，由于价格支持，2001—2013 年大米产量从 2803 万吨增加到 3780 万吨；2004—2012 年间大米产量年均增长 4.18%。[③] 在印度，20 世纪 60 年代后期开始的"绿色革命"获得成功，固然是广泛采用农业新技术的结果，但与印度从 1965 年起调整粮食价格政策有很大关系。如果没有"成本价格"政策的实施，没有价格的吸引力，新技术不能广泛采用，印度"绿色革命"也会效果不佳。[④] 在很多国家，政府一方面通过对以往重复生产导致过剩的基本商品如小麦、大米、棉花等进行强制性的限产价格补贴，限制其产量；另一方面又通过其他形式的补贴鼓励农民大力生产市场短缺的农产品，使农业产业结构不断优化。

农业补贴的其他政策对农业发展的促进作用也很大。如实行出口补贴政策，有利于促进剩余农产品出口，扩大农产品销售，缓和农产品过剩和农业危机的剧烈冲击，使农业生产与需求的矛盾得以缓解；实施农产品抵押贷款政策，有利于商品信贷商收购、储存及分配部分过剩农产品，增强了生产者储存农产品待价而沽的能力，从而有助于抑制农业生产发生剧烈波动。

① 朱满德：《农产品价格支持和直接补贴政策功能与效果的比较——一个经验性的综述》，《贵州大学学报》（社会科学版）2014 年第 2 期。

② 齐洪华、郭晶：《日本农产品价格支持政策评析及借鉴》，《价格理论与实践》2011 年第 10 期。

③ 钟钰、陈博文、孙林等：《泰国大米价格支持政策实践及启示》，《农业经济问题》2014 年第 10 期。

④ 黎淑英：《印度政府干预农产品价格的经济措施》，《亚太经济》1986 年第 1 期。

（二）增加农民收入

农业补贴尤其是价格补贴和直接收入补贴对提高农民收入的作用是相当明显的。从发达国家来看，大多将价格支持作为农业补贴的基础性措施，欧美价格支持补贴占农业生产者补贴的 20% 左右，而在农业资源匮乏的韩国和日本，更是占到 80% 以上。[①] 事实证明，政府农业直接补贴成了美国和欧盟农业生产者收入的重要来源之一，日本、韩国等正是通过价格支持政策缩小了工农收入差别。到 1974 年，日本农民的收入水平已超过城市的工人。[②] 在美国，从 1950 年到 2001 年，政府农业补贴对农民收入的影响不断增强。1950 年美国联邦政府农业直接补贴额只有 2.83 亿美元，分别占农民总收入（331 亿美元）和农民净收入（136 亿美元）的 0.86% 和 2.08%。然而，到 1999 年，联邦政府农业直接补贴额突破了 200 亿美元，达到 215.13 亿美元，分别占农民总收入（2353 亿美元）和农民净收入（443 亿美元）的 9.14% 和 48.56%。2001 年联邦政府农业直接补贴额为 207.27 亿美元，分别占农民总收入（2486 亿美元）和农民净收入（493 亿美元）的 8.34% 和 42.04%（见图 4-1）。农业补贴成了农民收入的支撑性来源。

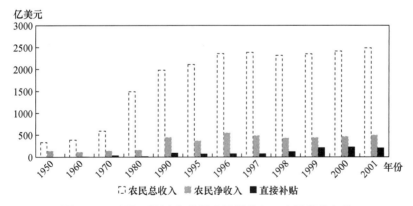

图4-1　1950—2001年美国农民总收入、农民净收入和
联邦政府农业直接补贴对比

资料来源：转引自郭宏宝《中国财政农业补贴：政策效果与机制设计》，西南财经大学出版社 2009 年版，第 71 页。

[①]　朱立志、方静：《德国绿箱政策及相关农业补贴》，《世界农业》2004 年第 1 期。
[②]　王凤峰：《发达国家农业补贴对我国的启示》，《农业经济》2003 年第 12 期。

德国 2000 年 60 万农民从欧盟共获得了 122 亿马克的补贴，德国各级政府又另外提供了 151 亿马克的补贴，平均每个农民得到 4.5 万马克的补贴。据统计，德国农民的年平均收入约是 6.3 万马克，可见，德国的农民收入大部分来自政府农业补贴。这种补贴还不包括用于道路等基础设施的费用，而只是直接的农业投入部分。[①] 日本自 1961 年制定并实施《农业基本法》以后，农产品价格由稳定转向提高，农民收入迅速提高。如 1989 年日本每个农户平均农业收入和农户总收入分别比 1960 年增长 3.8 倍和 16.7 倍。当然，这不能完全归功于农产品价格支持，在很大程度上还是由于农业现代化程度高，特别是农民兼业收入的增加。[②] 日本政府对农产品进行价格支持，增加了农民收入，使日本在第二次世界大战后的经济腾飞过程中，没有出现城乡差距拉大的现象。在泰国，2002—2011 年，精米收购价格由每吨 5330 泰铢提高到每吨 15000 泰铢，稻农出售价也从每吨 5048 泰铢上涨到每吨 10063 泰铢。这种强劲的价格上涨使稻农种植稻谷的收入迅速提高，并形成了较强的政策依赖性。据 2013 年泰国商会大学主持的实地调查，从 2011 年英拉新政执行以来，稻农人均获得 58314 泰铢的额外收入。[③]

（三）保护生态环境

实施休耕等"亲环境"补贴政策，农民获得农业生态补贴的量与其对环境保护投入呈正相关。在利益驱动和环保理念的指导下，农民自觉休耕土地，最大限度地减少农药、化肥、除草剂使用量，而更多地使用生物农药、有机肥料和机械除草，积极对禽畜粪便进行无害化处理，从而消除农药、化肥及禽畜粪便对土壤和水质的污染，食物链得以延伸，农业发展的生态环境得到优化，更好地发挥了农业的多功能性。

---

① 朱立志、方静：《德国绿箱政策及相关农业补贴》，《世界农业》2004 年第 1 期。
② 刘禅娟：《日本的农产品价格干预政策》，《世界农业》1993 年第 4 期。
③ 钟钰、陈博文、孙林等：《泰国大米价格支持政策实践及启示》，《农业经济问题》2014 年第 10 期。

二　消极效应

(一) 增加财政负担

很多国家减少农产品市场价格支持，转向增加对农民收入的直接补贴的目的之一是减少财政支出。但是，一些国家尤其是欧盟 (作为一个国家看) 收入支持政策的财政成本相当高。如1992年，欧盟对生产者的直接收入补贴为农业净收入的20%，以后逐年增加，到1997年达到农业净收入的37%。有研究显示，欧盟共同农业政策改革并没有缓和欧盟财政困难状况；相反，它增加了32%的农场计划开支。降低干预价格和土地休耕后对农户进行的补偿和结构调整所增加的费用，总体上超过了减少价格支持所节约的资金。[①] 欧盟每年的农业补贴约为430亿欧元，约占欧盟预算的50%。按照经济合作与发展组织 (OECD) 的计算，欧盟生产者补贴等值接近100亿欧元，财政负担比较重。[②] 美国在1987—1995年间，每年用于对农场主的直接补贴平均高达108.4亿美元，如果加上其他有关费用，政府在农业方面的总开支可能高达几百亿美元。[③] 2002—2007年6年间，按1996年农业法预算，美国农业补贴为666亿美元，而2002年农业法在此基础上又增加了519亿美元，6年总计达到1185亿美元。2002—2011年，美国政府补贴农业的资金为1900亿美元，比1996年农业法预算增加了约830亿美元。[④] 长期的农业补贴加剧了美国政府财政负担。在日本，农业被誉为是财政买来的。一方面，日本的农产品价格支持力度大，政府向各种农业团体和农户个人提供各种名目的补贴，政府财政支出巨大；另一方面，在大米出现过剩之后，政府为承担过剩大米的储备和处置，又耗费了大量的资金。同时，政府为解决大米过剩的问题，采取限制大米种植面积的措施，转产及安置剩余劳动力的费

---

① 叶静怡：《欧盟90年代共同农业政策改革的理论与实践——从价格干预到直接收入补贴的初步转变》，《经济科学》2000年第5期。

② 沈淑霞、秦富：《财政农业补贴方式改革效应的中外比较》，《世界农业》2005年第9期。

③ 魏陆：《中外政府对粮食价格干预政策的比较》，《中国农垦经济》2000年第9期。

④ 王维芳：《多边体制下美国农业补贴政策的审视》，《农业经济问题》2008年第9期。

用占用了巨额财政支出。① 在泰国，政府在执行典押计划的过程中，政策成本负担也较大，有时甚至导致财政入不敷出。如泰国政府 2012 年的典押计划预算额度达到 3372.46 亿泰铢，并造成 1360 亿泰铢的财政损失，以至于在 2013 年出现了财政不能及时向稻农支付典押贷款的违约情况。②

（二）农业生产者收入不均衡

农业生产者从农业补贴中的受益程度取决于其种养品种、规模和提供的商品量，因而会造成农户内部收入的不平衡。较高的补贴尤其是支持价格对经营规模较大、商品化程度较高的农户更加有利；其他农户的得失则取决于出售农产品收入增加与购买食品支出增加的相对大小，难以从中获益。在美国，农业直接收入补贴具有较强的集中性。如 1999—2001 年，美国给予农场的直接补贴 642 亿美元中，超过 90% 的补贴主要集中在稻米、玉米、小麦、大豆、棉花等大宗谷物和油料作物。这些产品在国际上具有绝对的竞争优势，也是美国农产品出口的主要项目。但那些种植非补贴作物的农场和非种植业者基本享受不到补贴，面临巨大的压力。这也是 2002 年农业法案把补贴面扩大到畜牧业和水果、蔬菜业部分产品的主要原因之一。美国农业补贴政策的受益者主要是大农场，直接收入补贴是美国农场收入的主要来源。1986 年美国农业补贴总额为 258 亿美元，其中有很大部分是直接补贴给农场主的。③ 2001 年，美国政府农业直接补贴总额为 207.27 亿元，占农场农业总收入的 8.34%，占农场农业净收入的 42%。④ 1995—2002 年美国提供了 1140 亿美元的农业补贴，其中，80% 流入农作公司和农民手中，但这些补贴的分配结构极不均衡。2003 年，1% 的最大规模的农场平均得到了 21.4 万美元的补贴，20% 的大规模

① 齐洪华、郭晶：《日本农产品价格支持政策评析及借鉴》，《价格理论与实践》2011 年第 10 期。

② 钟钰、陈博文、孙林等：《泰国大米价格支持政策实践及启示》，《农业经济问题》2014 年第 10 期。

③ 魏陆：《中外政府对粮食价格干预政策的比较》，《中国农垦经济》2000 年第 9 期。

④ 沈淑霞、秦富：《财政农业补贴方式改革效应的中外比较》，《世界农业》2005 年第 9 期。

的农场平均只得到约 1 万美元的补贴，而多数中小农场得到补贴很少，有的甚至没有任何补贴。补贴状况的迥异使得美国农场出现了明显的两极分化。[①] 原来欧盟农业补贴的 80% 为只占农场数量的 20% 的大农场所得。尽管后来新的改革决定对大农场（每年获得直接补贴超过 5000 欧元的农场）的直接补贴标准予以调减，节省下来的补贴用于促进农村发展项目，但补贴效果也并不理想。[②] 泰国农业补贴为小农带来的政策红利也有限。在大米典押计划下，政府对典押数量没有限制。由于加工商是政府粮食收储的主要承办人，在收购过程中，加工商往往会强制性降低收储价格。如 2012 年政府将收购价提高至每吨 15000 泰铢，但农户实际接受的收购价只有每吨 11000 泰铢左右，稻农利益流失，尤其是博弈力量弱小的小农。[③]

（三）农产品短缺与过剩并存

农业补贴政策倾斜程度不同，容易造成农业内部发展不均衡，导致主要农产品过剩与其他农产品短缺并存。这在日本等发达国家较为突出。在粮食安全策略下，日本对大米生产尤为重视，给予大米以较高的固定收购价格，这激发了农民生产稻米的积极性，全部农户中有 80%—90% 从事水稻生产。同时，由于机械化水平的不断提高，水稻单产也不断增加，因此大米出现供过于求，政府的大米储备急剧增加。之后，又相继出现了牛奶、猪肉、柑橘的过剩。然而，对其他农产品如麦类、薯类及其他杂粮，由于政府定价过低，产量不断下降，有些农产品供不应求，需要大量进口。[④] 从世界范围来讲，出口补贴也会导致世界市场的农产品供应过剩。

（四）农产品价格扭曲

农产品价格支持政策提高了本国农产品的国际竞争力，但与 WTO

---

① 王维芳：《多边体制下美国农业补贴政策的审视》，《农业经济问题》2008 年第 9 期。

② 沈淑霞、秦富：《财政农业补贴方式改革效应的中外比较》，《世界农业》2005 年第 9 期。

③ 钟钰、陈博文、孙林等：《泰国大米价格支持政策实践及启示》，《农业经济问题》2014 年第 10 期。

④ 齐洪华、郭晶：《日本农产品价格支持政策评析及借鉴》，《价格理论与实践》2011 年第 10 期。

倡导的农产品贸易自由化目标相悖，扭曲了农产品市场价格信号。在日本，政府实施的农产品价格支持政策使国内农产品价格远高于国际市场价格。如 1998 年，日本大米进口平均价为每吨 8 万日元到 19 万日元，而其市场销售价格却高达每吨 24 万日元到 27 万日元。2000 年以来，日本国内大米销售价格一直比进口平均价格高 4.9 倍左右。对进口农产品实施国内价格调节，使得日本农产品价格高于世界水平的 2—5 倍。农产品的价格扭曲，不仅使消费者福利蒙受损失，使消费 1/4 农产品的国内食品工业难以为继，而且与其他国家的贸易摩擦不断加剧。① 在泰国，农产品价格支持妨碍了大米市场化改革进程。在典押计划下，政府所制定的典押价格远高于市场价格，使政府成为国内市场上具有垄断性的大米需求主体，直接导致国内大米市场价格不能反映真实供需情况。市场机制失去了发挥作用的空间和载体，典押政策演变成了一种通过政府收购干预市场供求的价格支持政策。自 20 世纪 60 年代起，泰国就成为世界上大米出口量最大的国家。受国内高价收购政策影响，泰国大米价格远高于其他主要出口国价格，致使 2012 年其出口量开始急剧下降，并被越南和印度超越。②

---

① 齐洪华、郭晶：《日本农产品价格支持政策评析及借鉴》，《价格理论与实践》2011 年第 10 期。

② 钟钰、陈博文、孙林等：《泰国大米价格支持政策实践及启示》，《农业经济问题》2014 年第 10 期。

第五章　全面免征农业税：中国工业反哺农业序幕拉开

　　新中国成立后，为了快速发展经济，中国在一穷二白的基础上，主要依靠农业提供的积累，建立起比较完整的工业体系和国民经济体系，农民为国家工业化做出了重大贡献。为了实现工业与农业、城市和乡村协调发展，中共中央和国务院高度重视"三农"问题。2004年胡锦涛总书记提出了"两个趋向"的重要论断，2005年温家宝总理提出了"工业反哺农业、城市支持农村"的方针，强调要对农民多予、少取、放活，工业反哺农业序幕正式拉开。2006年，我国在全国范围内全部免除了农业税。

第一节　经济发展进入工业反哺农业阶段的标志

　　从时序上看，当今工业反哺农业的发达国家，在其经济发展的初期阶段，也没有对其农业进行反哺，只是当这些国家的经济发展达到一定水平和进入一定阶段后，才设计和采取了反哺农业政策，反哺农业的水平随着经济发展水平的提高而相应提高；而发展中国家的经济发展达到一定水平后，也开始对其农业实施反哺政策。所以，工业反哺农业是工业化发展到一定阶段后，国家为了调整工农关系、城乡关系所实行的一种经济发展政策。这里的"工业化发展到一定阶段"，一般是指"工业成为国民经济的主导产业时"。这时工业自身的剩余除了可以支持工业的进一步发展外，还可用于扶持其他产业的发展，这是工业反哺农业的基础。从国外实践和相关研究看，经济发展进入工业反哺农业阶段的基本标志主要有四个方面。

一 农业在国民经济中的相对地位大幅度下降

一个产业在国民经济中的地位，一般由该产业在国民生产总值中所占的份额决定。而一个产业在国民生产总值中所占的份额，等于这个产业的产值与整个国家的国民生产总值之比。世界各国经济发展过程表明，随着农业国的工业化，国民生产总值迅速地增长，农业的产值占整个国家的国民生产总值的比重相对下降。当农业在国民经济中的相对地位下降到一定程度，国家就开始实施工业反哺农业战略。如美国，1847 年以前农业产值始终高于工业产值，后随着经济迅速发展，农业在国民经济中的份额逐步下降。1900 年美国开始逐步从以农补工向以工补农转换。至 1930 年，美国农业在国内生产总值中的比重下降至 12% 以下，工业与农业的产值份额比例升至 80%：20% 左右。① 这时美国开始大规模地实施工业反哺农业的政策。标志是 1933 年美国出台了《农业调整法》、《土壤保护法》等支持农业发展的法律。对农业进行价格支持，即采取政府干预措施以提高农产品价格，提高农场主的收入水平。在日本，以工业剩余回流农业为内容的反哺农业政策始于 20 世纪 60 年代初期。1961 年，日本政府颁布了《农业基本法》，该法指出，实现迅速增加农民收入、平衡工农收入差别的目标，其重要途径之一就是提高农产品价格。这可以看作是日本在经济发展阶段意义上工业剩余回流于农业部门的开始。当时，日本经济发展所表现出来的基本特征是：农业在国内生产总值中所占的比重已降至 13% 以下，工业与农业的产值份额比重大约为 76%：24%。日本对农业的反哺，除了使用价格支持手段外，还实行水利建设补贴、基础设施补贴、农地整治补贴、农贷利息补贴、机械设备补贴等一系列农业投入补贴制度。② 发展中国家的韩国，1965 年农业产值份额为 30%③，开始大大增加对农业部门投资与贷款预算。1970 年韩国开始实施工业反哺农业的"新村运动"。在我国台湾地区，实行工业反哺农业政策始于

---

① 冯海发：《经济发展与反哺农业》，《学习与探索》1995 年第 6 期。
② 同上。
③ 曾寅初：《农业份额下降与农业的基础地位》，《学术月刊》1989 年第 11 期。

20 世纪 70 年代中期，以 1974 年开始实行的稻米保证价格制度为标志，采取的手段主要是价格支持。当时，台湾 GDP 中农业的份额在 15% 以下，工业与农业的产值份额比例大约为 76%：24%。①

由此，可以概括出，在国内生产总值结构中，农业的份额降低到 15% 以下；在工农业增加值结构中，工业份额与农业份额的比例大约为 75%：25%，即工业份额已经是农业份额的 3 倍以上，是一个国家经济发展进入工业反哺农业阶段的基本标志之一。②

作为比较，用同样的方法可以概括出，农业在国内生产总值中的份额在 25% 左右，工业与农业的产值结构份额大致为 60%：40%，其中农业份额不低于 40%，不高于 50%，是农业为工业化提供剩余积累使命完成时经济发展所具有的阶段特征标志之一。如果与农业提供剩余积累使命结束时的经济发展阶段特征标志结合起来，则可以得出这样的结论：一个国家的经济发展在经历了农业提供剩余积累使命结束的历史转折后，农业的产值份额再下降大约 10 个百分点，农业在工农业增加值中的份额再下降大约 15 个百分点，是经济发展进入工业反哺农业阶段的基本标志之一。③

二　农业部门的就业人数在社会总就业人数中所占的份额大幅度变小

在世界各国工业化进程中，当农业劳动力人数占社会劳动力总人数的比重仍比较高时，工业没有能力支持农业。只有农业就业人数占社会就业总人数的份额下降到一定程度，国家才开始实施工业反哺农业政策。如美国，1860 年农业工人在全国工人总数中所占的比重超过 60%，美国还未开始工补农政策。1900 年美国开始逐步从以农补工向以工补农转换时，美国现代化的工业生产秩序已形成，吸收了大量的农业劳动力，1910 年美国农业工人在全国工人总数中所占的比重大约是 31%。④ 到 20 世纪 30 年代美国开始大规模地实施工业反哺农业

---

① 冯海发：《经济发展与反哺农业》，《学习与探索》1995 年第 6 期。
② 同上。
③ 同上。
④ 刘自强：《试论 1865—1914 年美国农业劳动力大转移的动因》，《社会科学家》2007 年第 5 期。

政策时，农业就业人数在社会总就业人数中的份额已降至 25% 以下。① 在日本，20 世纪 50 年代中后期，政府实现了向农业保护政策的根本性转变，到 60 年代日本开始进入大规模反哺农业期。此时日本农业就业人数占社会就业总人数的份额已比较低。1955 年日本第一产业就业人口的比重已由 1947 年的 54.2% 下降为 40.2% ,② 1960 年农业劳动力所占比重为 32.7%。韩国农村剩余劳力的转移起步晚于日本，1960—1962 年韩国农业劳动力占总劳力的比重仍高达 63.1%。1970—1980 年韩国实施工业反哺农业的"新村运动"时，农业劳动力占总劳动力的比重约为 50%—30%。因为，1967 年韩国农业就业人数所占比重为 50.9%，到 1975 年比重下降到 37.5%，1969 年到 1979 年 10 年间有 550 万人离开农村流入城市。③ 在我国台湾地区，1974 年开始实行稻米保证价格制度，当年台湾农业劳动力比重已下降到 30% 以下。④

由以上分析可得出，农业部门的就业人数在社会总就业人数中所占的比重低于 55% 时，农业向工业提供剩余积累使命结束。之后，农业就业人数份额再下降大约 25 个百分点，即农业部门的就业人数在社会总就业人数中所占的份额为 30% 左右时，是经济发展进入了工业反哺农业阶段的一个重要标志。⑤

三 城市人口在总人口中所占的份额大幅度上升

城市化既是工业现代化的必然趋势，也是社会生产力不断提高的必然结果。城市化水平是衡量国家现代化程度的重要标志。所以，城市化水平低，农村人口过多，工业难以支持农业。只有城市人口在总人口中所占的份额大幅度上升，城市化水平大幅度提高，才能更好地实施工业反哺农业政策。美国 1880 年城市人口占总人口的比例是

---

① 冯海发：《经济发展与反哺农业》，《学习与探索》1995 年第 6 期。

② 宋杰、赵韩强：《战后日本农业劳动力的转移及其对中国的启示》，《东北亚论坛》2001 年第 4 期。

③ 吴建光：《农村劳动力就业与农业技术选择——战后韩国、台湾和日本经验分析》，《亚太经济》1992 年第 6 期。

④ 单玉丽：《台湾劳动力结构的变化与农业劳动力的特点》，《台湾农业情况》1989 年第 3 期。

⑤ 冯海发：《经济发展与反哺农业》，《学习与探索》1995 年第 6 期。

28.2%，1900 年开始逐步从以农补工向以工补农转换时，其城市人口占总人口的比例是 40%。1920 年美国城市人口比例超过了 50%。[①]所以，1933 年美国是在基本实现城市化的基础上开始大规模实施工业反哺农业政策。日本 1950 年城市人口占总人口的比例为 37.5%，1955 年为 56.3%，1965 年为 68.1%，1975 年为 75.9%。[②] 所以，日本在 20 世纪 50 年代中后期开始实施农业保护政策时，城市人口已超过农村人口。韩国 1963 年城市人口占总人口的比例是 30.49%，1970年开始实施工业反哺农业的"新村运动"时，城市人口占总人口的比例为 40.71%。[③] 我国台湾地区 1970 年总人口为 1468 万人，城市人口868 万人，城市人口占总人口的比例为 59.1%。1975 年城市人口1055 万人，占总人口的比例为 65.3%。[④] 所以，1974 年我国台湾地区也是在基本实现城市化的基础上开始实行稻米保证价格制度。

由此，可以概括出，城市人口在总人口中所占的比例高于 35%时，农业为工业化提供剩余积累使命完成。当城市人口在总人口中所占的份额上升到 50% 以上时，经济发展即进入工业反哺农业阶段。

四　人均国民生产总值大幅度提高

美国以工业剩余回流农业为内容的反哺农业政策始行于 20 世纪30 年代前期，当时美国人均国民生产总值按 1967 年价格计算已超过了 1800 美元；日本实行工业反哺农业政策始于 20 世纪 60 年代初期，当时日本人均国民生产总值按 1980 年价格计算已达 2690 美元；我国台湾地区以工业剩余回流农业为内容的反哺农业政策始于 20 世纪 70年代中期，当时台湾人均国民生产总值按当年价格计算达到 900 美元左右，如果考虑到按汇率换算所产生的低估偏误，并把价格调整到1980 年美元水平，则台湾当时的人均国民生产总值已经在 1500 美元左右。所以，人均国民生产总值按 1980 年美元计算达到 1500 美元以

---

①　刘敏：《19 世纪美国城市人口增长模式初探》，《四川大学学报》（哲学社会科学版）2013 年第 1 期。

②　宋杰、赵韩强：《战后日本农业劳动力的转移及其对中国的启示》，《东北亚论坛》2001 年第 4 期。

③　徐平华：《工业化和城市化对韩国新村运动的影响》，《求实》2006 年第 10 期。

④　李非：《论台湾城市化的形成与发展》，《台湾研究集刊》1987 年第 4 期。

上，经济发展即进入了工业反哺农业的阶段。[①]

第二节　学者对中国工业反哺农业可行性研究

工业反哺农业是经济发展到一定阶段的必然现象。当经济发展具备了反哺农业的特征时，政府就应该适时出台工业反哺农业政策。如果工业反哺农业政策出台超前，会使经济发展付出"损失效率"的代价，同时也不利于农业的结构调整；反之，工业反哺农业政策出台滞后，则会使经济发展付出"损失公平"的代价，同时还会阻碍农业的现代化进程。那么，20 世纪末 21 世纪初，中国经济发展是否进入了工业反哺农业阶段？中国能否实行工业反哺农业政策？对此，国内众多专家学者进行了大量的研究，取得了丰硕的成果，为我国工业反哺农业政策的设计和投入运行提供了决策依据。

一　2004 年及之前的研究

早在 20 世纪 90 年代初，国内一些学者就对我国反哺农业问题进行了研究。但在当时的经济发展条件下这些研究没有引起广泛的关注和产生足够的影响。到 2004 年，相关研究取得了丰硕的成果。对我国经济发展是否已经进入工业反哺农业阶段的研究，主要有两种不同的观点。

（一）中国工业反哺农业条件已初步成熟

20 世纪 90 年代尤其是进入 21 世纪后，国内多数学者认为，中国工业反哺农业条件已成熟或初步成熟。1994 年，陈吉元根据我国工农业发展情况，就提出了"轮到工业反哺农业了"。认为经过几十年的发展，我国工业已经很壮大，工农业产值之比已经由过去工业 30%、农业 70% 变成了现在工业 70%、农业 20%；不敢说工业反哺农业条件完全成熟，但可以说初步成熟。[②] 冯海发（1994）根据反哺农业的国际一般经验及经济发展进入反哺农业阶段的基本标志，认为 1992

---

① 冯海发：《经济发展与反哺农业》，《学习与探索》1995 年第 6 期。
② 陈吉元：《当前农村迫切需要研究的几个问题》，《瞭望新闻周刊》1994 年第 18 期。

年我国农业 GDP 份额为 23.8%、工业 GDP 份额与农业 GDP 份额的比例为 64%：36%、农业就业人数份额为 50% 以下、城市人口份额的理论值在 40% 左右、人均 GNP 按 1980 年美元计算为 700—1000 美元，我国经济发展尚未完全进入反哺农业的阶段，而是处于由剥夺农业向反哺农业的转变阶段，即农业与工业平等发展阶段。但从我国经济发展的趋势看，再经过大约 5—8 年的发展后，到 20 世纪末或 21 世纪初，我国经济发展将全面进入反哺农业的阶段。[1] 周昌祥（1997）从政府、农业、工业、时机和乡镇企业反哺效应 5 个方面分析我国反哺农业的现实可能性与条件。认为我国一直强调农业在经济中的基础地位，而"反哺农业"主要是将工业企业部分剩余通过政府行为无偿转移到农业建设上，这既与政府发展农业的政策相吻合，又不构成政府的直接经济负担，政府会不遗余力地支持，这成为实施"反哺"的政策基础。我国农村经过多年的建设，许多地方在道路、电力、通信等基础设施方面得到较大发展，乡镇工业有了一定的基础，这为在农村实施"反哺"推动农业基础设施快速发展以及农村城镇化建设，促进农业一体化创造了物质条件。我国大中城市及沿海开放地区的企业中，具有一大批经济基础好、盈利水平高的企业，它们具备"反哺"的能力，能为"反哺"农业提供一定的剩余（资金、技术、产品和人才）。我国一方面工业经济的快速增长足以令人兴奋，具备了一定的"反哺"能力；另一方面农业基础脆弱，已到了嗷嗷待哺的地步。改革开放以来，乡镇企业发展十分迅速，对乡村农业经济发展、促进农村城镇化建设功不可没，其"反哺"的示范性良好。所以，尽管我国经济的整体水平较实施"反哺农业"的发达国家低，但是相对地分析，我国已经初步具备了"反哺"的现实可能性与条件。[2] 黄志冲（2000）根据我国半个世纪以来工业经济体系已经形成，并成为我国国民经济的"主力军"和保障我国政治社会稳定的重要产业这一事实，认为无论从哪个角度看，我国工业反哺农业的时机和条件都已成

---

①　冯海发：《反哺农业的国际经验与我国的选择》，《农村经济》1994 年第 11 期。

②　周昌祥：《反哺农业：解决中国经济问题的重要途径》，《重庆工业管理学院学报》1997 年第 1 期。

熟。比如，工业利润比农业利润要大得多，可以从中抽出一部分用于农业的发展。[1] 尹从国（2002）对照国际工业反哺农业时的经济发展水平，认为 1998 年中国人均 GDP 按 1980 年不变价和汇率折算为 1173 美元，2000 年中国农业增加值占 GDP 的比重为 15.9%，工业和农业在工农业增加值中的比例约为 76%∶24%，农业就业人数占全部就业人数的 50.0%，城市化率为 36.09%，我国已基本达到工业反哺农业这一经济发展水平，换言之，中国经济发展开始进入工业反哺农业阶段。[2] 姬业成（2003）根据 2002 年我国国家财政收入已达到 1.9 万亿元（1986 年的 90 倍）和农业税总额只占全国税收总额 3.7% 的现实，认为国家已经有能力实行工业反哺农业、城市支持农村的政策，不能再从农村抽血补养城市，要改变长期对农村实行的"多取少予"为"少取多予"，并逐步达到"只予不取"。[3] 乌东峰（2003）认为，我国财政收入超过 1.8 万亿元，工业化也处于中期，中国经济发展从整体上完成了农业支持工业发展，即以农补工阶段，我国具备了全面反哺农业的经济基础。[4] 邬凤英（2004）根据世界各个发达国家反哺农业的经验，认为 2003 年中国 GDP 总量已经达到了 1.4 万多亿美元，人均 GDP 突破了 1000 美元，这应该是工业反哺农业、城乡共同发展的一个重要转折点。60 年前的美国、40 年前的日本都曾从这一起点开始，完成了全国一致的经济腾飞。[5] 蔡昉（2002）、杜鹰（2003）等根据我国人均 GDP 已经达到中等收入国家的水平、国家财政能力已大大加强、农业在 GDP 中所占比重已大幅度下降等现实，也认为我国已经到了工业反哺农业的阶段。[6]

---

[1] 黄志冲：《实施工业反哺以推动农业产业发展》，《社会科学报》2000 年 11 月 30 日。

[2] 尹从国：《21 世纪中国农业现代化的战略选择：工业反哺农业》，《农业现代化研究》2002 年第 2 期。

[3] 姬业成：《反哺农业已到时》，城乡统筹发展与政策调整学术研讨会论文，广东珠海，2003 年 11 月，第 133—139 页。

[4] 乌东峰：《反哺中国农业：发展潜力与对策构想》，《中国行政管理》2003 年第 6 期。

[5] 邬凤英：《反哺农业正其时》，《中国商报》2004 年 2 月 17 日。

[6] 转引自邓宏图、周立群《工业反哺农业、城乡协调发展战略：历史与现实的视角》，《改革》2005 年第 9 期。

（二）中国还没有达到工业反哺农业阶段

有一些学者对我国是否已经进入工业反哺农业的阶段持否定的观点。林毅夫（2003）认为，中国还没有达到工业反哺农业阶段，而且增加农业补贴对促进农民增收的意义不大，甚至可能造成农产品严重剩余和农民对农业补贴的高度依赖。

林毅夫从四个方面分析我国不能也不应该增加对农业补贴的理由。一是我国目前的财政收入无法支持这样大的补贴。2001 年中央财政收入为 8582.74 亿元，按目前 3.3％的补贴来计算，已经占中央财政收入的 10.1％，如果加上地方财政收入 7803.3 亿元，也占到中央、地方两级财政总收入 16386.04 亿元的 5.3％。如果把"黄箱政策"的 8.5％用足，其补贴的总额为 2225 亿元，占 2001 年中央财政收入的比例将高达 25.9％，占中央和地方两级财政的总收入也达 12.5％。这样的政策会给国家的财政带来沉重负担，挤压其他建设的支出，引发严重的后果。二是如果我们对农业进行补贴会导致农产品过剩，产生一系列棘手的问题。农产品一旦严重过剩，不是让这些产品烂在国内，就是低价卖到国外。我国的收入水平还达不到以财政补贴来支持让大批农产品烂在国内的浪费。如果把过剩的农产品低价卖到国外，从欧美的经验来看，将会引发一系列的麻烦。欧美都对本国农产品进行补贴，出现严重过剩后都试图销到国外，这些年来欧美之间互相指责对方将补贴的农产品倾销到自己的市场，这是欧美之间外交、贸易摩擦不断的根源。维持良好的国际环境对我国未来二三十年全面建设小康社会至关重要，对农业进行补贴必然会使我国陷入和欧美同样的外交困境，不利于维持我国经济发展所需要的良好外部环境。三是如果我们对农业开始进行补贴，就很难取消掉，因为取消补贴往往会引发政治问题。日本的情形就是这样的。日本目前通货紧缩非常严重，前两年我国提出建立东盟"10＋3"自由贸易区倡议，这对日本扩大其工业品海外市场和投资领域、走出目前通货紧缩困境大有好处。然而，日本政府对我国的提议反应非常消极，因为尽管农业人口只占日本总人口的 3.9％，农业 GDP 只占总 GDP 的 2％，但是日本对本国的农产品进行高额补贴，如果日本加入这个自由贸易区，农业就会受到很大的冲击。农民是日本的一个重要政治利益集团，为了 3.9％的农业人口的既得利益，日本政府只好放弃了一个可以使日本经济复苏的机遇。我国在农业保护的问题上绝对不要重蹈欧洲、美国、日本的覆辙。四是对农产品进行补贴在执行上非常困难。如果我们进行反周期补贴，也就是对自然灾害等造成的减产进行补贴，会产生严重激励问题。由于农业生产本身的特性，我们很难分辨一个农户减产是由于自然灾害还是其他人为因素，因而很容易出现故意减少投入造成减产而向政府要补贴的事例。如果我们直接对农民的收入进行补贴，从国外的经验来看，经常会出现应该得到补贴的农民实际拿不到补贴，拿到补贴的往往是各方面关系较好的中等收入的甚至是富有的农民。美国的农业补贴就是这样的情形，美国每个农户平均得到补贴是 12500 美元，而占农户总数 10% 的大农场平均得到补贴高达 85000 美元。[1]

不过，值得指出的是，林毅夫提出的解决"三农"问题的一些措施，例如，取消大部分农业税和农业特产税、"以中央财政来支付农村中、小学教师工资"、"加大对农业科研的支持力度"、"建立全国统一的农产品市场"、"创造有利于农村劳动力向非农产业转移的条件"等，本身就含有工业反哺农业的政策意义。因此，从这一角度讲，林毅夫在本质上并不反对工业反哺农业。他注重的是工业反哺农业的路径选择与可行路径。换言之，他理解的工业反哺农业只是对农业和农民的直接补贴，他反对的是直接补贴，但并不反对工业反哺农业的其他有效举措。[2]

二 2005—2006 年的研究

2004 年 9 月，胡锦涛在中共十六届四中全会上提出"纵观一些工业化国家发展的历程，在工业化初始阶段，农业支持工业、为工业提供积累是带有普遍性的趋向；但在工业化达到相当程度以后，工业反哺农业、城市支持农村，实现工业与农业、城市与农村协调发展，也是带有普遍性的趋向"的重要论断后，国内很多学者对工业反哺农业问题进行了深入研究。但对我国工业反哺农业"阶段"的判断仍有不

---

① 林毅夫：《中国还没达到工业反哺农业阶段》，《南方周末》2003 年 7 月 17 日第 1 版。

② 邓宏图、周立群：《工业反哺农业、城乡协调发展战略：历史与现实的视角》，《改革》2005 年第 9 期。

同的看法。

（一）中国经济发展已进入了工业反哺农业阶段

大多数学者认为，中国已进入了工业反哺农业的经济发展阶段。柯炳生（2005）在分析我国改革开放以来经济发展各主要指标变化后，认为我国已经进入了"工业反哺农业"的经济发展阶段。一是我国人均 GDP 已经超过 1100 美元，达到中等收入国家的水平，沿海地区更高。在 10 个东部沿海省市，人均 GDP 超过全国平均水平 1 倍以上，农业在 GDP 中的比例为 8.4%，同中等发达国家的水平相当接近。二是从 20 世纪 90 年代初期以来，财政总收入的增长速度接近每 4 年增加 1 倍；在过去的 25 年里，人均财政收入增加了 13 倍。2003 年财政总收入和人均财政收入分别为 21715 亿元和 1680 元，国家财政能力大大加强。三是 25 年间农业占 GDP 的比重下降了一半，目前不到 15%。85% 对 15% 的关系，在理论上决定了反哺的可能性和可行性。四是以农产品为原料的食品出口在总出口中的比重，已经由 30% 以上降低到了 4%。农业在出口创汇、支持工业品进口方面的意义，已经不再那么重要了。五是城镇居民的恩格尔系数已经从 57% 降低到了 37%，也进入了属于中等发达程度的阶段。六是城镇人口比重从不到 18% 提高到了 40% 以上，非农业就业从不到 30% 提高到了超过 50%。这些指标，充分显示了城市和工业的发展水平，已经大大不同于 25 年前，已经具有了一定的反哺能力。[①] 关珊珊（2005）根据 2003 年我国农业总产值占 GDP 的比重、农业从业人员占总从业人员的比重、城镇人口占总人口的比重、人均 GDP 水平等经济发展指标，也认为我国经济发展已开始进入工业反哺农业的阶段。[②] 尉士武（2005）[③]、徐加胜（2005）[④] 根据 2004 年我国国内生产总值达到 13

[①]　柯炳生：《工业反哺农业：我国经济社会发展的新阶段》，《农业发展与金融》2005 年第 3 期。

[②]　关珊珊：《我国工业反哺农业的必然性及政策选择》，《信阳农业高等专科学校学报》2005 年第 4 期。

[③]　尉士武：《"工业反哺农业、城市支持农村"的政策机制研究》，《农业发展与金融》2005 年第 10 期。

[④]　徐加胜：《工业反哺农业——新时期中央作出的重要战略决策》，《理论视野》2005 年第 4 期。

万亿元、人均 GDP 为 1270 美元、农业占 GDP 的 15%、财政收入 2.6
万亿元、农业税占财政收入的比重降至 3% 左右、城市化水平超过
40% 等经济指标，认为我国已经进入了一般模式下的工业化中期阶
段，具备了工业反哺农业的条件和实力。周立群、许清正（2006）在
分析国内学者对我国是否已进入工业反哺农业阶段的两种不同观点后
认为，我国从总体上已经步入工业反哺农业的阶段。不仅工业化和城
市化水平的提升为反哺农业提供了可能，而且作为一个后起的大国经
济发展到一定阶段也需要在国家层面提出和实施这一战略。这不仅是
一种发展观和发展战略的重大转变，也是一种有别于其他国家的发展
模式和社会构建的探索。①

（二）中国经济发展还没有完全进入大规模反哺期

有学者认为，我国已进入工业反哺农业时期，但受资源、经济社
会发展水平的影响，距全面大规模反哺农业期还有一定差距。马晓
河、蓝海涛、黄汉权（2005）以 2003 年我国诸多经济指标与大规模
反哺期的国际参照值进行比较后认为，我国人均 GDP、农业 GDP 比
重、工农业 GDP 之比、初级产品和工业制成品出口占 GDP 比重等多
数指标，已达到大规模反哺期的国际参照值，但就业结构、城市化率
等少数指标与国际参照值相比还有一定差距，所以我国经济发展还没
有完全进入大规模反哺期。② 高振宁（2005）认为，我国刚进入由剥
夺农业向反哺农业的转变阶段，不应该盲目地实行大规模补贴政策。
一是我国的经济实力仍然是有限的。根据国际经验，农业保护率每上
升一个百分点，需要财政支出近百亿元人民币。显然，我国尚不具备
工业高度反哺农业的能力。二是工业高度反哺农业政策容易导致政府
财政负担沉重，甚至扭曲国际贸易秩序，引发国家间贸易摩擦。三是
国外高水平的工业反哺农业是几十年积累的结果，而我国才刚刚起
步，因此不能把工业反哺农业定在一个高水准之上。③

---

① 周立群、许清正：《"工业反哺农业"问题综述》，《红旗文摘》2006 年第 13 期。

② 马晓河、蓝海涛、黄汉权：《我国离大规模反哺农业期还有差距》，《瞭望新闻周刊》2005 年第 35 期。

③ 高振宁：《中国农业该实行反哺政策吗?》，《兰州学刊》2005 年第 2 期。

（三）中国部分地区未具备工业反哺农业条件

2006 年陕西省省长陈德铭在接受有关媒体专访时表示，虽然就全国而言，已经到了工业可以反哺农业、能够拿出更多的钱用于支持农村的时候，但是陕西人均收入低于全国平均水平，工业化程度相对还很滞后，所以依靠自己的工业反哺农业是不够的，还需要中央政府、发达省市的支持和帮助。有人认为，陈德铭省长的言论揭示出了一个很现实、很紧迫的问题。在建设社会主义新农村亟须加快反哺步伐的大背景下，陕西这种无法"反哺"的尴尬，真实地反映出新农村建设的复杂性和艰巨性。不是中央一声令下说"反哺"，大家就可以"反哺"了。反哺需要条件，需要机制，需要政策，需要环境，即使有条件的发达省区，真正的"反哺"目前也面临很多具体问题。因此，有条件反哺的省区要积极创造条件，推动反哺，而对于更多无力反哺的省区，就要积极为"反哺"做准备，同时采取更务实更灵活的办法去"反哺"，在推进农村生产力发展、推动农业生产本身上下功夫。① 关虹（2006）在研究新疆、西藏、宁夏、青海、内蒙古、广西、贵州、云南 8 个民族省区工农业发展状况后认为，民族地区的工业没有能力反哺农业，工业反哺农业、城市支持农村不适合少数民族地区的区情。一是民族地区工业内部结构不合理，发展水平低，处于工业化发展初期阶段。民族地区 2003 年的工业发展水平仅相当于东部 1990 年的水平，相当于全国 1992 年的水平。脆弱的工业无法支撑反哺农业的重任。二是尽管民族地区农业发展水平相对高于工业发展水平，但农业内部结构欠佳，农业与工业相关度不高，农业无法真正吸纳工业的支持。所以，如果说在全国范围内已经初步具备工业反哺农业的条件和时机的话，在民族地区也推广这个方针就有点冒进了。②

① 本刊观察员：《陕西工业还无力反哺农业，这对很多省来说都是个问题》，《领导决策信息》2006 年第 19 期。

② 关虹：《民族地区工业有能力反哺农业吗?》，《湖北社会科学》2006 年第 9 期。

第三节　中国工业反哺农业序幕正式拉开

进入 21 世纪以后，我国基本具备了工业反哺农业、城市支持农村的经济实力。中共中央、国务院不断强调"多予、少取、放活"的方针，并不失时机地提出了工业反哺农业、城市支持农村的方针。力图在城乡统筹的前提下，将资源尽可能地向农村配置，推进工农业协调和城乡一体化发展。

一　不断强调"多予、少取、放活"的方针

"多予、少取、放活"的方针，最早是在 1998 年 10 月中共十五届三中全会通过《中共中央关于农业和农村工作若干重大问题的决定》（以下简称《决定》）中提出的。《决定》指出："坚持多予少取，让农民得到更多的实惠。"2002 年 1 月召开的中央农村工作会议提出，新阶段增加农民收入总的指导思想是"多予、少取、放活"。"多予、少取、放活"的方针，是新阶段"三农"工作的重要指导方针。"多予"，就是要增加对农业和农村的投入，加快农业和农村基础设施建设，直接增加农民收入。"少取"，就是要切实减轻农民负担，推进农村税费改革，让农民休养生息。"放活"，就是要深化农村改革，认真落实党在农村的各项政策，放活农村经营，把农民群众的积极性和创造性充分发挥出来。2002 年 9 月，中共中央办公厅、国务院办公厅召开的全国减轻农民负担工作电视电话会议，再次强调"多予、少取、放活"的方针。[①] 在这一方针的指导下，我国采取了很多有效措施，不断减轻农民负担。如 2003 年 3 月，国务院在总结经验、完善政策的基础上，出台了《关于全面推进农村税费改革试点工作的意见》（以下简称《意见》）。《意见》明确提出要继续推进农村税费改革，进一步减轻农民的税费负担，逐步降低农业税税率，有条件的地方，可以进一步降低农业税税率或免征农业税，为最终实现城乡税

---

① 尹成杰：《新阶段"三农"工作理论和政策创新》，《中国农村经济》2005 年第 4 期。

制的统一创造条件。2003 年 7 月，国务院出台的《关于克服非典型肺炎疫情影响，促进农民增加收入的意见》又一次强调这个方针。"多予、少取、放活"方针首次出现在国务院文件上，要求各部门加大对农业的支持力度，采取多种措施，弥补"非典"给农民收入造成的损失。2004 年中央一号文件又指出：各级党委和政府要认真贯彻十六大和十六届三中全会精神，牢固树立科学发展观，按照统筹城乡经济社会发展的要求，坚持"多予、少取、放活"的方针，调整农业结构，扩大农民就业，加快科技进步，深化农村改革，增加农业投入，强化对农业支持保护，力争实现农民收入较快增长，尽快扭转城乡居民收入差距不断扩大的趋势。中共中央和国务院不断强调"多予、少取、放活"，使这个方针成为指导"三农"工作的重要方针，为我国逐步改变城乡二元经济和社会结构，以及从统筹城乡发展的高度，不断完善农村经济体制指明了方向。

二　"两个趋向"论断和工业反哺农业、城市支持农村方针的提出

2004 年 9 月，胡锦涛在中共十六届四中全会上指出：农业是安天下、稳民心的战略产业，必须始终抓紧抓好。纵观一些工业化国家发展的历程，在工业化初始阶段，农业支持工业、为工业提供积累是带有普遍性的趋向；但在工业化达到相当程度以后，工业反哺农业、城市支持农村，实现工业与农业、城市与农村协调发展，也是带有普遍性的趋向。这就明确提出了"两个趋向"的重要论断。2004 年 12 月召开的中央经济工作会议再次强调：我国现在总体上已到了以工促农、以城带乡的发展阶段。我们应当顺应这一趋势，更加自觉地调整国民收入分配格局，更加积极地支持"三农"发展。

"两个趋向"的重要论断，是对我国经济发展阶段的科学判断。从发展情况看，新中国成立后，我国在一穷二白的基础上，主要依靠农业提供的积累，建立起比较完整的工业体系和国民经济体系。农民为国家工业化做出了重大贡献。但是同时，也出现了城乡二元结构不断强化、农村发展严重滞后的问题，对经济和社会的协调发展产生了不利影响。党的十一届三中全会以来，我国从加强农业、搞活农村入手，推进改革开放，逐步调整工农关系和城乡关系，全面发展城乡经济。经过 20 多年的不懈努力，不仅农业和农村发生了很大变化，工业和城市也得到了很大发展，综合国力大大增强，已经初步具备了工业反哺农业、城市支持农村的经济实力。因此，必须正确认识我国经济和社会发展所处的阶段，不失时机地转向工业反哺农业、城市支持农村，努力形成工业与农业相互促进、城市与农村共同繁荣的新局面。另外，发达国家的实践也表明，在工业化初始阶段，农业在国民经济中占较大比重，劳动力大部分在农业中就业，农业客观上承担了为工业化提供积累的任务。当工业化达到相当程度后，工业自身积累和发展能力不断增强，具备了反哺农业的能力，就要适时调整发展政策，加大工业对农业、城市对农村的支持力度，促进工农、城乡协调发展。在工业化进程中，适时推进由农业为工业提供积累向工业反哺农业转变，是经济和社会发展的必然要求，是工业化国家的普遍规律，也是加快推进现代化的成功之道。

"两个趋向"重要论断的提出，为我国在新时期制定"三农"工作政策和措施提供了理论依据。我国正处在从人均国内生产总值 1000美元向 3000 美元迈进的关键时期。许多国家的发展进程表明，这个阶段既是经济和社会结构快速调整的时期，也是各种利益关系复杂、社会矛盾凸显的时期。如果发展战略和政策把握得当，工农关系和城乡关系处理得好，就能保持经济快速发展和社会长期稳定；反之，就会造成收入差距和社会矛盾扩大，影响经济和社会持续、协调发展。因此，"两个趋向"重要论断是指导我国经济和社会协调发展的战略思想，为我国制定农业和农村发展政策提供了基本依据。2005 年，在"两个趋向"重要论断的指导下，第十届全国人大三次会议通过的《政府工作报告》提出了"要适应我国经济发展新阶段的要求，实行工业反哺农业、城市支持农村的方针"。

"两个趋向"重要论断和工业反哺农业、城市支持农村方针的提出，充分体现了发展理念的先进性和科学性，是新形势下对工农关系、城乡关系在思想认识和政策取向上的进一步升华。①

---

① 尹成杰：《新阶段"三农"工作理论和政策创新》，《中国农村经济》2005 年第 4期。

三　全面减免农业税

农业税是对农业收入征收的一种税。古时候又称"皇粮国税"。新中国成立后，由于农业税以征收粮食为主，所以习惯上又称为"公粮"。农业税在我国已经绵绵延续了 2600 多年。

长期以来，农民增收乏力，最主要的原因是农民税费负担过重。进入 21 世纪以后，为了减轻农民负担，2000 年 3 月中共中央、国务院就发出了《关于进行农村税费改革试点工作的通知》，拉开了农民减负的税费改革序幕。当时只在安徽及全国一部分县（市）进行试点，主要改革的内容是取消乡统筹及农村教育集资等行政事业收费，"以工代贩"的做法也被禁止，并调整了农业和农业特产税，改革了村提留征收使用的办法。试点改革在一定程度上遏制了农村的"三乱"（乱集资、乱收费、乱罚款）势头，农民负担得到了一定的减轻。2001 年，国务院发出了《关于进一步做好农村税费改革试点工作的通知》，进一步对农村税费改革工作予以肯定，并提出了若干完善农村税费改革的意见。2003 年，国务院又出台《关于全面推进农村税费改革试点工作的意见》，在全国全面推行农村税费改革。[①] 2004 年中央一号文件规定：逐步降低农业税，2004 年农业税税率总体上降低 1 个百分点，同时取消除烟叶以外的农业特产税。2004 年第十届全国人大二次会议通过的《政府工作报告》又提出取消农业特产税，5 年内取消农业税。2005 年中央一号文件进一步规定：进一步扩大农业税免征范围，加大农业税免征力度，在国家扶贫开发工作重点县实行免征农业税试点，其他地区进一步降低农业税税率；在牧区开展取消牧业税试点；国有农垦企业执行与所在地同等的农业税减免政策。2005 年第十届全国人大三次会议通过的《政府工作报告》又提出，原定 5 年取消农业税的目标，3 年就可以实现，2006 年全部免征农业税。[②] 农村税费改革进展出乎寻常地快。

2005 年 12 月 29 日，中国最高立法机关以高票通过一个正文只有

---

① 岑乾明：《胡锦涛"两个趋向"论断及其政策实践》，《吉首大学学报》（社会科学版）2011 年第 6 期。

② 尹成杰：《新阶段"三农"工作理论和政策创新》，《中国农村经济》2005 年第 4 期。

94 个字的决定：现行的农业税条例自 2006 年 1 月 1 日起废止。中国存在 2600 多年历史的农业税将彻底成为历史。纳税是每个公民应尽的义务，农业税也如此。所以，农业税的取消是历史性的突破，标志着几千年来的传统农业大国在第一、第二、第三产业结构发生重大变化后"工业反哺农业"时代的到来。①

①　佚名：《工业反哺农业时代来了》，《四川农业科技》2006 年第 1 期。

第六章　因地制宜：广西工业反哺农业的实践探索

　　广西是少数民族地区，地处祖国西南边疆，自然条件差，不仅工业发展条件不佳，发展水平较低，而且农业发展也没有优势，农业内部结构不合理，农业与工业相关度不高，所以，工业反哺农业难度较大，任务艰巨。如 2004 年，广西人均生产总值为 7196 元，尽管比贵州的高，与云南的持平，但分别只是全国、北京、上海、广东、湖南人均国内生产总值的 64.8%、23.7%、12.3%、35.2%、81.2%；广西农业增加值占国内生产总值的比重是 24.4%，而全国、北京、上海、广东、湖南农业增加值占其国内生产总值的比重分别是 15.2%、2.4%、1.3%、7.8%、20.6%，云南和贵州分别只有 20.4% 和 21%；广西农业内部农、林、牧、渔及农林牧渔服务业产值的比重分别为 48%、4.4%、35.4%、10.7%、1.5%[①]，种植业比重偏高，其他产业比重偏低，而且经营规模小，难以有效吸纳工业和国家财政的支持。2006 年曾有学者认为，民族地区（包括内蒙古、广西、西藏、宁夏、新疆、贵州、云南、青海 8 省区）工业反哺农业缺乏基础，"工业反哺农业"的方针不适合现阶段民族地区经济的发展。[②]

　　工业反哺农业是一个时代的命题和经济社会发展的大趋势，是我国社会经济发展的伟大战略和基本国策。2005 年我国正式拉开工业反哺农业序幕后，广西与全国各地一样，积极实施工业反哺农业战略。2005 年自治区人民政府颁发《广西壮族自治区人民政府关于从 2005 年起免征农业税的决定》，全面免征了农业税及农业税附加。历史上

---

① 据 2004 年全国、广西及相关省市区的国民经济和社会发展统计公报数据计算。
② 关虹：《民族地区工业有能力反哺农业吗?》，《湖北社会科学》2006 年第 9 期。

绵延了数千年的"皇粮国税"就此终结，农民种田真正实现了"零赋税"。同时，开始实行农民种粮直接补贴、订单购粮补贴、水稻良种补贴、农资综合直接补贴、农机购置补贴、测土配方施肥补贴等惠农政策。除此之外，广西各级政府在中央政府的统一领导和部署下，还根据广西实际，大胆探索了符合广西区情的其他工业反哺农业的路径与方式。

第一节　加强农业农村基础设施建设

农业农村基础设施是指与农业生产、农民生活、农村发展密切相关的各类基础设施，可分为农业生产基础设施、农村生活基础设施、农村社会发展基础设施和生态环境建设 4 大类。[①] 农业农村基础设施是农民赖以生存、农业得以发展的重要物质基础，也是衡量农村发展水平的重要方面。早在 1934 年 1 月，毛泽东在江西瑞金召开的第二次全国工农兵代表大会的报告中就提出了"水利是农业的命脉"[②] 的论断。当代社会，加强农业基础设施建设，不仅在促进农业经济快速发展及加快农业产业结构调整上具有很重要的作用，而且在提高农村社会生活质量、改善生存环境、全面推进社会主义新农村建设等方面，都具有重大的意义。广西自然条件较差，农业的基础设施相对比较落后，农业抗御旱涝能力不强，农业发展受基础设施制约较大。因此，在工业反哺农业的背景下，广西很重视加强农业农村基础设施建设。

一　财政对农业农村基础设施投入的规模

政府财政农业基础设施投资规模反映了政府对农业基础设施建设的干预程度和重视程度，可以用绝对规模和相对规模表示。[③] 绝对规模是指政府各级财政在一定时期内用于农业基础设施投入的财政支出总量；

---

① 王瑜、范建荣：《西部农业农村基础设施发展水平综合评价及预测——以宁夏回族自治区为例》，《华中农业大学学报》（社会科学版）2011 年第 4 期。

② 《毛泽东选集》第 1 卷，人民出版社 1991 年版，第 132 页。

③ 路铁军：《新农村建设中的农业基础设施投资分析——以河北省为例》，《农村经济》2013 年第 3 期。

相对规模是指一定时期内财政投入农业总量与其他指标值的比值。

（一）财政支农支出

在工业反哺农业和财政支农工作思想的指导下，政府财政部门不断扩大公共财政覆盖范围，逐渐建立了与市场经济体制下政府职能、公共财政职能相适应的财政支持"三农"政策体系。该体系包括稳定增长的财政投入政策、促进粮食稳定生产、促进农民增收的支持政策和现代农业建设的支持政策、扩大农村公共服务和发展农村社会事业的支持政策、加强农村基础设施建设的支持政策、财政扶贫政策、推动农村体制改革支持政策、支持生态建设及抗灾救灾政策等。这些政策基本上覆盖了农业和农村发展的各个方面。政府财政对农业基础设施的投资表现在财政支农支出当中。财政支农支出有大、中、小三种统计口径。大口径支出包括基本建设投资，即国债基金、科技三项费用、农业科学事业费、支援农村生产支出、农林水气等部门事业费、农业综合开发支出、支援不发达地区支出、水利建设基金、农村税费改革转移支付、农业税灾歉减免补助、农村救济支出、农产品政策性补贴支出、农村卫生支出、农村中小教育支出、农业生产资料价格补贴这些直接支持"三农"的资金，共15大类，基本涵盖了中央财政支持"三农"的各个方面。中口径支出指统计年鉴中"财政用于农业的支出"一栏，主要包括支援农业生产支出、农业基本建设支出、挖潜改造资金、科技三项费用、支援不发达地区资金中用于农业的支出、其他（农业综合开发）支出等。小口径支出仅包括农林水利气象和支援农业生产支出等部门事业费两项，就是通常所说的"两类资金"。本书的广西财政支农支出是中口径支出。近几年其支出情况见表6-1。

表6-1　　广西地方财政用于农业（农林水务）支出情况

年份	农业支出（万元）	财政支出（万元）	农业支出占财政支出比重（%）
2000	278946	2584866	10.79
2002	444242	4198575	10.58
2004	567062	5074721	11.17
2005	586690	6114806	9.60

年份	农业支出（万元）	财政支出（万元）	农业支出占财政支出比重（%）
2006	644143	7295172	8.83
2007	898179	9859433	9.11
2008	1393970	12971100	10.75
2009	2107419	16218218	12.99
2010	2602616	20075907	12.96
2011	3148555	25452778	12.37
2012	3690650	29852261	12.36
2013	3718964	32086656	11.59

资料来源：（1）2000—2008年数据来源于《广西通志·农业志》（1978—2008）；

（2）2009—2013年数据来源于相关年份《广西统计年鉴》。

由于统计口径变化，2009年以前的数据为农业支出，2010年之后的数据为农林水务支出。表6-1的数据表明，广西各年度农林水务，即农业支出越来越多，增长速度越来越快。2000年广西地方财政用于农业支出的资金为27.90亿元，2004年增加到56.71亿元，占当年财政支出比重为11.17%。之后财政用于农业支出的资金不断增加，尤其是2009年以来财政用于农业支出占财政支出比重稳定达到12%以上。2013年财政用于农业支出的资金达到约371.90亿元，是2004年的6.56倍，占财政支出比重为11.59%。

（二）对农业农村固定资产投资

农业农村固定资产投资主要由农田、水利、气象、房屋与其他建筑物、安全饮水设施、电力设施、网络设施、远程教育设施等基础设施投资和更新改造投资以及农业机械设备、运输工具等购置形成，以此不断改善农业生产经营和农民生活的外部条件，提高农业综合生产能力和农民生活质量。

表6-2　　　　2004—2013年广西分行业固定资产投资情况

年份	第一产业固定资产投资（亿元）	比上年增长（%）	分行业固定资产投资（亿元）	比上年增长（%）
2004	21.49	—	873.08	—

续表

年份	第一产业固定资产投资（亿元）	比上年增长（%）	分行业固定资产投资（亿元）	比上年增长（%）
2005	42.65	98.46	1235.56	41.53
2006	48.94	14.75	1625.69	31.58
2007	68.92	40.83	2090.87	28.61
2008	100.72	46.14	2725.99	30.38
2009	142.12	41.10	4345.66	59.42
2010	160.24	12.75	5955.62	37.05
2011	243.48	51.95	9280.30	55.82
2012	334.96	37.57	9927.38	6.97
2013	329.57	-1.61	9140.04	-7.93
2005—2013 年年均增长（%）	35.44			29.81

资料来源：根据相关年份《广西统计年鉴》资料整理。

表 6-3　　　　2004—2013 年广西农村非农户固定资产投资情况

年份	农村非农户固定资产投资		社会固定资产投资	
	投资额（亿元）	比上年增长（%）	投资额（亿元）	比上年增长（%）
2004	27.58	—	1254.86	—
2005	99.74	261.64	1769.07	40.98
2006	113.50	13.80	2246.57	26.99
2007	158.50	39.65	2970.08	32.21
2008	193.93	22.35	3778.10	27.21
2009	243.85	25.74	5706.70	51.05
2010	358.97	47.21	7859.07	37.72
2011	470.40	31.04	10160.45	29.28
2012	689.46	46.57	12635.22	24.36
2013	629.25	-8.73	11907.67	-5.76
2005—2013 年年均增长（%）	41.55		28.41	

资料来源：根据相关年份《广西统计年鉴》资料整理。

表 6-2 和表 6-3 数据表明，2004 年以来，广西分行业第一产业固定资产投资和农村非农户固定资产投资额不断增加，增长速度很

快。2004 年广西分行业第一产业固定资产投资和农村非农户固定资产投资分别只有 21.49 亿元和 27.58 亿元，2005 年二者分别增加到 42.65 亿元和 99.74 亿元，分别增长 98.46% 和 261.64%，而分行业固定资产投资和社会固定资产投资只分别增长 41.53% 和 40.98%。之后，尽管四者各年投资增长速度有高有低，但从年均增长速度来看，2005 年到 2013 年广西分行业第一产业固定资产投资和农村非农户固定资产投资年均增长率分别为 35.44% 和 41.55%，都高于分行业固定资产投资年均增长的 29.81% 和社会固定资产投资年均增长的 28.41% 的速度。

二 财政对农业基础设施投入的强度

农业基础设施建设投资强度是指农业基础设施建设投资占财政支出的份额与农业 GDP 占总 GDP 份额之比。用公式表示是：农业基础设施建设投资强度 = 农业基础设施建设投资占财政支出的比重/农业 GDP 占总 GDP 的比重。农业基础设施建设投资强度这一指标的含义在于，农业对国民经济的贡献用农业 GDP 占全国总 GDP 的份额表示，如果这一份额比农业基础设施建设占财政支出的份额大，说明财政对农业的贡献低于农业对国民经济的贡献。否则，说明农业对国民经济的贡献小而财政支农相对充足。所以，如果上述指标值小于 1，则说明财政对农业基础设施建设投入不够；相反，如果指标值大于 1，说明农业基础设施建设得到了保护和支援，指标值越大，支持和保护的程度就越高。[①] 由此可见，分析农业基础设施建设投资强度可以在一定程度上衡量财政对农业基础设施建设投资总量规模的合理程度。

表 6 - 4　　　　　　　广西农业基础设施投资强度

年份	农业基础设施建设投资占财政支出比重（%）	农业 GDP（亿元）	总 GDP（亿元）	农业 GDP 占总 GDP 比重（%）	投资强度
2000	10.79	557.38	2080.04	26.80	0.403
2002	10.58	601.99	2523.73	23.85	0.444

---

① 路铁军：《新农村建设中的农业基础设施投资分析——以河北省为例》，《农村经济》2013 年第 3 期。

续表

年份	农业基础设施建设投资占财政支出比重（%）	农业GDP（亿元）	总GDP（亿元）	农业GDP占总GDP比重（%）	投资强度
2004	11.17	817.88	3433.50	23.82	0.469
2005	9.60	912.50	3984.10	22.90	0.419
2006	8.83	1032.47	4746.16	21.75	0.406
2007	9.11	1241.35	5823.41	21.32	0.427
2008	10.75	1453.75	7021.00	20.71	0.519
2009	12.99	1458.49	7759.16	18.80	0.691
2010	12.96	1675.06	9569.85	17.50	0.741
2011	12.37	2047.23	11720.87	17.47	0.708
2012	12.36	2172.37	13031.04	16.67	0.742
2013	11.60	2343.57	14378.00	16.30	0.712

资料来源：根据相关年份《广西统计年鉴》资料整理。

由表6-4的数据可知，广西农业基础设施建设投资强度仍小于1，说明财政对农业基础设施建设投入仍不够，但广西农业支出即农林水务支出占财政支出的比重不断提高，农业GDP占总GDP的比重不断降低，从而农业基础设施建设投资强度不断提高。2010年以来农业基础设施建设的财政投资强度稳定在0.7以上。这也反映出在经济发展相对落后的广西，各级政府对于农业基础设施建设的高度重视。

三　财政对农业农村基础设施投入的结构

农业农村基础设施建设既包括在农业生产和农民生活中所必需的各种物质条件的创造与改善，如大江大河的治理、大型的农用固定资产、中小型基本农田水利设施建设、大宗农产品商品基地建设、人畜饮水设施改善、乡村道路建设、农村电网改造、通信、运输、储藏、销售等设施的建设；又包括为保证农业生产和农民生活正常进行所为其提供服务的非物质条件及社会条件的改善，如农业研究和试验机构、土壤保持机构、乡镇农机推广机构、农村能源行政管理推广机构的建设等。在财力有限的情况下，为充分发挥基础设施的作用，改进投入与产出的质量，广西不断优化财政对农业农村基础设施投入的结构。

（一）加快农村路、水、电等基础设施建设

路、水、电是农业生产和农民生活最基本的物质条件。俗话说，要致富，先修路。2005 年广西完成农村公路建设投资 34.7 亿元，占公路建设投资总额的 28.3%，比 2004 年增长 36%。完成通乡柏油公路项目 34 项，通达项目 398 项，通乡等外路改造项目 32 项，改造提级和新修公路里程 4422 公里。新增 39 个乡（镇）通等级路，32 个乡（镇）通柏油公路，614 个行政村通公路。2005 年底，全自治区通等级路的乡（镇）达到 972 个（其中通柏油公路 879 个），所有乡（镇）和 76.7% 的行政村开通班车，县际专线车通行率达到 100%。[①]在东（兰）、巴（马）、凤（山）基础设施建设项目全面完成之后，2007 年，广西又启动都安、大化、隆安、天等、马山 5 个大石山区国家扶贫开发工作重点县实施基础设施建设大会战。大会战交通基础设施建设项目投资 6.38 亿元，计划建设通乡（镇）柏油公路项目 24 项 621 公里，非贫困村通村公路项目 83 项 664 公里，贫困村通村四级路项目 196 项，村屯道路项目 703 项。[②] 2008 年，广西又启动乐业、凌云、隆林、田林、西林桂西 5 县基础设施建设大会战。安排交通项目 97 项 987 公里，概算总投资 2.43 亿元，其中通乡柏油公路建设项目 10 项 218 公里，通达工程项目 87 项 769 公里。2008 年全年建成农村公路 7256 公里，新增通柏油公路乡（镇）83 个、通柏油公路或水泥路行政村 1278 个、通公路行政村 1197 个，新增农村客运站点 95 个、便民候车亭 150 个，开通 379 个行政村客运班线。至 2008 年年底，全自治区基本实现乡乡通柏油公路、89.8% 的行政村通公路、44.4% 的行政村通柏油公路或水泥路，行政村客运班线开通率达到 82.2%。[③] 2011 年，《广西壮族自治区交通运输厅"十二五"农村交通基础设施建设指导意见》出台，明确了"十二五"时期农村交通

---

① 广西壮族自治区人民政府：《广西年鉴》（2006），广西人民出版社 2006 年版，第 284 页。

② 广西壮族自治区人民政府：《广西年鉴》（2008），广西人民出版社 2008 年版，第 313 页。

③ 广西壮族自治区人民政府：《广西年鉴》（2009），广西人民出版社 2009 年版，第 215 页。

基础设施建设的建设要求、建设管理和前期工作、补助标准、安排原则、资金使用管理、工程验收等。2011年广西实施路网建设项目44项1525公里，其中新开工项目有龙门跨海大桥、都安至武鸣公路等31项。天峨至乐业（三期）、柳江至龙南公路等多个项目建成通车。实施县乡道联网、通农林场总场和分场、通建制村沥青（水泥）路等农村公路项目949项。新建成通建制村沥青（水泥）路5670公里，新增1264个建制村通沥青（水泥）路，新建和改造桥梁56座。2011年广西公路水运交通建设累计完成投资702.88亿元，比上年增长21%，在全国各省（自治区、直辖市）中排第7位，农村公路建设完成投资43.95亿元。至2011年底，全自治区农村公路总里程占公路总里程的85%，乡镇通公路率和通沥青（水泥）路率分别达到100%和99.7%，建制村通公路率和通沥青（水泥）路率分别达到99.9%和67.3%，建制村通班车率达到84%。[①] 2012年广西农村通汽车村数达14246个，占村委会总数的99.24%。

　　水利是农业的命脉。广西坚持把解决水利问题作为经济社会发展的头等大事，千方百计增加投入，多措并举惠农惠民，水利建设取得明显成效。借着西部开发的东风，2007年广西完成水利固定资产投资67.49亿元，新增有效灌溉面积0.6万公顷、节水灌溉面积3.74万公顷、水土治理面积1328平方公里。[②] 2008年，广西深化水务改革，推进重点水利工程的前期工作，抓好各项水利工程建设。全年完成固定资产投资72.84亿元。建成江河堤防2778公里，累计达标堤防540公里，其中一、二级达标堤防91公里。建成各类水闸2225座，各类水库4370座，水库总库容328.54亿立方米。其中大型水库37座，库容230.44亿立方米；中型水库185座，库容53.63亿立方米；小型水库4148座，库容44.47亿立方米。同时，2008年广西掀起声势浩大、规模空前的冬春水利建设大会战。全自治区各地共完成冬春水利建设投资比2007年同期增长1.71倍。其中，中央投入28.26亿

　　① 广西壮族自治区人民政府：《广西年鉴》（2012），广西人民出版社2012年版，第221页。

　　② 广西壮族自治区人民政府：《广西年鉴》（2008），广西人民出版社2008年版，第227页。

元，增长 3.12 倍；自治区投入 8.49 亿元，增长 64%；市、县及乡村投入 20.78 亿元，增长 1.6 倍。累计投入劳动工日 3105 万个，完成渠道清淤 3.52 万公里，水库除险加固 277 座，新建防渗渠道 2224 公里，新建小型水源工程 3922 处，新增蓄水能力 2598 万立方米，新增、恢复灌溉面积 3.1 万公顷，改善灌溉面积 45 万公顷，新增除涝面积 2250 多公顷。① 2009—2011 年，广西共有 38 个县被列为国家小型农田水利重点县，自治区将小型农田水利重点县建设工作列入年度为民办实事内容，纳入自治区绩效考核重点工作。② 2011 年广西累计建成江河堤防 2948.21 公里，水闸 2465 座，水库 4351 座，水库总库容 321.80 亿立方米。其中大型水库 37 座，总库容 223.38 亿立方米；中型水库 186 座，总库容 53.94 亿立方米；小型水库 4128 座，总库容 44.48 亿立方米。③ 全自治区各地累计完成水利投资 99.19 亿元，比上年增长 19%；清淤渠道 3.9 万公里，新增防渗渠道 6960 公里；完成水毁修复工程 424 项，新建小型水源工程 9346 项，新增蓄水能力 4483 万立方米；恢复灌溉面积 5.2 万公顷，改善灌溉面积 30.6 万公顷。④ 2013 年冬至 2014 年春，广西农田水利基本建设完成投资 138.6 亿元，同比增长 6%；完成渠道防渗配套 7500 公里，新增恢复和改善灌溉面积 36.7 万公顷；集中连片整体推进节水灌溉面积 6.7 万公顷；开工建设病险水库（水闸）除险加固 800 座，完成建设 500 座；治理水土流失面积 250 平方公里。⑤

　　在加强水利设施建设的同时，广西各级政府很重视人畜饮水工程的建设。2005 年广西村镇自来水设施投资 0.9 亿元，全自治区建制镇和集镇有自来水厂 976 家，供水管道 8040 公里，日供水能力 63.24

---

① 广西壮族自治区人民政府：《广西年鉴》（2009），广西人民出版社 2009 年版，第 329 页。

② 王军伟：《广西小型农田水利重点县建设惠及 125 万余农民》，http：//news. xinhua-net. com/fortune/2011 - 12/13/c_ 111239166. htm，2011 年 12 月 13 日。

③ 广西壮族自治区人民政府：《广西年鉴》（2012），广西人民出版社 2012 年版，第 258 页。

④ 同上书，第 259 页。

⑤《广西今冬明春农田水利基本建设正式启动》，http：//www. mwr. gov. cn/slzx/dfss/201310/t20131028_ 515591. html，2013 年 10 月 28 日。

万吨，年供水总量 4.05 亿吨，受益人口 449.69 万人；建制镇自来水普及率 89.5%，集镇自来水普及率 85.2%。① 2008 年广西村镇市政公用设施维护建设投入 18.03 亿元。其中，供水设施投入 2.68 亿元。村庄自来水普及率 38.08%。② 2011 年广西村镇市政公用设施维护建设投入资金 32.89 亿元，其中供水设施投入 5.24 亿元。建制镇用水普及率 91.63%（按户籍人口计算），人均日生活用水量 104.88 升；乡政府驻地集镇用水普及率 87.64%（按户籍人口计算），人均日生活用水量 98.69 升；村庄自来水普及率 44.97%（按户籍人口计算），人均日生活用水量 83.91 升。③ 2012 年，广西自来水受益村数达 10113 个，占总数的 70.45%。

电是社会发展的动力。在推进社会主义新农村建设进程中，广西很重视农村电网改造。2005 年广西通电的建制镇和集镇 1431 个，安装路灯 5.16 万盏，通电的村庄 15.49 万个。④ 2007 年广西发改委下达广西农村电网完善工程项目投资计划和无电地区电力建设项目投资计划，启动广西农村电网完善工程及无电地区电力建设工程。其中，农村电网完善工程总投资 6.5 亿元，计划新建、改造 35 千伏变电站 31 座（容量 18.36 万千伏安），架设 35 千伏线路 379.6 千米；安装、改造配（变）电设施 3112 台（容量 24.24 万千伏安），架设 10 千伏线路 4775 千米；新建、改造低压线路 5192.25 千米。无电地区电力建设项目投资总额 3.6 亿元，计划新建配（变）电设施 1560 台（容量 4.83 万千伏安），架设 10 千伏线路 3586.96 千米，低压线路 2313.98 千米，解决 6.24 万无电用户的用电问题。⑤ 2009 年广西电网

---

① 广西壮族自治区人民政府：《广西年鉴》（2006），广西人民出版社 2006 年版，第 382 页。

② 广西壮族自治区人民政府：《广西年鉴》（2009），广西人民出版社 2009 年版，第 328 页。

③ 广西壮族自治区人民政府：《广西年鉴》（2012），广西人民出版社 2012 年版，第 257 页。

④ 广西壮族自治区人民政府：《广西年鉴》（2006），广西人民出版社 2006 年版，第 382 页。

⑤ 广西壮族自治区人民政府：《广西年鉴》（2008），广西人民出版社 2008 年版，第 309 页。

公司投入 28 亿元巨资，对广西的农村电网进行改造升级，重点解决农村用电瓶颈问题，满足"农村电气化"和"家电下乡"的用电需求。[1] 到 2009 年底，广西已基本解决无电人口用电问题，累计完成农网投资 187 亿元。[2] 2010 年，国家启动新一轮农网改造升级工程，广西电网公司积极响应，进一步统筹城乡电网协调发展，全面完成农村电网改造升级工程。从 2010 年 10 月起至 2012 年，广西电网每年投入 15 亿元，着力完善农村配网架构，对农村不同程度出现的供电设施老化、供电半径长、线径细、电压低等现象，通过更换过载变压器、变压器往中心台区迁移、新配置粗线径导线和新式表箱等方式，综合整治农电配电设施。[3]"十二五"期间，广西电网计划投资 481.2 亿元重点实施农村电网改造升级、城市电网建设改造、重大项目及电源配套电网工程等建设，其中农村电网升级改造工程将达到 90 亿元。[4] 2005 年以来，广西农村用电量不断增加。

2000—2013 年部分年份广西农村通车、自来水及用电情况见表 6-5。

表 6-5　2000—2013 年部分年份广西农村通车、自来水及用电情况

	2000 年	2005 年	2010 年	2013 年
通汽车村数（个）	14182	14017	14197	14233
自来水受益村数（个）	7832	8440	9527	10140
农村用电量（亿千瓦小时）	29.58	34.31	50.22	68.38

资料来源：《广西统计年鉴》（2014）。

（二）农产品流通体系建设

农产品流通体系设施是农业基础设施的重要组成部分。加强农产

---

① 黄俪、陈力玮：《28 亿改造升级广西农村电网》，http://www.chinapower.com.cn/newsarticle/1092/new1092129.asp，2009 年 5 月 6 日。

② 《广西壮族自治区人民政府办公厅关于印发实施新一轮农村电网改造升级工程工作方案的通知》，http://www.gxzf.gov.cn/zwgk/zfwj/zzqrmzfbgtwj/2012/201207/t20120705_413892.htm，2012 年 7 月 5 日。

③ 向建军：《广西电网 45 亿改造升级农村电网》，《中国电力报》2011 年 7 月 27 日第 2 版。

④ 周骁骏、向建军：《广西电网将投资 90 亿元升级改造农村电网》，《经济日报》2010 年 11 月 24 日第 7 版。

品流通体系建设，有利于实现农产品流通的现代化，增加农民收入。随着我国社会主义农村经济体制改革的不断深入，农产品商品资源不断增加，我国农业产业已经进入了买方市场，构建科学、流畅的现代农产品流通体系是实现我国农业可持续增长的当务之急。2005年我国正式拉开工业反哺农业序幕后，广西农产品流通设施体系建设有了较快的发展，主要体现在农产品流通体制改革、农产品市场服务体系建设以及农产品运输服务体系建设等方面，逐步形成了稳定、有序的现代化农产品流通体系，进一步推动了农业基础设施建设的完善。

1. 农产品流通体制改革

加强农产品流通体制改革，不仅是加强农业基础设施建设的需要，也是改善农民生活的重要途径。为了进一步深化农产品流通体制改革，广西坚持以社会主义市场化为取向，推进农产品市场体系建设，构建以农产品的产销地批发市场为中心，多元主体参与的、多层次的市场体系，不断健全政府对农产品流通的宏观调控，培育多种形式的流通中介组织，从而建设统一、开放、竞争、有序的市场体系。

培育农产品市场主体。1987年开放农产品经营后，农民和其他社会人员参与农产品流通，在农村集贸点、田头、市场等开展农产品购销业务，农民个体运销户逐步发展成为一个重要的农产品市场主体。2004年以后，广西不断加快农产品市场主体的培育力度，农民个体运销户、农民合作经济组织以及农业产业龙头企业发展迅速。2004年全自治区有农村专业合作组织（协会）1288个，会员45万人，销售农产品273.46亿吨。[①] 2007年全自治区农民专业合作经济组织发展到3700个（其中统一收购会员农产品的合作组织数为909个），入会农户356776户，参与农民数140余万人，拥有各类固定资产7191亿元。[②] 2009—2011年，仅广西农业综合开发就扶持农民专业合作社44个。其中，农业综合开发产业化经营项目扶持29个农民专业合作社实施产业化财政补助项目，土地治理项目扶持9个农民专业合作社实

---

① 广西地方志编纂委员会：《广西通志·农业志》（1978—2008），广西人民出版社2011年版，第525页。

② 许伟云、蒙敏华：《广西农业合作经济组织发展研究》，《广西大学学报》（哲学社会科学版）2009年增刊。

施土地治理试点项目，农口部门项目扶持6个农民专业合作社优势特色示范项目等。中央财政投资3070万元，地方财政投资1535万元。①2011年，广西壮族自治区本级安排产业化专项资金5000万元用于扶持培育农业产业化龙头企业。全年全自治区新增农业产业化龙头企业200家，全自治区市级以上农业龙头企业累计已达871家，其中国家级31家，自治区级140家，市级700家。全年龙头企业带动基地农户约650万户，实现农产品加工、销售订单额350亿元，助农增收约100亿元。全年全自治区农民专业合作社超过8000家。②国有商业、粮食部门和供销合作社等传统组织一统天下的局面得到改善，农民合作组织和农业产业化龙头企业地位日益重要。

农产品市场体系建设。广西是农业省区，搞好农产品市场体系建设显得尤其重要。进入"十一五"时期以来，广西实施了"万村千乡市场工程""双百市场工程"等流通基础设施建设。2009年广西有城乡农副产品市场970个，比2005年增加214个。③2011年，全自治区有亿元以上农产品综合市场15个，农产品专业市场14个。从地域分布来看，亿元以上农产品交易市场主要集中在南宁市和柳州市。除亿元以上农产品交易市场以及各类中小农产品交易市场外，广西联华超市、华联超市、南城百货等10家较大型连锁超市与近百个农产品生产基地开展了农超对接工作。至2011年底，全自治区共有限额以上农产品批发企业88个，从业人员4万多人。④农产品批发市场网络以南宁、柳州、玉林、贵港、桂林、梧州、防城港、北海等城市为中心，覆盖城乡并连接产地和销区。⑤目前广西形成了综合市场与专业

---

① 广西财政厅课题组：《完善广西农业综合开发扶持农民专业合作组织的政策研究》，《经济研究参考》2013年第59期。

② 广西壮族自治区财政厅政策研究室：《广西财政年鉴》（2012），广西人民出版社2012年版，第116页。

③ 肖梅：《批发市场：广西农产品流通的中坚力量》，《中国农民合作社》2011年第11期。

④ 中国农业银行广西南宁古城支行课题组：《农产品交易市场分析及对策研究——以广西壮族自治区为例》，《农村金融研究》2013年第8期。

⑤ 樊端成：《从农产品市场结构变迁看贸易结构优化——建国60年广西农业结构演变与展望》，《市场论坛》2011年第2期。

市场相匹配、批发市场与零售市场共存、有形市场和无形市场相结合，多层次、多形式、多功能、协调配套的农产品交易市场体系。为维护农产品市场交易秩序稳定，促进农产品市场流通，2011 年广西壮族自治区工商局出台了《关于切实加强农产品销售有关工作的指导意见》，要求各级工商机关不断加强农产品市场监管，加大市场巡查和工作指导力度，严格落实农产品主要销售场所开办者第一责任人的问责制度。①

2. 农产品市场服务体系建设

农产品市场服务体系是农产品市场流通的必要条件，是加快农产品市场发展的基本保障。我国正式实施工业反哺农业战略以后，广西不断强调农产品市场服务体系在推动农业基础设施建设中的重要地位，十分注重加强农产品市场服务体系建设。

供销社农村现代流通服务网络建设。2007 年广西供销合作社系统结合实施"万村千乡市场工程"建设，建设新农村现代流通网络工程。以广西富满地农资股份有限公司为龙头，组建大型连锁配送企业，推进富满地农资连锁经营和为农服务网络建设，建设农资连锁店600 家。自治区供销合作联社把天等、上林、马山、隆安、都安 5 个县作为新农村现代流通网络工程建设帮扶县，结合武鸣、宁明、宜州、上思、兴业等新农村建设试点县和优势产业试点县（市）的建设经验，在项目资金方面给予扶持。在广西为农综合服务信息网建设被中华全国供销合作总社列为全国为农综合服务信息网建设试点省（区）份后，选择柳江、临桂、武鸣 3 个县的 60 个村建设广西供销社为农综合信息服务站，以解决农民农产品购销信息采集难、发布难、共享难、查询难等问题，有效满足农民多样化、个性化的市场信息需求，为搞活农村农产品流通提供良好的服务平台。各地供销合作社依托龙头企业，发挥专业合作组织、经纪人协会、社区综合服务社优势，发展农资、日用工业品、药品等连锁配送经营业务。全自治区新建村级农家店、便民店 6662 个，连锁经营企业发展到 38 家，连锁配

---

① 甘孝雷、颜绵平：《广西全力促进农产品市场流通》，《中国工商报》2011 年 6 月 4 日第 A01 版。

送经营点达到 9619 个，其中"万村千乡市场工程"网点 3163 个。①

农产品市场信息服务平台建设。农产品市场信息服务是推动农业基础设施建设、强化农业基础地位、增加农民收入的重要手段。2004年以来，广西不断加强"信息高速公路"和农产品市场信息服务平台的建设。2004 年，广西农业信息中心与中国工商银行广西分行合作，开发网上支付系统，网上展销会实现信息流与资金流有效对接。至此，广西农业信息网具备了网上展销、洽谈、订购、支付的全套功能。2005年广西农业信息网的名特优农产品网上展销会升级为广西农产品贸易网，形成分类别和按地域展示并提供会员服务的新格局。2007 年，广西农业信息化现场会在河池市金城江区召开，明确提出全面实施"三电合一"工程（利用电视、电话和电脑网络三种信息传播渠道来实现"三农"信息的进村入户）、农业信息人才队伍培训工程、农产品网上流通工程、农业专家系统开发工程。至 2008 年，通过广西农产品贸易网平台共促成各类涉农产品交易 760 多万吨，成交金额 200 多亿元。②

举办农产品展销会。为促进农产品流通，2004 年以来，广西由政府搭台、企业唱戏，多地多次多形式举办或组织企业参加农产品展销会。2004 年 11 月，首届中国—东盟博览会期间，农业馆布展面积2300 平方米，展出广西水果、蔬菜、粮油、茶叶、蚕茧、畜牧产品、林产品、花卉等多种农产品。短短几天时间，农产品展馆共实现交易额 1.31 亿美元，签约项目 20 个，合同金额 12 亿元人民币。2005 年，广西组织 12 家企业参加 2005 年上海迎新春农产品大联展，组织 16家企业参加在北京举办的第三届中国国际农产品交易会。2007 年广西在上海举办"第三届广西名特优新农产品（上海）展销会"。③ 2011年，广西通过自治区本级财政安排农产品博览会资金 600 万元，成功举办了 2011 年南北农业合作对接活动大会，签约合同金额达 200.75

---

① 广西壮族自治区人民政府：《广西年鉴》（2008），广西人民出版社 2008 年版，第318 页。

② 广西地方志编纂委员会：《广西通志·农业志》（1978—2008），广西人民出版社2011 年版，第 531—536 页。

③ 同上书，第 526—528 页。

亿元。① 此外，为开拓广西农产品的国外市场，政府还组织农产品企业走出国门，参加国外农产品展销会。如 2005—2008 年，广西共扶持、组织 4 批次 24 家农产品生产、加工企业参加莫斯科国际食品展览会。②

3. 农产品运输服务体系建设

农产品运输环节畅通与否，关系着农产品的流通和农业的发展，是加强农业基础设施建设的重要一环。它不仅包括公路网的建设，也包括仓储物流设施建设。2004 年以来，广西不断加强农产品运输体系尤其是鲜活农产品运输绿色通道的建设，为农产品的运输、产销提供了重要保障。

农产品运输绿色通道建设。为扭转农产品积压烂市、低价伤农的局面，广西壮族自治区农业厅于 2004 年 6 月 27 日向广西壮族自治区人民政府上报《关于请求开通鲜活农产品运输"绿色通道"的紧急请示》。广西壮族自治区人民政府于当月 29 日下发《关于开通鲜活农产品运输绿色通道的通知》，明确规定，从 2004 年 7 月 1 日起，凡整车运输鲜活农产品（时鲜瓜果、新鲜蔬菜、活家禽家畜、水产品、生鲜蛋和鲜奶五类农产品的重量占该车载重量的 80% 以上）的营运货车，通过广西境内的所有公路、桥梁、渡口、隧道收费站一律免收过路、过桥、过渡口、过隧道费。对超限超载的整车运输鲜活农产品的车辆，运输途中暂不罚款、不卸货物、不拘留，由执法人员对其驾驶员进行告诫。广西是全国第二个实行运输鲜活农产品全免过路、过桥、过隧道费的省区（第一个是四川省）。2005 年，广西壮族自治区人民政府和四川省人民政府签订《川桂共建鲜活农产品运输"绿色通道"协议》。该协议规定：从 2006 年 1 月 1 日至 2006 年 12 月 31 日，川桂籍营运货车整车运输川桂两省（区）生产的鲜活农产品在两省（区）享受"鲜活农产品绿色通道"政策，即在通过两省（区）范围内所有公路（含高速公路）、桥梁、隧道收费站点时，一律免收车辆

---

① 广西壮族自治区财政厅政策研究室：《广西财政年鉴》（2012），广西人民出版社 2012 年版，第 116 页。

② 广西地方志编纂委员会：《广西通志·农业志》（1978—2008），广西人民出版社 2011 年版，第 528 页。

通行费。2007 年冬至 2008 年春，南方地区发生严重低温雨雪冰冻灾害，造成 2008 年春种春播用种（苗）严重短缺，广西在 2008 年 3 月 14 日至 5 月 15 日期间，又在全自治区范围内开通甘蔗、木薯等救灾种茎（苗）运输绿色通道，运输甘蔗、木薯、果树等救灾种茎（苗）车辆与运输鲜活农产品车辆一样，享受免费通行待遇。①

农产品仓储物流设施建设。针对农产品仓储尤其是冷藏和低温仓储发展水平低、储备条件差的问题，近年来广西不断加大仓储设施建设。2007 年广西根据国务院加强"菜篮子"工作通知等文件要求，结合广西当时生猪和猪肉供应紧张和价格上涨的实际情况，建立了自治区、地级市两级猪肉储备制度。② 广西南宁五丰联合食品有限公司、柳州肉联厂、南宁国际综合物流园有限公司等拥有万吨级以上容量的冷库。③ 2011 年 5 月广西在百色市田阳县动工建设大型国际现代农业物流园。该物流园可提供 300 多万平方米经营面积，近 100 万平方米的集中仓储空间，数十万平方米冷库保藏规模，近 30 万平方米桂西集中物流配送基地，实现年交易额 700 亿元以上、年交易量 2000 万吨以上的交易规模，是中国西南最大的"菜篮子"。④

（三）农业科学研究和技术推广体系建设

加强农业科技创新和推广是当代农业基础设施建设的重要内容，也是农业基础设施建设的核心，农业科技的发展是农业快速发展的有力支撑。2004 年以来，对于农业科研和推广体系建设方面的不足，广西通过多途径加大建设力度，完善农业科技的支撑。

1. 农业科学研究体系建设

农业科研体系建设是农业基础设施建设和农业社会化服务体系的重要组成部分。2004 年以来，广西在原有的自治区、市、县农业科研

---

① 广西地方志编纂委员会：《广西通志·农业志》（1978—2008），广西人民出版社 2011 年版，第 529—530 页。

② 广西壮族自治区人民政府：《广西年鉴》（2008），广西人民出版社 2008 年版，第 318 页。

③ 莫柏预：《广西农产品冷链物流产业现状与发展对策》，《物流科技》2013 年第 5 期。

④ 刘劲、洪泉：《广西百色建西南最大农产品物流园》，《中国食品安全报》2012 年 11 月 3 日。

院所、科技单位和农业大中专院校科研服务体系的基础上，更加重视加强农业科研体系的建设。2005 年 11 月，广西农业科学院增设了南方葡萄研究中心。主要从事国内外鲜食和酿酒葡萄优良种质、新技术引进及南方葡萄种质创新利用研究。目前已初步建立南方地区葡萄种质资源保存圃，选育出一批适合南方栽培的鲜食和酿酒葡萄新品种。[①]广西很重视农业技术人才的引进和农业科研经费的投入。2011 年广西围绕粮食、甘蔗、木薯、桑蚕、香蕉、柑橘、葡萄、油茶、罗非鱼、奶水牛十大农业产业，安排自治区本级科技计划经费 5300 万元用于开展优良新品种选育、重大病虫害防治等共性关键技术攻关以及技术综合应用示范。[②] 在支持农业大专院校参与农业技术研究的基础上，重视引导企业成为农业科技创新的主体，允许农业企业申请使用有关农业科技研发的资金。坚定不移地加强农业科研创新，特别是生物工程、良种培养、良种技术推广等方面的科技攻关，从而保证了农业生产的产量和质量。

2. 农业技术推广体系建设

农业科技推广体系，是为适应计划经济体制要求建立起来的。改革开放后，广西农业科技推广体系建设进入大发展时期，政府不断加大农业科技推广体系建设的投入，农业科技推广中心不断增加。到 2000 年，广西农业技术推广组织机构体系基本定型，形成了自治区、地区（市）、县、乡（镇）四级农业技术推广体系。2004 年后，由于部分地（市）、县、乡镇的行政机构调整，农业技术推广机构也随之调整。2008 年广西壮族自治区人民政府发出《广西壮族自治区人民政府关于推进基层农业技术推广体系改革与建设的实施意见》，加强乡镇一级农业技术推广机构建设，建立健全综合性的农业技术推广服务体系。[③] 2011 年广西有县、乡农技推广机构 1988 个，其中县农技

① 广西地方志编纂委员会：《广西通志·农业志》（1978—2008），广西人民出版社 2011 年版，第 589 页。

② 广西壮族自治区人民政府：《广西年鉴》（2012），广西人民出版社 2012 年版，第 274—275 页。

③ 广西地方志编纂委员会：《广西通志·农业志》（1978—2008），广西人民出版社 2011 年版，第 724 页。

推广机构 843 个，乡镇农技推广机构 1145 个，共有农技推广人员
1.22 万人。有 280 个乡镇农技推广站被国家发改委、农业部列入基层
农技推广机构条件建设投资计划，按照农技推广、农产品质量安全、
植物疫病防控"三位一体"的目标要求进行建设。年内，《广西乡镇
农机推广机构条件建设规划（2011—2013 年）》编制完成，有 23 个
县被列为全国基层农技推广体系改革与建设示范县。① 同时，政府积
极探索农业科技推广体系运行的新机制，鼓励各类农技推广组织、人
员及有关企业公平参与。注重发挥农业院校、农民专业技术协会和农
业科技型企业在农业技术推广中的作用，改革农业技术推广体制。

3. 农业科技示范园（园区）建设

农业科技示范园（园区）能起到技术应用示范和推广的作用。进
入 21 世纪以来，广西先后建设了南宁、玉林、梧州、贺州、桂林现
代农业科技示范园、广西现代农业技术展示中心（八桂田园）、百色
国家农业科技园区等农业科技示范园（园区）。为提升农业科技示范
园和园区农业科技企业的孵化和辐射能力，政府不断加大资金投入力
度。如 2011 年广西共安排经费 400 万元支持百色国家农业科技园区
开展水果、蔬菜、甘蔗、超级稻的标准化生产以及果蔬高效储运保鲜
与商品化处理方面的技术应用示范和推广。②

第二节　对农村教育、文化和卫生的投入

发展农村教育、文化、卫生事业是工业反哺农业的重要措施。一
些发达国家如美国早在 20 世纪初进行工业反哺农业时，尽管各国反
哺模式有所不同，但多数国家实施工业反哺农业战略后，由于政府反
哺农业的财力有限，以及区分不同反哺路径的轻重缓急，优先考虑的
是教育、医疗卫生、技术开发、粮食价格支持及农村基础设施建设；

---

① 广西壮族自治区人民政府：《广西年鉴》（2012），广西人民出版社 2012 年版，第
195—196 页。

② 同上书，第 274—275 页。

直至近几年，由于粮食价格支持政策的弊端日渐显现，才实行对农业直接补贴的政策。① 广西是经济欠发达地区，农村人口众多。为了使政府有限的反哺资金发挥更大的作用，广西在工业反哺农业进程中很重视发展对农村和农业产生长期效应的教育、文化和卫生事业。

一　发展农村和农业教育

发展现代农业，根本出路在科技，关键在人才，基础在教育。农村和农业教育是最能提高农村和农业自我发展能力、最能对农村和农业发展产生长久支撑作用的途径。广西发展农村教育主要是发展农村义务教育、农业和农民教育。

（一）发展农村义务教育

2005 年中共广西壮族自治区党委、自治区人民政府决定集中力量为民办好 10 件实事，农村基础教育尤其是义务教育工程被列为第一件。该工程建设项目包括中小学危房改造、农村寄宿制学校建设、第二期国家贫困地区义务教育、农村中小学远程教育建设、12 个教育"两基"攻坚县通过"普九"验收五大方面。工程土建项目 1385 项，覆盖市、县（区）95 个；计划投资 5.74 亿元，建设校舍面积 108.8 万平方米；受益学校 1181 所、学生 25 万人。是新中国成立以来广西一年内投入资金最多、建设项目最多、建设面积最多的农村中小学建设工程。② 至 2005 年年底，全自治区农村中小学远程教育工程完成投资 1 亿多元，在贵港、梧州、百色、崇左 4 个市共建设教学光盘播放点 4013 个，教学收视点 2999 个，计算机教室 534 间。③ 之后，广西不断加大农村基础教育投入的力度。2006 年，与西部其他地区一样，广西农村义务教育阶段公办学校学生享受免除学杂费政策，覆盖农村义务教育阶段中小学校 1.74 万所（其中小学 1.52 万所，初中 2170 所）631 万名学生（占义务教育阶段学生的 90.9%）。同时，全自治区还有 131.4 万义务教育阶段家庭贫困学生得到国家赠送课本，其中

---

① 杨国才：《发达国家工业反哺农业的路径选择及其启示》，《黑龙江粮食》2008 年第 4 期。

② 广西壮族自治区人民政府：《广西年鉴》（2006），广西人民出版社 2006 年版，第 403 页。

③ 同上书，第 404 页。

的 24.5 万寄宿制贫困生还获得生活补助费。农村义务教育经费保障新机制的落实，大大减轻了农村学生家庭的教育支出负担。① 2007 年 7 月，经广西壮族自治区人民政府同意，广西壮族自治区物价局、财政厅、教育厅联合下发了《关于取消农村地区义务教育阶段公办学校课本费和作业本费的通知》，规定从 2008 年春季学期起，取消广西农村地区义务教育阶段公办学校"一费制"收费项目中的课本费和作业本费；对已收取 2008 年春季学期课本费和作业本费的农村地区义务教育阶段公办学校，要将收取的款项全部退还学生，不得冲抵其他收费。② 2008 年，中央和广西各级财政共安排农村义务教育经费保障机制改革资金达 42.47 亿元，其中补助公用经费资金 18.29 亿元，免费教科书资金 7.6 亿元，农村中小学校舍维修改造资金 7.23 亿元，补助农村寄宿生生活费 9.35 亿元。农村义务教育阶段中小学生平均公用经费标准提高至农村小学每生每年 225 元，农村初中每生每年 375 元，县、镇小学每生每年 240 元，县、镇初中每生每年 390 元；国家免费教科书补助标准提高至小学生每生每年 90 元，初中生每生每年 180 元；农村义务教育阶段家庭经济困难寄宿生的生活费基本补助标准为小学生每生每年 500 元，初中生每生每年 750 元（按农村义务教育阶段寄宿生全自治区平均数的 65% 确定补助比例，其中民族自治县、边境县，以及享受民族自治和边境政策待遇县实行全覆盖）。③ 2011 年，中央和广西各级财政共安排农村义务教育经费保障机制改革资金 64.51 亿元（中央资金 44.98 亿元，自治区资金 17.01 亿元，各市、县资金 2.52 亿元），其中补助公用经费资金 36.64 亿元，免费教科书资金 6.62 亿元，农村中小学校舍维修改造资金 6.47 亿元，补助寄宿生生活费 14.78 亿元。农村义务教育学校公用经费补助标准提高至小学每生每年 500 元，初中每生每年 700 元；从 2011 年秋季学期

---

① 广西壮族自治区人民政府：《广西年鉴》（2007），广西人民出版社 2007 年版，第 349—350 页。

② 黄敏：《广西取消农村义务教育公办学校课本费和作业本费》，《南宁日报》2008 年 8 月 21 日。

③ 广西壮族自治区人民政府：《广西年鉴》（2009），广西人民出版社 2009 年版，第 350 页。

起，在集中连片特困地区开展农村义务教育学生营养改善计划试点工作。[①] 同时，从 2008 年起，广西还全面启动清理化解农村义务教育"普九"债务工作，全自治区锁定并偿还了农村义务教育债务余额13.2 亿元。[②] 广西农村义务教育经费保障长效机制的建立，广大农村全面实现免费义务教育，以及化解农村义务教育债务，促进了农村义务教育工作正常开展和城乡义务教育的均衡发展。

（二）发展农业和农民教育

发展农业和农民教育是提高农业劳动者素质最根本、最直接的途径，发展现代农业和建设社会主义新农村必须有现代农业和农民教育做支撑。改革开放以来，广西农业和农民教育迅速发展，并已初步形成了以高等农业院校为龙头，农业职业院校为骨干，农业广播电视学校、农村职教中心和农业职业高中、乡镇农民技术学校为基础的农业职业教育和培训体系。2004 年以后，为培养更多的农业科技人才、管理人才和掌握一定专业技能的新型农民，广西不断优化农业和农民教育结构。

1. 学历教育

高等学历教育。主要依托广西大学农学院和广西农业职业技术学院，培养高级农业科技和管理人才。2004 年广西大学农学院在农学专业中增设农业标准化和药用植物专业。2006 年获得作物遗传育种、植物病理学 2 个二级学科博士学位授权点和农药学、土壤学 2 个二级学科硕士学位授权点。2009 年建立作物学博士后流动站。目前广西大学农学院设有农学、植物保护、园艺、农业资源与环境、蚕学 5 个本科专业，有 3 个博士学位授权点，3 个一级学科科学硕士学位授权点，10 个二级学科科学硕士学位授权点，2 个专业硕士学位授权点。在校生近 2000 人。广西农业职业技术学院是目前广西唯——一所以农牧类专业为主的高等职业院校。学校设有 40 多个专业（含方向），其中农林牧渔大类专业数占 40% 强，有全日制在校生 8000 多人，农类专业

<hr/>

① 广西壮族自治区财政厅政策研究室：《广西财政年鉴》（2012），广西人民出版社2012 年版，第 96—98 页。

② 同上书，第 119 页。

学生数超过在校生数的 50%，是全国保持涉农专业比例及涉农专业在校生比例较高的农业高职院校之一。此外，近年来广西职业技术学院仍设置一些涉农专业，培养了大批高级农业专门人才。

中等学历教育。2004 年以来，主要承担广西农业中等学历教育的广西柳州畜牧兽医学校、桂林农业学校、梧州农业学校、玉林农业学校、百色农业学校、钦州农业学校、河池民族农业学校不断得到发展。2005 年，7 所农业学校在校生突破了 2 万人大关，达到 20788 人。① 2008 年，国家财政给 7 所农业学校办学拨款达 7117. 14 万元（占办学投入的 80.6%）②，在校生达 21488 人。③ 同时，广西还大力发展农业成人中专教育，多形式、多渠道培养农业专门人才。

2. 非学历教育

非学历教育是不断提高农业技术干部和农民群众的科技文化素质，培养农业技术人才和新型农民的一种教育模式。一直以来，广西很重视农业干部培训工作。据不完全统计，2000—2008 年，广西共举办农业干部、农业技术人员培训班 2869 期，培训 22. 85 万人次。④ 广西农业干部学校是农业干部培训基地，近年来广西农业干部学校实施"农业干部素质提升培训工程"，仅 2012 年，就在灌阳、灵山、横县、西林、上林、大化、大新、象州 8 县共举办 8 期培训班，培训县级农业、林业、水利、水产畜牧等干部 1781 人。同时，通过主办或协办等方式，先后在中国农业大学、清华大学、华中农业大学等国内高校举办高级研修班 9 期和领导干部学习研讨班 2 期，培训干部 1428 人次。⑤

农民是农业生产的主体。为加强农民培训，提高农民素质，2004 年广西"跨世纪青年农民科技培训工程"改为"新型农民科技培训

① 广西地方志编纂委员会：《广西通志·农业志》（1978—2008），广西人民出版社 2011 年版，第 774 页。
② 同上书，第 782 页。
③ 同上书，第 774 页。
④ 同上书，第 803 页。
⑤ 袁琳、谢彩文、陈振华等：《农业人才服务农村经济——广西农业干部学校推进农业人才队伍建设纪实》，《广西日报》2013 年 1 月 11 日第 2 版。

工程"，项目实施单位由县改为村，每村经费 1 万元，2008 年后每村经费 1.5 万元。2004—2008 年，广西有 73 个县（次）、2490 个村实施"新型农民科技培训工程"，培训 12.1 万人。2006 年，广西农业广播电视学校开展"培训教师进村、媒体资源进村、人才培训进村（以下简称'三进村'）"活动，全自治区培训教师进村 2.05 万人次，媒体资源进村 62 万人次，人才培训进村 97 万人次。2008 年"三进村"新型农民教育培训共举办培训班 22556 期，培训教师进村 4.04 万人次，受教育培训的农民 185.81 万人次。① 2011 年广西进一步加大农业科技培训力度，实行自治区、市、县农业部门三级联动，"分层负责、分片包干、任务到队、责任到人"的组织形式。自治区农业厅组建 15 个农业科技培训服务队，分别与 14 个市挂钩联系；各市、县农业局也组建相应的技术培训服务队分赴基层。通过举办冬春农业科技培训大行动、抗灾保丰收现场会、农民创业培训等活动，不断掀起科技培训高潮。全年累计培训农民 344 万人次。② 为转移农村剩余劳动力，广西还认真实施"农村劳动力转移培训阳光工程"。2004 年广西壮族自治区农业厅、财政厅、劳动和社会保障厅、教育厅、科技厅、建设厅联合下发了《关于广西组织实施农村劳动力转移培训阳光工程的通知》《农村劳动力转移培训阳光工程项目管理办法》《农村劳动力转移培训基地认定原则意见》等，对广西农村劳动力转移培训阳光工程的目标任务、措施作出部署。2004—2008 年，广西实施阳光工程的共有 295 个县（自治县、市、区）（次）、1103 个培训单位，共投资 2 亿多元，其中中央投资 9830 万元，自治区财政配套资金 1300 万元，各市、县财政按 1∶1 配套。累计培训人数 43.59 万人。③ 2011 年，广西农村劳动力培训阳光工程由农民外出务工技能培训转变为面向农业产前、产中、产后服务培训，以及农村社会管理领域的从

---

① 广西地方志编纂委员会：《广西通志·农业志》（1978—2008），广西人民出版社 2011 年版，第 807—810 页。

② 广西壮族自治区人民政府：《广西年鉴》（2012），广西人民出版社 2012 年版，第 196 页。

③ 广西地方志编纂委员会：《广西通志·农业志》（1978—2008），广西人民出版社 2011 年版，第 804—805 页。

业人员短期生产技能和创业培训。专业化现代农业产业劳动者队伍培训进一步加强。该工程在 63 个县（市、区）148 个培训点实施，累计培训 10 万多人次。①

二 加强农村文化建设

为丰富农民的精神文化生活，提高农民的思想道德素质和科学文化素质，促进农村经济发展和社会全面进步，广西采取多种有效措施，不断加强农村文化建设。从 2004 年起，广西每年坚持实施自治区级"农村小康文化示范户"评选工作，树立典型、以点带面，充分发挥农村文化能人的带头作用。每年都组织举办各类农村文化能人骨干培训班，指导各县、乡镇文化馆、站举办各种针对农村群众的文艺培训班、科普知识讲座，指导各级图书馆坚持开展各种农民读书活动，帮助培养农村文化人才，培植、发掘地方特色文化资源；利用重大节庆和民间传统节日，积极指导或者组织策划各种群众文化活动，使农村文化常办常新。② 2006 年广西各地举行了农村欢乐演出年活动，参演对象为村、屯业余文艺队，演出内容充分展现广西新农村建设的新人新事新风貌。同时，评出了小康文化示范户 100 户，广西农村优秀村（屯）文艺队 42 支。③ 在深入调研的基础上，广西壮族自治区文化厅总结和提出了社会主义新农村文化致富工程 5 种模式，即文化项目带动型的阳朔模式、民族生态文化型的靖西模式、文化知识致富型的横县模式、休闲文化旅游型的恭城模式和农业生态文化型的北流模式。2007 年 1 月 19 日，广西壮族自治区人民政府办公厅印发《广西社会主义新农村文化致富工程实施意见的通知》，启动文化致富工程，推行上述 5 种模式。④ 到 2007 年年底，全自治区共实施了 116 个"文化致富工程"试点项目（其中有 11 个县，29 个乡镇，73 个村

① 广西壮族自治区人民政府：《广西年鉴》（2012），广西人民出版社 2012 年版，第196 页。

② 黄燕熙、银河欢：《广西农村公共文化服务体系建设基本概况》，《沿海企业与科技》2011 年第 2 期。

③ 广西壮族自治区人民政府：《广西年鉴》（2007），广西人民出版社 2012 年版，第413 页。

④ 广西壮族自治区人民政府：《广西年鉴》（2007），广西人民出版社 2012 年版，第413 页。

屯，2 个社区，1 个居民组），基本上每个县（市）、区都相继推出试点典型。"文化致富"工程的实施，充分发挥当地文化资源作用，改善了当地的生态、文化环境。一些农民白天盖房，晚上参加文艺演出，每晚几个小时的演出丝毫没有影响到白天的工作。像这样在文化项目带动下致富的群众演员，在桂林阳朔县木山村还有 200 多名。参加演出的演员一年可获得 4000 元至 6000 元的纯收入，多的可达上万元。① 2008 年，全自治区 109 个县（市、区），共有县级公共图书馆85 个，县级文化馆 98 个（已基本实现"县县有图书馆、文化馆"的目标），县级博物馆有 39 个机构，县级专业艺术表演团体 81 个机构，县级艺术表演场（剧场）有 9 座，乡镇文化站 1126 个（达标文化站612 个），村文化室 5027 个，县、乡、村三级公共文化服务网络初步形成，农村公共文化设施建设正在逐步拓展与完善。② 2010 年，广西壮族自治区文化厅贯彻党中央提出的建设"和谐文化"的精神，遵照国务院提出的"面向基层""面向农村"开展群众文化活动的要求，组织开展以"和谐文化在基层"为主题的"千团万场"群众文化活动。鼓励、引导、辅导各乡村、各社区农村文化活动队利用自己的场地及文化广场自行组织各种文化演示的"周周演"活动。一年来，各市、县文化局充分利用"三八节""五一节""七一节""十一节"等节假日开展群众文艺活动，组织文艺演出"季季赛"。政府及各部门在政策上给予支持、在经费投入上给予适当补助，文化部门在业务上给予指导，广西全自治区 5553 个业余文艺队参加演出和演练，演出64000 场次，演职员达到 10 万人次，观众达到 1600 多万人。吸引了各层面的群众参与到"千团万场"活动中来，有城镇居民、有学校师生、有农村妇女、有个体老板、有农民工。精彩的文化活动每周都会吸引数千人，甚至数万人参与。③ 2011 年全自治区建成村级公共服务

---

① 赵凤兰：《广西农村：文化建设结硕果农家致富门路多》，《经济日报》2007 年 11月 20 日第 14 版。

② 《关于加强广西农村文化建设的调研报告》，http：//www.gxnews.com.cn/staticpages/20081230/newgx495a30c0 - 1841018.shtml，2008 年 12 月 30 日。

③ 黄燕熙、银河欢：《广西农村公共文化服务体系建设基本概况》，《沿海企业与科技》2011 年第 2 期。

中心 800 个，累计完成投资总额 2.26 亿元（其中自治区级补助资金 1.85 亿元），建成戏台 800 个、文艺队 955 支。① 自治区财政安排乡镇文化站购置电脑、音响、灯光等设备专项资金 1100 万元，有效地解决了乡镇综合文化站设施"空壳"问题。安排农村文化以奖代补专项资金 4000 万元，专项用于农村开展各项文化活动，丰富农村文化生活。同时积极筹措基层公共文化服务体系保障经费 1.1 亿元，确保各级公共图书馆、文化馆（站）免费开放后正常运转并提供基本公共文化服务。② 2013 年，广西壮族自治区本级财政继续加大投入，支持全自治区村级公共服务中心建设的数量由上年的 1200 个增加到 1500 个，建设补助标准也由 16 万元/个提高到 20 万元/个，共安排专项资金 3 亿元支持各地加快建设。通过自治区财政资金的合理引导，带动了其他资金的投入，形成了"各级财政为主，各方支持一点"的多元化、多渠道的投入体系，农村公共文化基础设施不断得到完善。为了使已建成的文化设施、设备和资源充分发挥公共文化服务功能，广西建立了开展农村文化活动的长效机制。自治区参照中央做法，制定了《广西壮族自治区农村文化建设专项资金管理暂行办法》，将农村文化以奖代补、农村电影公益放映场次补贴等专项资金予以整合。2013 年广西共筹措农村文化建设资金 2.01 亿元，主要用于补助农村基层公共文化设施维护和开展文化体育活动，以及鼓励地方开展农村特色文化体育活动，加强农村基层文化体育人才队伍建设，丰富农民群众文化体育生活等。专项资金补助和奖励直接下达到行政村。③

三 发展农村医疗卫生事业

　　搞好农村医疗卫生工作，既能提高农民的身体素质和劳动能力，又减少农民看病买药的支出，是一项很实在的惠农措施。我国实施工业反哺农业战略后，广西不仅不断完善新型农村合作医疗制度，而且

---

　　① 广西壮族自治区人民政府：《广西年鉴》（2012），广西人民出版社 2012 年版，第 293 页。
　　② 广西壮族自治区财政厅政策研究室：《广西财政年鉴》（2012），广西人民出版社 2012 年版，第 100 页。
　　③ 《自治区财政着力支持完善公共文化服务体系建设》，http：//gx. people. com. cn/n/2014/0510/c362717 – 21179213. html，2014 年 5 月 10 日。

不断加强农村医疗卫生机构的建设和环境卫生工作。

（一）不断完善新型农村合作医疗制度

2003 年广西开始试行新型农村合作医疗（以下简称新农合）制度。2004 年广西只有平果、藤县、陆川 3 个县试行新农合制度。2005年广西新农合试点新增武鸣、平南、兴安、灵山、富川、田东、鹿寨、南丹、合浦 9 个县（自治县）和来宾市兴宾区、崇左市江州区、东兴市，新农合试点县（市、区）增至 15 个。① 同年，广西对新农合基金补偿方案进行了调整，中央财政和自治区、市、县三级财政的补助从原来的每人每年 10 元增加到 20 元，一年内累计补偿的封顶线从 3000 元上调至 3500 元，高血压、糖尿病等慢性病也纳入补偿范围。② 至 2005 年年底，15 个试点县（市、区）参加新农合的农民484.17 万人，参合率 60.07%；筹集合作医疗资金 1.45 亿元，有 216万人次得到报销补偿，补偿总金额 9277.68 万元。③ 2006 年广西新农合试点的县（市、区）迅速扩大到 40 个，参加新农合的农民1214.82 万人，参合率达 67.2%。④ 2007 年广西新农合工作由试点转向全面铺开，覆盖 67 个县（市、区），新农合基本用药目录及基金补偿方案也得到进一步完善。⑤ 2008 年广西实现了新农合制度全覆盖。覆盖全自治区 109 个县（市、区），覆盖农村人口 4089.46 万，参加合作医疗的农民增至 3541.78 万人，参合率 86.6%，覆盖率和参合率分别达到国务院和自治区人民政府提出的目标要求。至 2008 年底，全自治区筹集进入县级新农合财政专户资金 27.49 亿元，累计支出补偿资金 23.34 亿元。参加新农合的农民住院补偿基金封顶线提高到 1

---

① 广西壮族自治区人民政府：《广西年鉴》（2006），广西人民出版社 2006 年版，第417 页。

② 张若凡：《广西出台农村合作医疗补偿方案》，《中国社会报》2005 年 12 月 28 日第3 版。

③ 广西壮族自治区人民政府：《广西年鉴》（2006），广西人民出版社 2006 年版，第417 页。

④ 广西壮族自治区人民政府：《广西年鉴》（2007），广西人民出版社 2007 年版，第425 页。

⑤ 周骁骏、张若凡：《广西新型农村合作医疗全面铺开》，《经济日报》2007 年 5 月 5日第 1 版。

万元，农民在乡镇卫生院、县级医疗卫生机构、县级以上医疗卫生机构住院补偿比例分别提高到 75%、45% 和 35%。为了用好农村合作医疗基金，2008 年广西壮族自治区卫生行政部门还修订完善了新农合督察工作制度、表彰制度、基金管理制度等政策性文件，建立健全新农合督察和表彰制度、基金监管制度。① 2011 年广西继续巩固和完善新农合保障制度，制定出台了《广西新农合基金技术补偿方案》等政策文件，将新农合支付比例向基层医疗卫生机构倾斜，乡、县、县以上住院报销比例分别调整为 85%、60%、40%；人均筹资标准提高到每人每年 230 元；最高支付限额达到全国农民人均纯收入的 6 倍以上，住院最高补偿额度提高到 5 万元。全自治区累计参合农民人数 3953.47 万人，参合率 96.22%；受益人数 2690.87 万人次，支出医药补偿金 63.89 亿元；门诊统筹覆盖率 100%；对患重大疾病的农民实行二次补偿，二次补偿金额达 4.56 亿元。全自治区 95% 的县（市、区）基本完成新农合信息系统建设，基本实现参合农民在统筹区域内医疗费用即时结算。②

同时，广西很重视农村医疗救助工作。2005 年广西 109 个县（市、区）均已建立农村医疗救助制度。全年筹集农村医疗救助基金 5938 万元，发放救助金 4475.4 万元。资助参加新农合的农村"五保"对象和特困人员 58.34 万人次，支出救助金 583.4 万元；救助患病的农村"五保"对象和特困人员 34.9 万人次，支出医疗救助金 3892 万元，救助金额人均 112 元。③ 2008 年广西已初步建成了以资助农村最低生活保障对象和农村"五保"供养对象参加新农合、日常医疗救助、大病医疗救助为主体，以临时医疗救助、慈善医疗援助为补充的"五位一体"的农村医疗救助体系。全年支出农村医疗救助资金 8042.9 万元，救助农村"五保"供养对象、农村最低生活保障对象

---

① 广西壮族自治区人民政府：《广西年鉴》（2009），广西人民出版社 2009 年版，第 365 页。

② 广西壮族自治区人民政府：《广西年鉴》（2012），广西人民出版社 2012 年版，第 311—312 页。

③ 广西壮族自治区人民政府：《广西年鉴》（2006），广西人民出版社 2006 年版，第 452 页。

等困难群众 227.94 万人次，其中资助农村供养"五保"对象和农村最低生活保障对象参加新农合 216 万人次，支出救助资金 2160 万元；门诊救助 7.49 万人次，支出救助资金 785.6 万元；住院救助 4.45 万人次，支出救助资金 5097.3 万元。[1] 2011 年广西医疗救济因病致贫人口 17.68 万人。全面推开农村儿童白血病与先天性心脏病的医疗保障工作，实行新农合基金限额补偿 70%，救治患儿 523 人，支出补偿总额 980.39 万元，人均获得住院补偿金 1.87 万元。[2] 广西还很注重对特定农村妇女的救助。2011 年广西健全农村住院分娩补助管理，落实岗位责任制，规范补助经费发放程序和监管力度，大力开展政策宣传，确保农村孕产妇及时获得住院分娩补助。全年有 62.67 万名农村孕产妇获得补助，农村孕产妇住院分娩补助率提高到 88.93%。全自治区孕产妇住院分娩率提高至 99.46%，孕产妇死亡率降至 17.15/10 万，婴儿死亡率降至 7.46‰，5 岁以下儿童死亡率降至 9.7‰，各项指标均达到或超过全国平均水平，位列西部各省（区）前茅。2011 年广西各地借助结婚登记、婚前保健、产前检查服务等时机，向服务对象宣传增补叶酸的好处，提高农村育龄妇女增补叶酸预防神经管缺陷项目的实施效果。全年有 72.96 万名农村育龄妇女获得免费补服叶酸。农村妇女宫颈癌、乳腺癌免费检查工作进展顺利，有 18.04 万名适龄妇女参加免费宫颈癌检查，1.6 万名适龄妇女参加免费乳腺癌检查。[3]

（二）加强农村医疗卫生机构建设

加强乡镇卫生院建设。2004 年，广西所有县（市、区）将乡镇卫生院人事、业务、经费等划归县级卫生行政部门垂直管理。有 84 个县（市、区）成立农村初级卫生保健办公室，其中 63 个县（市、区）落实机构人员编制共 189 人，安排业务经费 100 万余元。53 个县（市、区）为开展公共卫生工作的乡村医生每人每月补助 30 元。同

---

① 广西壮族自治区人民政府：《广西年鉴》（2009），广西人民出版社 2009 年版，第 396 页。

② 广西壮族自治区人民政府：《广西年鉴》（2012），广西人民出版社 2012 年版，第 311—312 页。

③ 同上书，第 313 页。

时，各地积极开展示范乡镇卫生院创建工作。有 120 多家乡镇卫生院申报创建自治区示范卫生院，其中 80 多家通过市级卫生行政部门的评估。① 2004 年广西还重点加强 2003 年孕产妇死亡率高于自治区平均水平的 36 个县和住院分娩率低于自治区平均水平的 44 个县的乡镇卫生院产科建设。为 1330 个乡镇卫生院配备产床及新生儿抢救台、新生儿复苏囊、新生儿喉镜、胎儿监护仪等设备。年内，创建爱婴医院 6 所，爱婴卫生院 90 所。② 2005 年投入 2500 万元，加强陆川、平果、藤县、横县、凭祥 5 个县（市）的 69 个乡镇卫生院基础设施建设，共新建业务用房 4.13 万平方米，改造业务用房 4200 平方米。③ 2006 年，广西继续推进乡村卫生服务管理一体化。实施乡村卫生服务管理一体化的县（市、区）由 41 个增至 74 个。乡村卫生所实行统一机构设置、统一人员配置、统一组织管理与监督、统一药品管理。全年完成 29 个县 368 个乡镇卫生院国债项目建设，建设面积 35.58 万平方米，投资总额 1.81 亿元（其中中央国债 1.66 亿元，地方配套 1450 万元）。农村社区卫生服务站（中心）增至 546 个。④ 2008 年 7—8 月，自治区农村初级卫生保健规划委员会组织人员对 44 个县（市、区）实施《广西农村初级卫生保健规划（2001—2010 年）》进行考核验收，结果 38 个县（市、区）合格，4 个县（区）基本合格。⑤

对乡镇卫生院对口支援。2004 年广西加大对乡镇卫生院支援力度。自治区和各市、县 404 个直属医疗卫生机构对口支援 418 个乡镇卫生院，支援单位派出 1.18 万人到受援单位指导工作。推广适宜新技术 1129 项，派出专家诊治病人 27.8 万人次，开展巡回医疗 1.23

---

① 广西壮族自治区人民政府：《广西年鉴》（2005），广西人民出版社 2005 年版，第 373 页。
② 同上书，第 375 页。
③ 广西壮族自治区人民政府：《广西年鉴》（2006），广西人民出版社 2006 年版，第 417 页。
④ 广西壮族自治区人民政府：《广西年鉴》（2007），广西人民出版社 2007 年版，第 425 页。
⑤ 广西壮族自治区人民政府：《广西年鉴》（2009），广西人民出版社 2009 年版，第 365 页。

万次，组织医疗队下乡 1.89 万人次，建立农民健康档案 5.32 万户
15.36 万份。① 2005 年广西启动第三周期乡镇卫生院对口支援和城市
医院支援贫困县医院活动。组织 342 个城市医疗卫生机构支援农村医
疗卫生机构 385 个（其中国家重点扶持的贫困县县级医疗卫生机构 30
个，乡镇卫生院 355 个）。制定万名医师支援农村卫生工程执行方案
和派驻医师考核办法，实施万名医师支援农村卫生工程，农村医疗机
构卫生服务水平提高。2005 年第三季度与上年同期相比，27 家受援
医院中有 20 家门诊量和住院人数增加，有 19 家病床使用率和急重症
抢救成功率提高。② 2008 年，广西基本建立了城市卫生机构对口支援
乡镇卫生院长效机制。组织 416 个县级以上医疗卫生单位对口支援
326 个农村卫生机构。城市对口支援单位先后派出医疗卫生人员 4332
人次到乡镇卫生院开展工作，直接诊疗患病农民 18.64 万人次，开展
手术 3019 例，赠送医疗设备价值 727.17 万元，推广适宜医疗技术
370 项，建立管理制度 2873 项。通过对口支援，受援乡镇卫生院的队
伍素质和综合服务能力得到提高。③

　　加强农村卫生技术人才培训。2005 年，广西利用国家公共卫生专
项资金 3057 万元，对 1305 个乡镇卫生院的传染病主检医师和 2.03
万个农村卫生所的乡村医生，以及 15 个新农合试点县（市、区）的
3063 名管理和经办机构、定点医疗机构人员进行培训，提高农村基层
卫生机构应对公共卫生事件和新农合管理能力。④ 2006 年广西继续开
展合作医疗管理干部、经办机构工作人员和县卫生局长、卫生院长管
理知识培训以及乡镇卫生院急诊急救医师、乡村医生急诊急救基本知
识培训等工作。至 2006 年 11 月，乡镇卫生院急诊急救医师培训 1372
人次，乡村医生急救培训 2.2 万人次，新农合能力培训 1.56 万人次

---

① 广西壮族自治区人民政府：《广西年鉴》（2005），广西人民出版社 2005 年版，第
373 页。

② 广西壮族自治区人民政府：《广西年鉴》（2006），广西人民出版社 2006 年版，第
417 页。

③ 广西壮族自治区人民政府：《广西年鉴》（2009），广西人民出版社 2009 年版，第
365 页。

④ 广西壮族自治区人民政府：《广西年鉴》（2006），广西人民出版社 2006 年版，第
417 页。

（其中领导干部 3182 人次，管理人员 1565 人次，经办机构人员 2547 人次，定点医疗机构人员 6856 人次）。① 2008 年，广西根据《2007 年中央补助广西公共卫生专项资金项目实施（第一批）》、《2007 年中央补助广西公共卫生专项资金项目实施（第二批）》的要求，利用中央补助中西部卫生人员培训资金，分别培训新型农村合作医疗管理人员、经办机构人员 2962 人和农村卫生人员 2.91 万人，新农合管理人员、经办人员及乡、村两级卫生人员专业服务能力和综合管理能力得到提高。②

（三）加强农村环境卫生工作

2004 年以来，广西在农村广泛开展爱国卫生运动，不断改善农村卫生环境。2004 年广西各地签订建造农村居民卫生厕所 40.55 万座的目标管理责任书。为保证任务的完成，所有厕具实行统一采购，由定点厂家负责送货到乡（镇）。至 2004 年年底，新增卫生厕所 40.25 万座，农村卫生厕所普及率 47.99%。③ 2005 年，广西爱卫办设计了按照项目管理的办法来推行农村改厕的新思路，利用中央补助资金，有重点地在全自治区 7 个县区建设 10500 所规范的无害化厕所。各级基层政府和爱卫部门被广泛发动起来。他们走村串户，深入居民家庭宣传改厕的好处，帮助农户算经济账、健康账、家庭和睦账，动员农民家家户户建一座干净、卫生、漂亮、无害的厕所。④ 2008 年中央和自治区财政投入 2375 万元实施农村改厕项目，完成 4.5 万座无害化卫生户厕示范户的建设。该项目在农村大力推行室内、院内无害化卫生户厕类型，厕所必须从猪圈畜栏内分离出来。⑤ 2011 年广西继续加大

① 广西壮族自治区人民政府：《广西年鉴》（2007），广西人民出版社 2007 年版，第 425 页。
② 广西壮族自治区人民政府：《广西年鉴》（2009），广西人民出版社 2009 年版，第 365 页。
③ 广西壮族自治区人民政府：《广西年鉴》（2005），广西人民出版社 2005 年版，第 376 页。
④ 冯立中、莫雪、卢贵基：《广西：以点带面推进农村改厕》，《健康报》2009 年 3 月 18 日第 7 版。
⑤ 张若凡：《2008 年广西将投入 2375 万元用于农村改厕项目》，《广西城镇建设》2008 年第 1 期。

农村改厕建设力度，不断完善贫困户与计生户特殊补助、提前完成任务奖励、建厕质量优秀奖励等制度，16万座农村卫生厕所建设任务提前完成。对全自治区2000处农村集中式饮水安全工程水质进行卫生监测，采集检测水样8000份，圆满完成枯水期中央补助农村饮水卫生监测项目的各项任务。[①]

为全面贯彻落实党的十八大精神，改善广西乡村群众生活生产条件、创造良好人居环境，加快推进社会主义新农村和美丽广西建设，确保与全国同步全面建成小康社会，2013年4月，中共广西壮族自治区党委、自治区人民政府决定，从2013年起，用2年时间在全自治区开展"美丽广西·清洁乡村"活动。2013年全自治区派出24236个工作队（组）、8万多名机关干部深入农村，进村入户，了解民情、宣讲政策，发动群众参与乡村清洁活动。各地因地制宜、规划先行、完善机制、统筹协调，稳步推进"清洁家园、清洁水源、清洁田园"三大专项活动。广西农村"脏乱差"现象得以改观，群众卫生观念得以更新，美丽中国的广西画卷，正在八桂大地徐徐展开。[②]

第三节　深化农村和农业经营体制改革

制度创新优于技术创新。2004年以来，在中央的统一部署下，广西继续开展了农村和农业经营体制改革。主要是通过推行农村土地承包经营权流转等举措，进一步稳定和完善以家庭承包经营为基础、统分结合的双层经营体制；通过建立农民专业协会、农民专业合作社，不断发展壮大农民专业合作组织；通过培育农业龙头企业，大力推进农业产业化；通过发放种粮直补、订单购粮补贴、水稻良种补贴等，改革农业补贴制度。

---

① 广西壮族自治区人民政府：《广西年鉴》（2012），广西人民出版社2012年版，第315页。

② 王明浩、庞革平、谢振华等：《广西开展"美丽广西·清洁乡村"活动，全方位改善农村环境——描绘美丽中国广西画卷》，《人民日报》2013年11月5日第13版。

一 不断完善家庭承包责任制

家庭经营与农业规模经营、农业现代化之间没有矛盾，是现代农业经营的基本模式。西方发达国家如法国、美国、荷兰等农业现代化都建立在家庭经营的基础上。为了克服农村实行家庭承包经营责任制后，土地经营规模小而散的弊端，广西在保持现有农村土地承包关系稳定并长久不变的基础上，坚持鼓励和支持土地承包经营权流转，并培育农业规模经营新型主体，不断创新农村经营体制机制。

（一）促进土地承包经营权流转

2002 年年底，广西各地基本完成了农村土地承包二轮延包工作。为了进一步做好农户承包地使用权流转工作，2005 年广西壮族自治区农业厅办公室转发了农业部颁发施行的《农村土地承包经营权流转管理办法》，并印制《广西农村土地使用权流转合同》式样下发基层，以规范工商企业事业单位和个体经营户转承包、受让或租赁农村土地使用权的行为，规范农村土地流转管理和服务行为。2008 年广西农户承包土地流转面积 16.2 万公顷，占农户承包地总面积的 7.4%。其中，水田 6.91 万公顷，占 42.7%；旱地 4.64 万公顷，占 28.6%；荒坡 4.65 万公顷，占 28.7%。涉及农户 83.99 万户，占农户总数的 9.2%。土地流转形式以转包、出租为主，转让、入股为辅。其中，出租土地 8.92 万公顷，占土地流转面积的 55%，涉及农户 46.93 万户；转包 4.36 万公顷，占 26.9%；转让 0.73 万公顷，占 4.5%；土地入股 0.44 万公顷，占 2.7%；其他方式 1.75 万公顷，占 10.8%。[①]土地流转总体健康平稳，且随着农村劳动力的逐步转移和现代农业的不断发展，呈加快发展趋势。2011 年广西农村土地流转面积 20 多万公顷，涉及农户超过 120 万户，接近全广西农户总数的 15%。[②] 2012年以来，为更好地顺应农业农村发展的形势变化，加快农村土地流转速度，广西积极推动农村土地所有权、承包权、经营权"三权分离"。2013 年广西已有 14 个县（区、市）、57 个乡（镇）建立农村土地流

---

① 因四舍五入，百分比合计数可能不等于 100%。广西壮族自治区人民政府：《广西年鉴》（2009），广西人民出版社 2009 年版，第 179—180 页。

② 张周来：《广西土地流转规模扩大 10 大专业户户均产粮 575 吨》，《经济参考报》2011 年 3 月 30 日。

转服务中心，建立健全农村土地流转服务体系，加强农村土地流转管理，做好农村土地承包纠纷调解仲裁工作。至 2013 年 10 月底，广西农村农户承包地流转面积累计达 34 万多公顷，占农户承包地总面积的 15.66%，涉及 178 万多户农户，占全自治区农户总数的 18.07%。在农村农户承包地流转总面积中，转包 6.37 万公顷，占流转总数的 18.37%；出租 23.3 万公顷，占 67.32%；入股 0.38 万公顷，占 1.11%；转让 0.57 万公顷，占 1.63%；其他方式流转 3.76 万公顷，占 11.57%。①

（二）培育农业规模经营新型主体

随着农村土地流转的农户及面积不断增加，广西各级政府不断引导和支持一些专业农户适度扩大土地经营规模。同时，鼓励一些工商企业、农业产业化龙头企业、农民专业合作组织等参与其中。2009 年以来，广西农村土地流转流入农户和其他主体的比例不断减少，而流入企业和专业合作社这类新型经营主体的比例不断增加，尤其是流入企业的比例增加更快，几乎每年以 2% 的速度增加。② 土地流转主体呈多元化趋势。2013 年中央一号文件首次提出发展"家庭农场"的要求后，中共广西壮族自治区党委、自治区人民政府高度重视发展家庭农场工作，自治区党委领导在贵港市调研时强调，要大力扶持家庭农场健康发展。2013 年 4 月 2 日，自治区人民政府在贵港市召开全自治区春季农业生产工作现场会，会上提出在贵港率先发展家庭农场。4 月 12 日，广西首批 102 家家庭农场营业执照颁发仪式在贵港市举行。截至 4 月 15 日，全自治区工商系统共核发家庭农场营业执照 154 份。③ 2013 年 8 月，广西壮族自治区工商局出台了《关于支持家庭农场发展的意见》（以下简称《意见》）。《意见》要求全自治区各级工商部门充分发挥培育和服务农村新型生产经营主体的职能作用，解放思想，大胆探索，降低门槛，采取有效措施，逐步建立和完善支持家

---

① 杨志雄、黄艳梅、孙旭波：《广西农村土地流转面积达 520 万亩 178 万农户受益》，《粮油市场报》2013 年 11 月 26 日。

② 姚林华：《广西家庭农场金融需求调查》，《农村经营管理》2013 年第 10 期。

③ 汪品霞、杨英杰、蓝建宁：《优化服务主动作为广西积极培育家庭农场》，《中国工商报》2013 年 4 月 18 日。

政策辅导和上门、预约、延时等服务。在惠民政策的支持下，广西一大批农民专业合作社如雨后春笋般迅速成长。截至 2010 年年底，全自治区共有农民专业合作社 7878 家。为进一步建好农民专业合作社，广西工商系统还联合各级党组织发挥党员示范作用，引导建立"党支部 + 党员 + 农村经纪人 + 合作社"的模式，通过行政村党支部指导合作社中的农民党员组建合作社，把党组织的政策引导、发动群众、先锋模范等优势，与合作社的技术、信息、市场、资金优势结合起来，使农民合作社在带领农民致富中发挥更大作用。①

三 推进农业产业化

农业产业化就是要把农业作为产业来办，使之变成一个完整的产业状态。具体地说，就是要通过连接、改组等手段，改变农业产业链残缺、脱节的状况，使农业的各个系统和各个环节紧密相连、环环紧扣，并尽可能地延长产业链条，使之变成一个有机结合、高度协调统一的完整的产业状态。广西农业产业化经营是从 20 世纪 90 年代初开始的。2004 年以来，中共广西壮族自治区党委和自治区人民政府非常重视推进农业产业化工作。2004 年 7 月，广西农业产业化联席会议在南宁召开"打造百强龙头企业推进农业产业化工作会议"，进一步明确农业产业化发展的指导思想、原则和目标。"十一五"期间，广西将农业产业化列为全自治区经济工作的一项重点工作。为系统指导全自治区农业产业化工作，2007 年出台了《广西农业产业化"十百千万"行动计划》，重点打造十大优势产业支柱龙头企业、壮大百强骨干龙头企业、培育千家区域性龙头企业、建设万个专业村屯，以推动广西农业产业化有序发展。同年广西还制定出台了《自治区农产品加工和农业产业化重点龙头企业扶持资金管理办法》，对从事农业优势产业生产的龙头企业进行重点扶持，并扩大财政贴息力度，吸引更多的银行信贷资金、社会资金投入龙头企业。2008 年广西有"广西贵糖（集团）股份有限公司"等 21 家国家级农业产业化龙头企业，自治区级龙头企业 131 家，市级龙头企业 395 家。在农业产业化龙头企

---

① 甘孝雷：《架起农民致富的"金桥"——广西壮族自治区工商系统服务农民专业合作社发展纪实》，《中国工商报》2011 年 2 月 26 日。

业中，年销售额超过 10 亿元的有 6 家。农业产业龙头企业的发展，促进优质稻、糖料蔗、畜牧、水产、中草药、速生丰产林、水果、香料、桑蚕、食用菌十大优势产业发展，带动以烟草、水产品、水果、甘蔗、畜禽和蔬菜为主的食品工业，以林纸、林板、林化为主的林产工业以及中草药生产等行业发展。至 2008 年年底，全自治区有"一乡一品"专业乡（镇）49 个，"一村一品"专业村 472 个。① 2009 年起，广西把扶持农产品加工提到重中之重的位置，明确只要是当年固定资产投资额达到一定额度的大型加工项目均按照扶持标准给予扶持。2009—2010 年，广西共协调有关银行贷款 638 亿元，支持龙头企业产业化发展。2011 年 1 月，中共广西壮族自治区党委、自治区人民政府又出台了《关于打造农业千百亿元产业推进农业产业化的意见》，启动实施农业千百亿产业"339"工程，计划在"十二五"期间，着力打造蔗糖、畜禽、速丰林 3 个总产值超 1000 亿元产业，粮食、水果、蔬菜 3 个总产值超 500 亿元产业，中药材、非粮生物质能源、优势水产品、桑蚕、油茶、草食动物、花卉、奶水牛、农业生态旅游 9 个总产值超 100 亿元产业，力求经过 5 年左右努力，全自治区农产品加工率达到 45% 以上，农产品加工业产值与农业产值比力争达到 2∶1。② 到 2011 年，广西有规模以上农业龙头企业 1371 家，其中被认定为国家级重点龙头企业 31 家、自治区级 186 家、市级 824 家。共带动订单农户 307 万户，订单总额 368 亿元，辐射带动农户 400 多万户。③ 这 1000 多家"龙头"主要从事农产品加工，总产值超千亿元，领舞现代农业，带动农户 611 万户，比 10 年前增加了 5 倍，其中订单带动农户 307 万户，订单总金额 413 亿元。④ 通过产业化经营，广西农

① 广西壮族自治区人民政府：《广西年鉴》（2009），广西人民出版社 2009 年版，第 180—181 页。

② 李丽芳：《让龙头企业攀上新高度——广西农业产业化发展综述》，《农民日报》2011 年 2 月 26 日。

③ 《广西 1300 余家规模龙头企业共带动订单农户 307 万户》，http：//news. gxnews. com. cn/staticpages/20121118/newgx50a824cc – 6435339. shtml，2012 年 11 月 18 日。

④ 袁琳、林彦卿、胡婷婷：《千家"龙头"舞活八桂大农业》，《广西日报》2013 年 8 月 12 日第 1 版。

业逐步走向市场化、国际化、标准化。

四 不断完善农业补贴制度

尽管目前我国农业补贴的力度不如发达国家的大，农民的主要收入来源也不是依靠政府的补贴，但农业补贴作为支持和保护农业的重要政策工具，能发挥稳定农村经济、调节收入分配、维持有效竞争、矫正外部效应的重要作用。因此，广西在实施各项农业补贴政策的过程中，紧密结合广西实际，不断完善农业补贴制度。

（一）调整和完善种粮直补与订单购粮补贴政策

从 2004 年起，广西建立对种粮农民的直接补贴机制。首批确定在武鸣县等 18 个粮食生产县对种粮农民实行补贴和储备粮订单收购挂钩试点。当年收购订单稻谷 22 万吨，兑付直补资金 1777 万元。2006 年，广西壮族自治区人民政府转发《国务院关于完善粮食流通体制改革政策措施意见》，明确对种粮农民直接补贴和农业生产资料增支直补要坚持向产粮大县、产量大户倾斜的政策。2006 年和 2007 年实行储备粮订单收购挂钩直补范围扩大到 40 个产粮大县（市、区），直补订单收购粮食总量增加到 60 万吨，收购粮食品种包括普通早晚籼稻和优质稻，直补资金总额增加到 6000 万元。2008 年，广西对种粮农民实行直接补贴与储备粮订单收购挂钩政策进行了调整和完善。储备粮直补订单收购工作扩大至全自治区有粮食收购的 98 个县（市、区），计划订购粮食 80 万吨，直补资金总额增加到 1.6 亿元。[①]兑付给农民的补贴原则上由财政通过中国农民补贴网"一折通"打入农民账户。2011 年广西粮食订单直补达 2 亿元。[②] 2012 年广西财政部门对一些农户存在同名同姓的现象、一些种粮农户及部分农场种粮面积进行进一步审核确认，确保了各县、市上报补贴数据中没有虚报面

① 广西地方志编纂委员会：《广西通志·农业志》（1978—2008），广西人民出版社 2011 年版，第 138 页。

② 广西壮族自治区人民政府：《广西年鉴》（2012），广西人民出版社 2012 年版，第 184 页。

积、虚开账户等骗取粮食直补的现象发生。①

（二）调整和完善水稻良种补贴与农资综合直补政策

2004 年国家出台对农民种粮良种补贴政策，广西虽未能列入国家确定的 13 个粮食主产省（自治区），不能享受中央财政安排的良种补贴照顾，但为了落实好中央支农惠农政策，2005 年广西壮族自治区财政安排了良种补贴资金 800 万元，用于自治区种子部门生产、引进和外购水稻、玉米良种补贴和粮食生产、加工龙头企业产业化生产良种示范补贴。2006 年，广西壮族自治区财政安排水稻良种补贴专项资金2000 万元直接补贴到农户。2007 年起，中央财政将广西列入全国水稻良种补贴范围，当年安排广西水稻良种补贴资金 3.02 亿元，广西壮族自治区财政安排工作经费 500 万元。2008 年，水稻良种补贴由原按计税耕地上种植面积补贴改为按实际种植面积补贴。② 2011 年广西用于农作物良种补贴达 6.2 亿元。③

从 2006 年起，国家开始对种粮农民的柴油、化肥等农业生产资料增支实行综合直补的办法。当年，广西全自治区安排对种粮农民农资综合直补资金 2.1 亿元。补贴资金重点向产粮大县和产量大户倾斜，补贴为一次性补贴，补贴范围和补贴对象为实际种植水稻和种植玉米的农民。2008 年，广西全自治区共安排对种粮农民农资综合直补资金 16.3 亿元。当年农资综合直补资金适当向 22 个冰冻灾害重灾县倾斜。④ 2011 年，为进一步贯彻落实种粮农民农资综合补贴政策，加快补贴资金兑付进度，支持种粮农民的春耕生产，确保稳粮增收，广西壮族自治区财政厅、发改委、农业厅、粮食局 4 个部门联合发文，要求各地要提前制定 2012 年农资综合补贴的具体方案，按规定程序

---

① 《广西采取四项措施防范粮食直补和农资综合补贴再出现重复发放补贴现象》，ht-tp：//www.mof.gov.cn/xinwenlianbo/guangxicaizhengxinxilianbo/201205/t20120521_652434.html，2012 年 5 月 21 日。

② 广西地方志编纂委员会：《广西通志·农业志》（1978—2008），广西人民出版社2011 年版，第 139—140 页。

③ 广西壮族自治区人民政府：《广西年鉴》（2012），广西人民出版社 2012 年版，第184 页。

④ 广西地方志编纂委员会：《广西通志·农业志》（1978—2008），广西人民出版社2011 年版，第 140 页。

提前做好农资综合补贴资料的审核、公示等工作。[①] 到 2012 年 3 月底，根据中国农补网上报财政部兑付补贴资金数据统计，并经财政部审核通过，广西 2012 年对种粮农民农资综合补贴资金 21.82 亿元已全部兑付给种粮农民。[②]

（三）调整和完善农业机械购置补贴政策

广西从 2004 年开始实施农业机械购置补贴项目。当年，广西安排农机购置补贴资金 90 万元，在南宁、桂林、玉林 3 个市的粮食主产县补贴农民购置半喂入联合收割机。2005 年中央安排广西农机购置补贴资金 600 万元，自治区安排补贴资金 350 万元，市县财政配套资金 402.5 万元。农机购置补贴项目县达 12 个。2008 年，广西农机购置补贴项目点达到 99 个县（市、区）和 18 个农场，覆盖全自治区。有 10 大类 23 个品种的农机具被列入购置补贴范围。[③] 2012 年广西实施农机购置补贴"一改革一试点"，即结算级次下放到县，在桂林、贵港、钦州、贺州开展全价购机直补方式试点，收到了良好效果。2013 年广西的农机购置补贴政策又呈现"新变化"。一是实施期限更长。往年购机补贴申请时间一般要到 4 月以后，即要等农业部、财政部购机补贴实施指导意见下达、购机补贴管理系统开通之后才能申请。为了满足春耕生产农民购机需要，解决往年错过农时季节问题，2013 年度农机购置补贴实施期限为自本年度 1 月 1 日至本年度补贴资金用完为止。在 2013 年省级农业机械购置补贴信息管理系统启用前，符合补贴对象的购机者购买 2013 年广西农机购置补贴范围内的机具均可申请补贴。二是全面实施全价购机。在 2012 年桂林、贵港、钦州、贺州开展试点的基础上，全价购机补贴方式扩大到全自治区 14 个市。三是补贴资金更多。四是补贴机具范围更大。2013 年农机购置补贴范围包括 12 大类 36 小类 124 品目。五是补贴标准提高。六是补

---

① 《广西提前部署 2012 年农资综合补贴兑付准备工作》，http：//www.gxzf.gov.cn/zwgk/czxx/201112/t20111223_368265.htm，2011 年 12 月 23 日。

② 《广西 2012 年对种粮农民农资综合补贴已兑付完毕》，http：//www.mof.gov.cn/xinwenlianbo/guangxicaizhengxinxilianbo/201205/t20120502_648013.html，2012 年 5 月 2 日。

③ 广西地方志编纂委员会：《广西通志·农业志》（1978—2008），广西人民出版社 2011 年版，第 141—142 页。

贴对象更广。增加补贴对象有在当地承包土地直接从事农业生产的人员；对直接从事农机作业的农业生产经营组织按照《农业法》进行界定，即包括农村集体经济组织、农民（农机）专业合作经济组织、农业企业和其他从事农业生产经营的组织；制糖企业农务部成立、经工商部门注册登记的农机服务组织购买的甘蔗种植机、甘蔗联合收获机等设备纳入补贴范围。七是部分机具补贴数量提高。考虑到海水养殖的多为专业户，增氧机、投饵机使用数量多，2013年补贴对象每户年度内享受补贴的机具数量原则上增氧机、投饵机由原来不超过3台提高到不超过6台。八是补贴机具经销网点增加。九是补贴实施程序更简。减少公示次数，减少盖章的部门等。十是对经销商的要求更规范。对不及时录入信息、没有正当理由不帮申请人录入申请信息、刁难农民、额外收取费用的经销商，县农机局可责令其限期整改。[①]

第四节　加强农村和农业生态环境保护

生态是农村和农业发展的基础。农村和农业生态环境保护有利于维持农民生活和农产品生产的适宜环境，确保农产品食品安全。广西生态环境基础较脆弱，尤其是随着城镇化步伐的加快、农村种养殖业的快速发展，大量生活废水、垃圾的排放，以及大量农药、化肥的使用，对农村和农业环境造成较大污染。为促进农业快速、持续、健康发展，广西各级政府很重视对农村和农业生态环境的保护。

一　加强石漠化综合治理

石漠化是一种岩石裸露、具有类似荒漠的土地退化过程，主要由石灰岩岩溶山区脆弱的生态系统与人类不合理的社会经济活动相互作用而形成。石漠化地区容易发生水土流失、极度干旱、生态系统遭毁灭等现象。广西是全国岩溶分布面积大、石漠化严重的省（区）之一，石漠化已成为广西最大的生态问题。2005年开展的广西石漠化监

① 广西农机局：《广西2013年农业机械购置补贴政策解读》，《广西农业机械化》2013年第1期。

测结果显示，广西岩溶地区土地总面积833万公顷，占全自治区面积的35.3%，其中石漠化土地233万多公顷，潜在石漠化土地180多万公顷。[①] 为了治理石漠化，改变石漠化地区农民生活贫困面貌，广西先后探索了封山育林、人工造林、推广沼气、建地头水柜等多种措施。

2006年广西出台《关于落实科学发展观建设生态广西的决定》，按照生态广西建设规划纲要全面推进生态环境建设。退耕还林工程在62个县（市、区）实施，全年完成工程造林3.67万公顷，其中退耕地造林4400公顷，荒山荒地造林3.23公顷。绿色工程造林、珠江防护林工程和沿海防护林工程继续实施，全年完成绿色工程造林绿化2.34公顷，珠江防护林造林2855公顷，沿海防护林人工造林1483公顷。靖西、田阳、巴马、合山等县（自治县、市）石漠化治理稳步推进，全年完成人工造林900公顷，封山育林1466.7公顷。自然保护区建设和管理得到加强，新增蒙山古修自然保护区为自治区级自然保护区，新建金秀老山自治区级自然保护区，阳朔等8个全国生态示范区试点建设通过国家验收并获命名，各重点工程生态监管和重点保护物种迁地保护得到落实。[②]

加快农村地区的沼气池建设是广西治理石漠化的一剂"良方妙药"。到2007年，广西已建成了近300万座农村沼气池，每年可为农户提供优质燃料约12亿立方米，保护森林面积超过48万公顷。[③] 2008年国家启动石漠化综合治理试点工程，广西都安、大化等12个县列为试点县，广西及时编制《广西壮族自治区石漠化综合治理规划（2008—2015年）》，并委托广西林业勘测设计院编制12个试点县示范工程实施方案（2008—2010年），各试点县也委托有相应资质的设

---

① 吴小康：《由"生态绝境"到"绿水青山"——广西数十年石漠化治理收成效》，《经济参考报》2009年9月14日。

② 广西壮族自治区人民政府：《广西年鉴》（2007），广西人民出版社2007年版，第214页。

③ 刘东东、李嘉：《广西300万座沼气池成为石漠化治理的"良药"》，《今日信息报》2007年6月27日。

计单位编制年度初步设计并由自治区审批。[①]

2008—2010 年，广西探索出 10 多种石漠化综合治理模式。如环江县古周小流域采取林、草、牧、沼综合治理模式，通过人工造林，林下种植牧草，实行造、封、管、沼、节并举，遏制了水土流失和石漠化；田东县步兵河采取封、管、造、节的治理模式，在山顶和人工更新难度较大的区域实行封山育林，强封严管，在具有一定土层的地方，采取人工造林或补种补植，恢复植被，遏制水土流失和石漠化扩展；忻城县达好沟采取以封为主、封造结合、退耕还林、建沼节能的综合措施，增加石山区植被覆盖度；平果县果化镇龙色村采用封、造、管、节、移的综合治理模式，即选择任豆和竹子混交造林＋封山育林＋建设沼气、集雨水柜＋生态移民＋转移富余劳动力的模式。[②]为不断总结工作经验，2010 年 6 月，广西石漠化乡村综合治理试点工作座谈会在百色市召开。会议要求各地各部门坚定信心，从全面建设小康社会的高度来看待石漠化治理，坚定不移地把这项工作深入开展下去；要积极探索新的体制机制，力争有所突破；要抓住国家加大石漠化治理力度的有利时机，用好、用足国家现有政策，在整合上多下功夫，在城乡统筹、资源要素等方面加大倾斜，发挥试点带动作用，扩大示范效应。[③] 2011 年，国家新增广西石漠化综合治理重点县 23 个，使重点县数目达到 35 个。[④] 广西在综合治理石漠化工作中，坚持退耕还林与发展农村生态能源建设相结合，坚持巩固成果与稳步推进退耕还林工程建设并举。广西实施退耕还林工程 12 年来，累计完成建设任务 96.9 万公顷，其中退耕地还林 23.3 万公顷，荒山荒地造林 63.4 万公顷，封山育林 10.2 万公顷。同时，至 2012 年，广西全自治区户用沼气池总量达 395.1 万座，沼气入户率达 49.3%，比 2001 年

① 谢彩文：《广西石漠化及治理状况——世界防治荒漠化和干旱日问答广西》，《广西日报》2011 年 6 月 17 日。

② 蒋卫民、陆志星：《广西 3 年探索多种石漠化治理模式——国家累计对 12 个试点县安排工程投资超过 1 亿元》，《中国绿色时报》2011 年 6 月 21 日。

③ 罗猛：《广西石漠化乡村综合治理试点工作座谈会在百色召开》，《广西日报》2010 年 6 月 14 日。

④ 谢彩文：《石漠化治理让广西重现青山绿水》，《西部时报》2011 年 6 月 28 日。

提高了 32.27 个百分点，广西沼气池入户率居全国第一。全国第二次石漠化监测（监测工作从 2011 年年初开始，2012 年 5 月中旬结束）结果显示，广西石漠化减少了 45.3 万公顷，减幅达 19%，减少面积占同期全国石漠化减少面积的 47%，石漠化治理成效居全国第一。①

二 防治工业"三废"对农村和农业的污染

随着工业化的发展，工业"三废"（废水、废气、废物）排出不断增多，对农村和农业生态环境也造成了较大的污染。如 2005 年，广西工业废水排放总量、工业废气排放总量及工业固体废物产生量分别由 2000 年的 8157 万吨、4607 亿标立方米及 2108 万吨，增加到 145609 万吨、8339 亿标立方米及 3489 万吨。工业"三废"排放每年发生的农业环境污染事故（纠纷）都在 100 起以上，给农业生产造成较大经济损失。② 为了落实科学发展观，建设生态广西，2006 年广西按照国家下达的"十一五"时期化学需氧量和二氧化硫排放总量分别比 2005 年减少 12.1% 和 9.9% 的目标要求，制订"十一五"时期主要污染物排放总量控制计划，召开自治区节能暨污染防治工作会议对减排工作进行部署，自治区人民政府与 14 个地级市人民政府签订主要污染物排放总量削减目标责任书，各地落实减排目标责任制。同时，广西根据国务院 7 部委的统一部署，继续开展清理整顿不法排污企业保障群众健康专项行动，重点查处、集中整治威胁饮用水水源安全的污染隐患、工业园区和建设项目存在的环境违法问题。全年出动检查人员 3.26 万人次，检查企业 1.38 万家。各级环保、监察等部门联合开展专项行动落实情况监督监察，对挂牌查处的问题进行重点督办。③ 2006 年广西还出台了《建设项目竣工环境保护验收管理规定》《环境影响评价机构管理办法》《建设项目环境影响评价文件评估专家库管理办法》《建设项目环境影响评价文件审批程序规定》4 个规

---

① 庞革平：《实施退耕还林工程 12 年，提高森林覆盖率 3.7 个百分点——广西石漠化治理成效全国第一》，《人民日报》2013 年 3 月 30 日。

② 广西地方志编纂委员会：《广西通志·农业志》（1978—2008），广西人民出版社 2011 年版，第 735 页。

③ 广西壮族自治区人民政府：《广西年鉴》（2007），广西人民出版社 2007 年版，第 335 页。

范性文件，规范建设项目的环保管理。环保部门依法审批环境影响评价文件，加大环境违法行为查处力度，坚持环境信息公开制度，保障公民对环保工作的知情权、参与权和监督权，增强社会对环保工作的关注和支持。① 2006 年广西全年环境污染治理投入 48.78 亿元，其中老工业污染源治理投资 6.93 亿元，新建项目环境保护"三同时"投资 12.7 亿元。在重点行业的生产领域，对生产过程的用水、原材料、废弃物等环节实施闭路利用，在水泥行业推行"三废"零排放生产模式，在制糖行业推行热电联产、蒸汽复用、水循环利用技术，在造纸行业推广以纸养林、林纸结合、林浆纸协同的生态发展方式。全年完成污染源治理项目 336 项，关、停、并、转污染企业 60 家，有 3723 项新建、改造、扩建项目落实环境保护"三同时"措施。② 工业主要污染物总量排放得到有效控制。

2011 年，广西环境监测部门加强国控重点污染源监督性监测和应急监测管理。年初，自治区环境监测中心站编制《2011 年广西国控重点企业污染源监督性监测工作方案》，组织做好国控重点企业污染源监督性监测工作。加强督察检查，每季组织人员到各市开展督察检查工作，及时解决问题和做好查漏补缺工作，提高国控重点企业污染源监督性监测完成率。对超标企业及时上报和通报，重点企业排污情况得到有效监控。同时，加强重金属排放企业环境整治。2011 年实施《广西重金属污染综合防治"十二五"规划》和《2011 年广西重金属污染防治实施方案》，落实中央、自治区重金属污染防治专项资金共计 1.56 亿元。全年环保专项行动先后出动执法人员 4.31 万人次，检查企业 1.81 万家次，立案查处环境违法企业 194 家，进行经济处罚 128 家，挂牌督办环境问题 62 个，其中自治区级 12 个，市级 15 个，县级 35 个。开展沿江沿河沿海化工石化企业环境安全隐患排查整治、陆源溢油污染风险防范检查、危险化学品和危险废物专项执法检查行动，检查企业 1100 家，责令限期整改存在环境污染隐患企业近 100

① 广西壮族自治区人民政府：《广西年鉴》（2007），广西人民出版社 2007 年版，第 335 页。

② 同上书，第 333 页。

家。同年，广西壮族自治区环境保护厅与自治区工信委还联合发出了《关于进一步加强制浆造纸企业废水污染治理和环境监管工作的通知》，推动制浆造纸企业生产工艺和污染治理技术进步，实施更为严格的水污染物排放新标准，为制浆造纸企业环保核查夯实基础。同时，稀土、制革等重污染行业环保核查工作有序开展，对未列入公告名单或未通过环保核查的企业采取严格的环境监管措施，从严处罚环境违法行为。2011 年广西全自治区化学需氧量和二氧化硫两项老指标超额完成自治区下达的年度减排计划任务，氨氮和氮氧化物两项新指标控制在国家允许范围内。①

三 加强农业环境监测

2005 年广西农业环保部门积极参与处理农业环境污染事故，并继续开展农业生态环境监测与评价，抽检土壤样品 960 个、灌溉水样品 140 多个，获得检测数据 9000 多个，有 74.95 万公顷农产品产地通过自治区无公害农产品产地认定。同时，广西壮族自治区农业环境监测管理站还继续抓好野生植物资源保护与有害植物的防治工作。组织技术人员对来宾市兴宾区、昭平县、苍梧县、大新县、博白县、兴安县 6 个县（区）野生稻、野生荔枝、野生大豆和野生蔬菜资源进行调查；对隆林各族自治县和西林县外来有害水生植物进行调查与防治；继续推广农业部 "948" 项目农产品及产地环境中农药多残留快速检查技术。② 2006 年广西出台《农业环境污染突发事件应急预案》，农业环保部门加大对农业生态环境监测力度。当年完成农业生态环境监测报告 1079 份，获得有效数据 6.46 万个，其中土壤数据 0.99 万个，灌溉水数据 0.06 万个，农副产品数据 5.41 万个。③ 2008 年广西农业环境保护部门开展种植业污染源普查工作。对广西 100 多个县（市、区）1164 个乡（镇）8.34 万个典型地块和 65 个农场 696 个典型地块

---

① 广西壮族自治区人民政府：《广西年鉴》（2012），广西人民出版社 2012 年版，第 262—264 页。

② 广西壮族自治区人民政府：《广西年鉴》（2006），广西人民出版社 2006 年版，第 388 页。

③ 广西壮族自治区人民政府：《广西年鉴》（2007），广西人民出版社 2007 年版，第 335 页。

进行种植业污染源调查，获得 26 万多张普查表并全部完成普查表的录入和质量审核、上报等工作。根据《农业污染源产排污系数测算实施方案》要求，广西布设的 10 个地表径流监测点共采集土壤样品 80 个，径流水样品 738 个，植物样品 204 个，分析测试指标 27 项，共获有效检测数据 10 万多个；布设地膜残留监测点 15 个，地膜残留采样点 150 个，全年采集地膜残留样品 150 个，获有效检测数据 150 个。25 个地表径流监测点和地膜残留监测点均完成基本信息、种植信息、施用肥料情况、施用农药情况及土壤样品、流水样品、植物样品或地膜样品信息的录入及上报，并进行地表径流监测点氮、磷及农药流失量、流失系数的测算研究和地膜监测点地膜残留系数的测算研究，种植业污染源产排污系数测算研究项目达到预期效果。年内，继续开展贵港市蔬菜样品中甲胺磷、氧化乐果等 13 种农药残留量的例行监测和永福县等 11 个无公害农产品生产示范基地县产地环境质量监测，监测面积 16.09 万公顷。继续开展农产品产地污染普查及区域划分工作，初步完成 6 个大中城市郊区 2.2 万公顷耕地、1 个工矿企业区 1.5 万公顷耕地、33 个污水灌区 7.6 万公顷耕地的分布区域、面积、主要污染源等调查并建立信息数据库。开展野生植物调查，对广西主要野生果树资源中华猕猴桃、桂林猕猴桃、山橘等进行调查，摸清基本情况；开展外来入侵生物调查防治，对外来入侵生物苏门白酒草、银胶菊、飞机草、假高粱、紫茎泽兰、福寿螺等进行调查并建立信息数据库。① 2011 年广西切实加强农业环境监测管理。自治区农业环境监测管理站实验室资质认定评审准则和管理体系通过自治区质量技术监督局组织的监督评审。广西农产品产地安全状况普查监测工作继续开展。全年培训普查技术人员 151 人次，重新布设监测单元 48 个、监测点位 366 个，采集样品 874 个，获得有效检测分析数据近万个，评价数据达 2 万多个。南丹县开展农产品产地土壤及农产品重金属检测，为政府搬迁污染企业及了解农产品重金属污染情况提供依据。贵港市开展生产基地、批发市场、农贸市场及超市的蔬菜、水果

---

① 广西壮族自治区人民政府：《广西年鉴》（2009），广西人民出版社 2009 年版，第 333 页。

质量安全监测，采集蔬菜、水果样品 517 个，检测甲胺磷等 20 种农药的残留量和铅等 8 种重金属含量，对农药残留量超标的蔬菜样品进行追溯，查找超标原因，提出应对措施。桂林市的临桂、雁山、恭城、兴安、全州、荔浦、阳朔等县（区）开展农村生活污水无动力厌气发酵净化试点监测及外来入侵有害生物的监测工作，取得成效。[①]

四　积极发展生态农业

生态农业是世界农业发展的趋势。不仅发达国家积极倡导发展生态农业，发展中国家尤其是我国也强调要"加快建设生态农业"。2003 年 12 月，广西壮族自治区农业厅决定从 2004 年起，用 3 年左右的时间在全自治区 10 个以上的县、100 个以上的乡镇、1000 个以上的村屯和 10000 个以上的示范农户中推广先进适用的生态农业模式和技术，发展和扩大生态农业优势产业，实施生态富民（简称"生态富民'十百千万'工程建设"）建设项目。2004 年，中共广西壮族自治区党委、自治区人民政府提出建设生态广西的要求，并在制定"十一五"发展规划纲要时明确提出"生态广西"的建设目标和任务，要求各级党委、政府把生态农业建设作为农业和农村经济发展的重要措施来抓。2006 年，广西出台了《加快发展生态农业促进生态广西建设》的专案。这是西部首个发展生态农业的专案，为广西生态农业发展搭建了框架。[②] 当年，广西壮族自治区农业厅组织 25 个县（市、区）实施"创建无公害农产品生产示范基地县"项目，示范面积 33.3 万公顷。组织制定无公害产地环境条件地方标准 4 个，全年组织认定无公害农产品（种植业）生产基地 30 个，面积 26.44 万公顷，其中粮油类 9 个 14.50 万公顷，水果类 13 个 10.09 万公顷，蔬菜类 7 个 1.83 万公顷，茶叶类 1 个 168 公顷。经农业部农产品质量安全中心审核、认证，广西有 128 个种植业产品获得全国统一无公害农产品认证，其中粮油类 9 个，水果类 36 个，蔬菜类 78 个，茶叶类 3 个，中药材类（罗汉果）2 个，认证产品年产量 272.13 万吨。至 2006 年

---

① 广西壮族自治区人民政府：《广西年鉴》（2012），广西人民出版社 2012 年版，第 264 页。

② 曹誉百、江风：《广西将出台西部首个发展生态农业专案》，《西部时报》2006 年 9 月 15 日第 1 版。

年底，通过自治区认定的无公害农产品（种植业）生产基地累计达到212 个，获得全国统一无公害农产品（种植业）认证的农产品累计达到 276 个，年产量 450.19 万吨。①

2007 年，广西壮族自治区人大常委会通过《生态广西建设规划纲要》，生态农业作为生态广西的重要组成部分有了更大力度的推进。全自治区累计建设县级生态农业试点 10 个，其中国家级试点 4 个（武鸣县、大化瑶族自治县、恭城瑶族自治县、兴安县），自治区级 6 个（横县、灵山县、贺州市八步区、上思县、都安瑶族自治县、陆川县）。2008 年广西壮族自治区农业厅继续组织实施生态富民"十百千万"工程建设项目。2004—2008 年，全自治区累计投入项目资金1195 万元，在 49 个县（市、区）、200 多个乡镇、1400 多个村、8.3万多户农户实施项目建设，累计建设生态养殖池 7.46 万个，推广应用诱虫灯 8 万多盏，逐渐减少农药使用量。② 2011 年广西继续加强农业资源与生态环境保护。在桂林市实施循环农业示范市建设，在桂林市雁山区等 10 个县（市、区）实施生态富民"十百千万"工程项目建设，在桂林市雁山区、临桂县、恭城瑶族自治县、兴安县、全州县、荔浦县、阳朔县启动农业面源污染防治示范建设，改善和保护农业生态环境。同年，广西壮族自治区人民政府印发《自治区推进生态文明示范区建设 2011 年度工作计划》，明确年度工作目标、任务、责任分工和重点项目，推动生态文明示范区各项建设的开展。至年底，全自治区命名自治区级生态乡镇 12 个、自治区级生态村 60 个，向环保部生态司申报全国生态乡镇 15 个、全国生态村 19 个。自治区财政安排引导资金 4500 万元，补助 68 个生态经济类项目 4024 万元，补助生态乡镇和生态村创建 376 万元，补助生态文明示范村创建 100 万元。③ 2012 年，广西壮族自治区农业厅把发展生态循环农业作为生态

---

① 广西壮族自治区人民政府：《广西年鉴》（2007），广西人民出版社 2007 年版，第273 页。

② 广西地方志编纂委员会：《广西通志·农业志》（1978—2008），广西人民出版社2011 年版，第 228 页。

③ 广西壮族自治区人民政府：《广西年鉴》（2012），广西人民出版社 2012 年版，第55 页。

富民"十百千万"工程建设的重要内容，并在 10 个县（市、区）实施生态循环农业技术示范建设。[①]

广西生态农业建设，按土地生态型和生态农业特点，可归纳为 6 种类型：一是丘陵山地型生态农业。该类型生态农业建设重视挖掘丘陵山地资源潜力，开展垂直的多层次立体利用；在产业选择上，着重发展林业，改善林种结构，坚持营林和护林结合，实行农林牧并举。山地垂直布局一般为 4 层，即山头种植水源林，山腰种植经济林，山脚种植果、茶、竹，山底平坝沟的农田则改善灌溉条件，运用科技手段促进农田稳产高产。灵山县、藤县的一些农村发展这种类型的生态农业较有特色。至 2011 年年末，全自治区从事林下养殖的农户发展到 26.8 万户，涌现出兴业、容县、岑溪、灵山、浦北、博白等一批林下养殖产值超 10 亿元的县（市）。[②] 二是平原型生态农业。该类型生态农业建设是因地制宜改革耕作制度，推广合理的间、套种技术，实行立体种植，大力推广使用沼气，采取以沼气为纽带的种养相结合的生态农业模式，强调农业系统的良性循环与物质能量的多层次综合利用。钟山县的一些村庄发展这种类型的生态农业。三是城郊型生态农业。该类型生态农业建设是依托城市，充分利用光能、时空，实行立体种养，提高生物的生产力，采用良种良法配套，推广以沼气为纽带的种、养、加生态模式，以减少农用化学物质对农业环境和农产品的污染，生产出满足城镇居民所需的"放心"产品。贺州市八步区一些地处城郊的村庄发展得比较好。四是庭院型生态农业。该类型生态农业建设是利用农户房前屋后的闲置土地及空间，通过发展沼气，建立立体种养结构的生态系统，使废弃物得以充分利用，既美化净化住宅环境，又增加家庭经济收入。这种生态农业类型，在广西各地尤其是梧州市、贺州市、玉林市、兴安县等农户中较为普遍。五是水域型生态农业。该类型生态农业是在陆地渔业水面较多的地方，利用鱼塘、库汊开展立体养鱼或鱼鸭套养，或利用冬闲田养鱼、在稻田开沟

---

① 《广西大力推广生态循环农业技术》，http：//www. rdzwxx. net/article. asp？ ID = 281，2012 年 9 月 28 日。

② 广西壮族自治区人民政府：《广西年鉴》（2012），广西人民出版社 2012 年版，第 198 页。

养鱼。如梧州市的长地村等，很多农户就通过利用水面资源，实现种养业良性循环和物质的综合利用。六是旅游型生态农业。这种类型是充分利用山川秀丽、民族众多、民俗民风特色鲜明的自然和人文生态优势，将生态农业建设与旅游结合，把发展生态农业旅游作为发展农村经济的抓手，全面拓展农业功能。恭城瑶族自治县红岩村就是杰出代表。该村曾先后荣获"广西生态富民示范村""广西农业系统十佳生态富民样板村""全国生态文化村""全国农业旅游示范点"等荣誉称号。广西其他地区如临桂县、武鸣县、南宁市西乡塘区、富川瑶族自治县等一些农村也借旅游之势，依托景点，发展特色农业，生产具有鲜明地方特色的无公害产品、绿色食品、有机食品。①

---

　　①　广西地方志编纂委员会：《广西通志·农业志》（1978—2008），广西人民出版社2011年版，第231页。

第七章　农业发展与农民满意：
广西工业反哺农业的
绩效评估

工业反哺农业政策属于公共政策，涉及社会多个领域和方面，其所产生的效果不仅体现在农业、农村发展的"客观"事实上，而且体现在农民满意的"主观"意识上。2005 年我国正式拉开工业反哺农业序幕后，广西实施了一系列哺农惠农政策，在客观上，广西农业和农村发展很快，农产品产量不断提高，农民收入迅速增加，生活水平不断提高；在主观上，农民对工业反哺农业政策的实施感到很满意。当然，广西在实施工业反哺农业政策的过程中也存在不少值得重视的问题与不足，需要不断努力与改进。

第一节　工业反哺农业后广西农业发展状况

实施工业反哺农业战略后，广西农业生产条件不断得到改善，农业产业结构不断优化，主要农产品尤其是经济作物、蔬菜、水果及鱼肉类产品产量不断提高，农村居民收入不断增加，消费水平不断提高。

一　农业生产条件的变化

由表 7 - 1 可知，2000—2004 年，广西农村用电量由 29.58 亿千瓦时增加到 32.36 亿千瓦时，只增加 2.78 亿千瓦时，年均增长 2.50%（1999 年广西农村用电量为 28.6 亿千瓦时）；机耕面积由 971.1 千公顷扩大到 1019.5 千公顷，只增加 48.4 千公顷，年均增长 1.35%（1999 年广西机耕面积为 953.3 千公顷）。实施工业反哺农业政策后，2004—2013 年，广西农村用电量由 32.36 亿千瓦时增加到 63.38 亿千瓦时，增加 31.02 亿千瓦时，年均增长 7.36%；机耕面积由 1019.5 千公顷扩大到 3865.5 千公顷，增加 2846 千公顷，年均增长 14.51%。农田有效灌溉面积、节水灌溉面积等也不断扩大。这表明，广西农业基础设施建设及农机购置补贴等政策的实行，取得了很好的效果。

表 7 - 1　　2000—2013 年主要年份广西农业生产条件基本情况

年份 项目	2000	2003	2004	2006	2008	2010	2013
农村用电量（亿千瓦时）	29.58	31.17	32.36	—	44.11	50.22	63.38
机耕面积（千公顷）	971.1	997.2	1019.5	—	2354.0	3163.7	3865.5
农田有效灌溉面积（千公顷）	1501.6	1516.7	1516.0	1519.2	1519.7	1523.0	1553.6
节水灌溉面积（千公顷）	591.2	661.9	638.7	650.7	680.1	702.2	800.5
除涝面积（千公顷）	200.9	202.3	203.6	205.2	207.9	209.6	230.9

资料来源：根据《广西统计年鉴》相关数据整理。

二　主要农产品产量变化

由表 7 - 2 可知，2004 年以来，广西粮食作物总产量有所下降。2004 年粮食作物总产量比 2000 年减少了 194 万吨，2006 年、2008 年、2010 年的粮食产量又比 2004 年的少。但这是广西农业产业结构调整的结果。2000 年以后广西粮食作物种植面积不断减少。2000 年广西粮食作物种植面积为 3653.8 千公顷，而 2004 年、2006 年、2010 年、2013 年分别只有 3316.0 千公顷、3226.3 千公顷、3061.1 千公顷、3076.0 千公顷。由此可见，2004 年以后广西粮食单产量有所提高。2006 年、2010 年、2013 年广西粮食单产量分别为 4627 万吨、4614 万吨、4947 万吨，均比 2000 年的 4563 万吨要高。2004 年以来，广西的经济作物产量不断增加。2000 年广西的甘蔗产量只有 2937.9 万吨，2004 年为 5003.9 万吨，2013 年达到 8104.3 万吨；蔬菜和水果产量分别由 2004 年的 1946.8 万吨和 702.3 万吨提高到 2013 年的

2435.6 万吨和 1433.4 万吨。广西的肉类和水产品产量也不断提高。2004—2013 年，肉类产量和水产品产量分别年均增长 1.74% 和 1.89%。这表明，工业反哺农业后，广西农业产业结构不断优化。

表 7 – 2　　　　2000—2013 年主要年份广西主要农产品产量　　　单位：万吨

项目 \ 年份	2000	2003	2004	2006	2008	2010	2013
粮食作物	1667.2	1484.8	1473.2	1427.6	1394.7	1412.3	1521.8
稻谷	1360.8	1191.6	1166.7	1150.1	1107.7	1121.3	1156.2
玉米	188.4	178.9	193.1	198.5	207.2	208.7	266.0
薯类	67.6	66.8	66.0	53.9	54.4	56.2	73.0
油料	48.6	55.7	58.3	33.6	37.6	45.8	57.21
花生	49.6	48.1	51.5	31.8	35.4	43.5	54.1
油菜籽	8.2	6.4	6.2	1.3	1.0	1.5	1.9
甘蔗	2937.9	4861.8	5003.9	6376.4	8215.6	7119.6	8104.3
蔬菜	1620.8	1871.0	1946.8	2247.8	2015.2	2129.2	2435.6
水果	360.1	641.2	702.3	812.0	855.8	1094.4	1433.4
肉类总产	287.3	353.5	383.1	321.0	350.7	387.8	420.0
猪肉	217.9	257.8	278.3	210.3	218.4	241.5	261.3
牛肉	9.8	13.6	15.2	10.9	12.5	13.7	14.3
羊肉	2.5	2.9	3.3	2.5	2.9	3.3	3.3
水产品	239.9	264.6	274.3	296.4	250.0	275.1	319.1

资料来源：根据《广西统计年鉴》相关年份数据整理。

三　农林牧渔业总产值的变化

由表 7 – 3 可知，2013 年广西农林牧渔业总产值达到 3755.2 亿元，是 2004 年的 2.90 倍；2004 年以后，各年份农林牧渔业总产值指数均高于 2004 年以前的指标；广西农林牧渔业总产值占全国农林牧渔业总产值的比重明显提高，为 3.57%，2013 年达到 3.87%。这表明，实行工业反哺农业政策以后，广西农林牧渔业发展很快。

表 7 - 3　　　　2000—2013 年主要年份广西农林牧渔业总产值

项目　＼　年份	2000	2003	2004	2006	2008	2010	2013
广西农林牧渔业总产值（亿元）	829.0	1030.9	1294.5	1622.2	2389.8	2721.0	3755.2
广西农林牧渔业总产值指数	100.2	104.3	106.3	107.2	105.4	104.7	104.4
广西农林牧渔业总产值占全国农林牧渔业总产值的比重（％）	3.33	3.47	3.57	3.97	4.12	3.93	3.87

资料来源：根据《广西统计年鉴》和《中国统计年鉴》相关数据整理，绝对数按当年价计算，指数按可比价格计算（上年 = 100）。

四　农民收入的变化

表 7 - 4　　　　2000—2013 年主要年份广西农户人均收入情况　　　单位：元

项目　＼　年份	2000	2003	2004	2006	2008	2010	2013
人均全年总收入	2649.2	2916.2	3280.6	3998.2	5256.1	6181.5	9364.1
人均纯收入	1864.5	2094.5	2305.2	2770.5	3690.3	4543.4	6791.0
人均工资性收入	483.8	784.6	857.6	972.3	1283.4	1707.2	2712.3
人均家庭经营收入	1297.2	1229.9	1365.3	1705.7	2190.4	2510.2	3420.4
人均财产性收入	7.5	16.8	17.5	22.5	41.8	33.8	70.4
人均转移性收入	74.5	63.3	64.8	70.0	174.7	292.3	587.8

资料来源：根据《广西统计年鉴》相关资料整理，均为当年价。

由表 7 - 4 可以看出，2004 年以后，广西农户人均全年总收入、人均纯收入增长速度都很快。2013 年广西农户人均全年总收入达 9364.1 元，人均纯收入达 6791.0 元，分别是 2004 年的 2.85 倍和 2.95 倍。2004—2013 年，广西农户人均全年总收入年均增长 12.37％，人均纯收入年均增长 12.48％。而 2000—2004 年，广西农户人均全年总收入和人均纯收入年均增长分别只有 3.58％和 2.39％（1999 年广西农户人均全年总收入为 2751 元，人均纯收入为 2048 元）。2004—2013 年，广西农户人均纯收入增长的亮点主要有三个：

一是转移性收入大幅增加。对比农村居民人均纯收入构成，不难发现，转移性收入大幅增长，大大高于整体纯收入的增速。此外，2004 年以来，人均转移性收入占同期人均纯收入的比重也一直呈上升态势，从 2004 年的 64.8 元，占 2.81%，增至 2013 年的 587.8 元，占 8.66%。农村居民转移性收入快速增长的主要原因是：粮食直补、农资综合补贴、良种补贴、农机具购置补贴"四项补贴"不断增加；农村基本养老、基本医疗、工伤、失业保险等社会保障制度政策范围进一步扩大；"汽车下乡""家电下乡"等各项消费优惠政策的实施，以及救灾款、退耕还林还草等收入的增加；等等。

二是农村居民工资性收入增加。2004 年广西农村居民人均工资性收入为 857.6 元，对农村居民收入增长的贡献率为 37.2%。2013 年广西农村居民人均工资性收入达到 2712.3 元，对农村居民收入增长的贡献率为 39.9%。工资性收入继续成为促进农村居民收入实现较快增长的重要动力。这是实施工业反哺农业政策以来，广西不断加强农民非农就业培训，促进更多的农村剩余劳动力向第二、第三产业转移就业的结果。

三是农民种粮成本略有下降，家庭经营收入得到保障。农产品生产是保证市场供应的基础，更是农民收入的重要来源。2004 年和 2013 年，广西农村居民人均纯收入中家庭经营收入分别为 1365.3 元和 3420.4 元，占同期农民纯收入的比重分别为 59.2% 和 50.4%。尽管家庭经营收入占农民纯收入的比重略有下降，但在国内外市场农产品价格波动的影响下，能实现这样的增速主要归功于种粮成本的下降和粮食最低收购政策的实施。一方面，2004 年以来广西大力推广良种良法、测土配方等先进实用技术，降低了种粮成本；另一方面，粮食最低收购价有所提高，使农民收入有所增加。当然，不容忽视的是，目前粮价因政府"托市"收购而得以稳定，在政策边际效用递减之势下，政府大幅增加"三农"投入越来越困难，农民靠增加粮食生产来提高收入也将越来越难。

五　农民生活水平的变化

表 7 – 5　　　2000—2013 年主要年份广西农民生活水平变化

年份\n项目	2000	2003	2004	2006	2008	2010	2013
农民人均生活消费支出（元）	1488.0	1751.2	1928.6	2413.9	2985.0	3455.3	5205.6
农民家庭恩格尔系数（%）	55.4	51.3	54.3	49.5	53.4	48.5	40.0
城市家庭恩格尔系数（%）	39.9	40.0	44.0	42.1	42.4	38.1	37.9
农民人均肉类消费量（公斤）	14.07	14.44	12.72	15.22	24.06	27.75	33.56
每百农户洗衣机拥有量（台）	3.25	3.59	4.46	6.41	9.98	15.17	46.83
每百农户电冰箱拥有量（台）	2.94	3.42	4.33	8.61	16.00	30.71	74.05
每百农户摩托车拥有量（辆）	18.01	32.34	36.15	62.21	66.86	76.04	94.26
每百农户生活用汽车拥有量（台）	0.09	—	—	0.09	0.35	0.26	6.43
每百农户移动电话拥有量（部）	0.69	9.78	15.89	72.29	101.34	140.35	238.8
每百农户彩色电视机拥有量（台）	30.04	47.66	53.90	87.19	95.28	99.22	111.24
每百农户家用计算机拥有量（台）	—	—	—	0.9	1.4	4.5	
每人钢筋混凝土结构住房面积（平方米）	9.40	12.76	13.65	19.35	21.35	24.03	27.68

资料来源：根据《广西统计年鉴》《中国统计年鉴》相关资料整理，农民人均生活消费支出为当年价格。

由表 7 – 5 可以看出，2004 年后，广西农村居民生活水平提高很快。2013 年，广西农民人均生活消费支出由 2004 年的 1928.6 元增加到 5205.6 元；农民家庭恩格尔系数由 2004 年的 54.3% 下降到 40.0%，已经接近 2013 年广西城市家庭恩格尔系数 37.9% 的水平。农民家庭拥有耐用消费品的数量迅速增加。2013 年广西每百农户洗衣机、电冰箱拥有量分别由 2004 年的 4.46 台、4.33 台增加到 46.83 台、74.05 台，10 年间年均增长分别为 29.28% 和 36.0%；摩托车已接近户均 1 辆；移动电话、电视机已基本普及；生活用汽车、家用计算机拥有量逐渐增多。农民住房条件迅速改善。2013 年广西农村每人钢筋混凝土结构住房面积达到 27.68 平方米，是 2004 年的 2.03 倍，

10 年间年均增长 8.05%。农村居民生活水平迅速提高的原因，主要
是实施工业反哺农业政策以来，一方面农民的收入提高，另一方面农
户的其他支出减少。如 2000 年、2003 年和 2004 年广西农户人均税费
支出分别为 41.47 元、33.80 元和 26.77 元，而 2005 年、2006 年、
2010 年和 2013 年则分别只有 5.85 元、4.51 元、2.84 元和 0.01 元。

第二节　工业反哺农业后广西与
相邻省份农业发展比较

　　广西地处祖国西南边陲，外与越南接壤，内同广东、湖南、贵
州、云南 4 省相邻。实施工业反哺农业战略后，广西农村和农业发展
取得了很大的成绩。在一些方面广西的发展赶上甚至超过了相邻的
省份。

一　农田有效灌溉面积

　　由表 7 - 6 可知，2005 年我国正式拉开工业反哺农业序幕后，全
国及广西周边省份农田有效灌溉面积不断增加。2013 年全国有效灌溉
面积由 2004 年的 54478 千公顷增加到 63473 千公顷。2004—2013 年
年均增长 1.63%。在广西的周边省份中，贵州的有效灌溉面积增长最
快，年均增长 7.20%，其次是广东，年均增长 3.02%。尽管广西的
有效灌溉面积增长较慢，但在山多地少、耕地增加可挖潜力有限的情
况下，2013 年有效灌溉面积仍比 2004 年增加 37.6 千公顷，达到
1553.6 千公顷，年均增长 0.24%，已属不易。2004 年广西的有效灌
溉面积比 2003 年有所减少。2004 年以后，尤其是 2008 年以来，广西
新一轮大规模水利建设高潮迭起，冬春水利建设投入和成效连年稳步
递增。但由于在广西的耕地中，水田约占 1/3，旱坡地约占 2/3。在
旱坡地上实现有效灌溉难度较大，目前广西旱坡地实现有效灌溉面积
刚超过一成，而水田实现有效灌溉面积已达九成以上。[1]

---

　　[1]　谢彩文、周映、刘文光：《广西耕地灌溉超历史最好水平有效灌溉面积 2460 万亩》，
http：//www.bbwdm.cn/content/？29790.html，2014 年 5 月 19 日。

表7-6 2003—2013年主要年份广西与周边省份有效灌溉面积

单位：千公顷,%

年份 地区	2003	2004	2007	2008	2010	2011	2013	2004—2013年 年均增长率
全国	54014	54478	56518	58472	60348	61682	63473	1.63
广西	1516.7	1516.0	1522.3	1519.7	1523.0	1529.2	1553.6	0.24
云南	1457.0	1469.4	1517.1	1536.9	1588.4	1634.2	1660.0	1.31
贵州	682.7	692.9	779.7	987.4	1195.3	1266.8	1368.8	7.20
湖南	2675.3	2683.3	2696.6	2709.0	2739.0	2762.4	2768.2	0.35
广东	1315.9	1312.6	1312.0	1863.4	1872.5	1873.2	1771.0	3.02

资料来源：根据《中国统计年鉴》《广西统计年鉴》《湖南统计年鉴》《贵州统计年鉴》相关资料整理。

二 广西与周边省份农林牧渔业总产值及增长速度比较

由表7-7可知，2013年广西农林牧渔业总产值为3755亿元，高于贵州和云南当年的农林牧渔业总产值。2004—2013年，广西农林牧渔业总产值年均增长13.80%，高于全国的平均水平，也高于贵州、湖南及广东省的水平。这表明，实施工业反哺农业政策以后，广西农林牧渔业发展相对较快。

表7-7 2003—2013年主要年份广西与周边省份农林牧渔业总产值

单位：亿元,%

年份 地区	2003	2004	2006	2008	2010	2011	2013	2004—2013年 年均增长率
全国	29692	36239	40811	58002	69320	81304	96995	12.57
广西	1030.9	1294.5	1622.2	2389.8	2721.0	3323.4	3755	13.80
云南	799.3	965.2	1209.8	1594.5	1810.5	2306.5	3056	14.35
贵州	466.7	524.6	610.6	843.8	997.8	1165.5	1663	13.31
湖南	1453.0	1913.3	2131.9	3324.5	3787.5	4508.2	5044	13.25
广东	1908.7	2154.8	2678.3	3298.0	3754.9	4384.4	4947	9.99

资料来源：根据《中国统计年鉴》《广西统计年鉴》《云南统计年鉴》相关资料整理，均为当年价。

三 广西与周边省份农民收入及增长速度比较

由表 7 - 8 可知，2013 年广西农民人均纯收入由 2004 年的 2305 元提高到 6791 元。2004—2013 年，广西农民人均纯收入年均增长 12.48%，低于全国平均及云南、贵州、湖南的水平，但差距不大，而且农民纯收入总量高于云南、贵州的水平。这表明，实施工业反哺农业政策后，广西农民人均纯收入增长比较快。但与全国及湖南、广东相比，广西农民人均纯收入总量仍较低。

表 7 - 8　2003—2013 年主要年份广西与周边省份农民人均纯收入

单位：元，%

年份 地区	2003	2004	2006	2008	2010	2011	2013	2004—2013 年 年均增长率
全国	2622	2936	3587	4761	5919	6977	8896	13.0
广西	2095	2305	2771	3690	4543	5231	6791	12.48
云南	1697	1864	2251	3103	3952	4722	6141	13.73
贵州	1565	1722	1985	2797	3472	4145	5434	13.26
湖南	2533	2838	3390	4513	5622	6567	8372	12.70
广东	4055	4366	5080	6400	7890	9372	11669	11.15

资料来源：根据《中国统计年鉴》《广西统计年鉴》《云南统计年鉴》《贵州统计年鉴》《湖南统计年鉴》《广东统计年鉴》相关资料整理，均为当年价。

四 广西与周边省份农民生活水平比较

由表 7 - 9 可知，2004—2013 年，广西农民生活消费支出年均增长 11.51%，低于全国平均水平及云南、贵州、湖南的增长速度，但从总量上看，多数年份广西农民生活消费支出均高于云南和贵州的水平。这表明，实施工业反哺农业政策以后，广西农民生活消费支出稳步增长。

表 7 - 9　2003—2013 年主要年份广西与周边省份农民生活消费支出

单位：元，%

年份 地区	2003	2004	2006	2008	2010	2011	2013	2004—2013 年 年均增长率
全国	1943	2185	2829	3661	4382	5221	6626	13.05
广西	1751	1929	2414	2985	3455	4211	5206	11.51

续表

地区＼年份	2003	2004	2006	2008	2010	2011	2013	2004—2013 年年均增长率
云南	1406	1571	2196	2991	3398	4000	4744	12.93
贵州	1185	1296	1627	2166	2853	3456	4740	14.87
湖南	2139	2472	3013	3805	4310	5179	6610	11.94
广东	2927	3241	3886	4873	5516	6726	8344	11.05

资料来源：根据《中国统计年鉴》《广西统计年鉴》《云南统计年鉴》《贵州统计年鉴》《湖南统计年鉴》《广东统计年鉴》相关资料整理，均为当年价。

由表 7-10 可知，2012 年广西每百农户拥有洗衣机的数量由 2004 年的 4.5 台增加到 36.0 台，9 年间年均增长 29.14%，大大高于全国平均及周边省份的增长速度。这表明，实施工业反哺农业政策以后，不仅广西农民收入迅速提高，而且农村水电等基础设施建设也取得很好成绩。但同时也应该看到，广西农户拥有洗衣机数量的基数较低，而且 2012 年每百农户仍仅拥有洗衣机 36.0 台，低于全国平均及周边省份的水平。

表 7-10 　　　2003—2012 年主要年份广西与周边省份每百农户

拥有洗衣机数量 　　　　单位：台，%

地区＼年份	2003	2004	2006	2008	2010	2011	2012	2004—2012 年年均增长率
全国	34.3	37.3	43.0	49.1	57.3	62.6	67.2	7.76
广西	3.6	4.5	6.4	10.0	15.2	28.9	36.0	29.14
云南	21.0	23.3	24.7	33.7	43.0	51.0	58.0	11.95
贵州	17.4	19.7	29.8	36.4	55.2	62.5	69.8	16.69
湖南	20.7	22.2	29.8	34.2	42.5	58.4	62.3	13.02
广东	28.3	29.0	31.9	37.1	45.8	50.8	55.2	7.71

资料来源：根据《中国统计年鉴》《广西统计年鉴》《云南统计年鉴》《贵州统计年鉴》《湖南统计年鉴》《广东统计年鉴》相关资料整理。

由表 7-11 可知，2012 年广西每百农户拥有电冰箱的数量由 2004 年的 4.3 台增加到 61.1 台，9 年间年均增长 37.85%，高于全国平均及周边省份的增长速度。而且 2012 年广西每百农户拥有电冰箱的数量已接近全国平均及湖南、广东的水平。这表明，实施工业反哺农业政策以后，不仅广西农民收入迅速提高，而且农村电力等基础设施建设也取得很好成绩。

表 7-11　　　2003—2012 年主要年份广西与周边省份每百农户
拥有电冰箱数量　　　　　　　单位：台，%

年份 地区	2003	2004	2006	2008	2010	2011	2012	2004—2012 年 年均增长率
全国	15.9	17.8	22.5	30.2	45.2	61.5	67.3	17.39
广西	3.4	4.3	8.6	16.0	30.7	55.7	61.1	37.85
云南	4.2	5.5	7.5	9.8	18.2	27.3	34.9	26.52
贵州	3.5	3.9	8.6	12.9	27.2	39.9	45.2	32.88
湖南	9.0	9.6	16.5	25.9	40.9	74.6	77.5	27.03
广东	19.0	20.4	27.5	34.9	49.1	60.9	66.4	14.92

资料来源：根据《中国统计年鉴》《广西统计年鉴》《云南统计年鉴》《贵州统计年鉴》《湖南统计年鉴》《广东统计年鉴》相关资料整理。

由表 7-12 可知，2012 年广西每百农户拥有家用计算机数量由 2006 年的 0.9 台增加到 11.7 台，7 年间年均增长 56.89%，大大高于全国平均及周边省份的增长速度。这表明，实施工业反哺农业政策以后，广西农民收入迅速提高，农民消费观念不断转变，农村电力、网络等基础设施建设取得了很好成绩。但与广东相比，广西农户拥有家用计算机的数量仍较低。

表 7-12　　　2005—2012 年主要年份广西与周边省份每百农户
拥有家用计算机数量　　　　　　单位：台，%

年份 地区	2005	2006	2008	2010	2011	2012	2006—2012 年 年均增长率
全国	2.1	2.7	5.4	10.4	18.0	21.4	39.32
广西	0.5	0.9	1.4	4.5	9.5	11.7	56.89
云南	0.7	0.4	0.8	2.4	4.0	6.2	36.56

续表

地区＼年份	2005	2006	2008	2010	2011	2012	2006—2012 年年均增长率
贵州	0.5	0.7	1.1	1.7	4.1	4.9	38.55
湖南	1.0	1.0	1.8	4.4	10.3	12.0	42.62
广东	9.3	10.2	14.3	19.5	29.5	31.7	19.15

资料来源：根据《中国统计年鉴》相关资料整理。

第三节　广西工业反哺农业的农民满意度

客观评价工业反哺农业成果，不仅要依靠来自宏观层面的统计数据和信息，更离不开市场微观主体农民所做出的判断，作为农村建设和农业生产参与主体的农民实际上是最具发言权的。2004 年以来，广西所实施的一系列哺农惠农政策，总体上农民是满意的，但也存在一些不和谐的问题，一些政策的落实情况和绩效不能满足大多数农民的需求和期望。为了解工业反哺农业战略实施 10 年来农民的满意情况，探究农民满意和不满意的原因，笔者于 2013 年 7 月到 8 月对广西 13 个县市区 15 个乡镇的 500 多名农民进行了访谈和问卷调查。

一　广西工业反哺农业的农民满意度评估

（一）调查的内容与样本特征

1. 调查内容

基于广义上的工业反哺农业，调查的内容涉及农村基层政府服务、税费、补贴、教育、基础设施建设、医疗与保障 6 个方面，共 12 个问题。

2. 样本特征

抽样调查的 13 个县市区 15 个乡镇分布在广西的 13 个地级市，共发放问卷 600 份，收回有效答卷 526 份。接受调查的农民有壮、苗、瑶、侗、毛南、仫佬、汉等 12 个民族，壮族占比最高。其中，男、女占比分别为 35% 和 65%，年龄在 40 岁以下及以上的分别占

28%和72%，文化程度为小学、初中、高中（中专）、大专以上的分别占14%、47%、33%、6%，家庭人口为1—3人、4—5人、6—7人、8人以上的分别占11%、71%、16%、2%，家人职业为全部务农和有人外出务工的分别占13%和87%，家庭耕种面积为3亩以下、3—6.9亩、7—9.9亩、10亩以上的分别占8%、74%、15%、3%。

3. 答卷信度和效度

采用克朗巴哈α系数（Cronbach's α），运用SPSS统计软件对调查答卷的信度进行分析，结果显示，调查答卷的12项三级指标的克朗巴哈α系数为0.907，大于0.7，信度较高。采用KMO（Kaiser-Meryer-Olkin）检验和巴特利球度检验（Bartlett Test of Sphericity），KMO值为0.871，高于0.8，p值接近0，小于0.01，调查答卷结构效度较好。

（二）广西工业反哺农业的农民满意方面与不满意方面

在调查中，笔者着重了解农民对农村基层干部办事效率、政策落实公平性、取消农业税、取缔集资摊派、种粮补贴、农机购置补贴、农村义务教育、农民培训、农业基础设施、农村水电路等、农民医疗、农民低保养老的感受。当问到"你对农村基层干部办事效率是否满意"等12个问题时，接受调查的农民回答情况如表7-13所示。

表7-13　　　　　　工业反哺农业的农民满意度调查情况　　　　单位：人

满意度	调查项目											
	A1	A2	B1	B2	C1	C2	D1	D2	E1	E2	F1	F2
非常满意	25	19	416	30	30	21	108	5	46	31	63	105
满意	126	121	68	91	167	128	268	36	159	156	210	260
一般	217	257	37	241	231	248	83	138	192	179	132	93
不满意	136	106	5	104	81	103	52	265	107	131	105	52
很不满意	22	23	0	60	17	26	15	82	22	29	16	16

注：A1为"干部办事效率"；A2为"政策落实公平性"；B1为"取消农业税"；B2为"取缔集资摊派"；C1为"种粮补贴"；C2为"农机购置补贴"；D1为"农村义务教育"；D2为"农民培训"；E1为"农业基础设施"；E2为"农村水电路等"；F1为"农民医疗"；F2为"农民低保养老"。

从表 7 – 13 可以看出，在 12 个调查问项中，B1（取消农业税）、D1（农村义务教育）、F2（农民低保养老）、F1（农民医疗）4 个项目满意（非常满意和满意）的人数分别达到 484 人、376 人、365 人、273 人，超过接受调查人数的 50% 以上，其他 8 个项目满意的人数占接受调查人数的比例均不足 50%。其中，D2（农民培训）、B2（取缔集资摊派）、A2（政策落实公平性）、C2（农机购置补贴）、A1（干部办事效率）5 个项目满意的人数分别占接受调查人数的比例不足 30%。从满意这一方面来看，如果按满意人数占接受调查人数的比例排序，则农民满意度依次较高的 6 个项目是 B1（取消农业税）、D1（农村义务教育）、F2（农民低保养老）、F1（农民医疗）、E1（农业基础设施）、C1（种粮补贴）；从不满意这一方面来看，如果按不满意（不满意和很不满意）人数占接受调查人数的比例排序，则农民满意度依次较低的 6 个项目是 D2（农民培训）、B2（取缔集资摊派）、E2（农村水电路等）、A1（干部办事效率）、A2（政策落实公平性）、C2（农机购置补贴）（见表7 – 14）。

表 7 – 14　　　　工业反哺农业的农民满意方面与不满意方面排序

	满意方面排序			不满意方面排序	
1	B1（取消农业税）	92.0%	1	D2（农民培训）	66.0%
2	D1（农村义务教育）	71.5%	2	B2（取缔集资摊派）	31.2%
3	F2（农民低保养老）	69.4%	3	E2（农村水电路等）	30.4%
4	F1（农民医疗）	51.9%	4	A1（干部办事效率）	30.0%
5	E1（农业基础设施）	39.0%	5	A2（政策落实公平性）	24.5%
6	C1（种粮补贴）	37.5%	6	C2（农机购置补贴）	24.5%
7	E2（农村水电路等）	35.6%	7	E1（农业基础设施）	24.5%
8	A1（干部办事效率）	28.7%	8	F1（农民医疗）	23.0%
9	C2（农机购置补贴）	28.3%	9	C1（种粮补贴）	18.6%
10	A2（政策落实公平性）	26.6%	10	F2（农民低保养老）	12.9%
11	B2（取缔集资摊派）	23.0%	11	D1（农村义务教育）	12.7%
12	D2（农民培训）	7.8%	12	B1（取消农业税）	1.0%

从表 7 – 14 可知，农民对 B1（取消农业税）的满意度是相当高的，满意（非常满意和满意）的人数占接受调查人数的比例达到 92.0%，比其他的项目高出 20.5—84.2 个百分点。这表明在工业反哺农业进程中，农民对政府取消几千年来的农业税是非常感激的。在调查中很多农民尤其是中老年农民感叹道：想不到政府会取消"皇粮"。在 12 个调查项目中，农民对 D2（农民培训）的不满意率高达 66.0%，比其他的项目高出 34.8—65 个百分点。这表明当前广西农民教育培训不仅投入不足，而且教育培训供给的内容和形式很难满足农民的多样化需求。

（三）广西工业反哺农业农民满意度的综合评价

为综合评估农民的满意度，根据 ACSI 模型顾客满意度理论，结合工业反哺农业相关政策，设计了一个由三级指标体系组成的农民满意度评价体系。一级指标为工业反哺农业农民满意度指数，二级指标为农村基层政府服务、税费、补贴、教育、基础设施建设、医疗与保障 6 个变量，三级指标为农村基层干部办事效率、政策落实公平性、取消农业税、取缔集资摊派、种粮补贴、农机购置补贴、农村义务教育、农民培训、农业基础设施、农村水电路等、农民医疗、农民低保养老 12 个问项。同时，按照层次分析法（AHP）确定二级指标和三级指标的权重（见表 7 – 15）。

表 7 – 15　　　　　　农民满意度各级指标及其权重

一级指标	二级指标及权重		三级指标及其在二级指标中的权重	
工业反哺农业的农民满意度	A（基层政府服务）	0.2278	A1（干部办事效率） A2（政策落实公平性）	0.3333 0.6667
	B（税费）	0.1315	B1（取消农业税） B2（取缔集资摊派）	0.6667 0.3333
	C（补贴）	0.1315	C1（种粮补贴） C2（农机购置补贴）	0.7500 0.2500
	D（教育）	0.3616	D1（农村义务教育） D2（农民培训）	0.7500 0.2500
	E（农村基础设施建设）	0.0738	E1（农业基础设施） E2（农村水电路等）	0.6667 0.3333
	F（医疗与保障）	0.0738	F1（农民医疗） F2（农民低保养老）	0.5000 0.5000

根据李克特（Likert）5 级测量态度的评价标准，即"非常满意"赋值为 5、"满意"为 4、"一般"为 3、"不满意"为 2、"很不满意"为 1，对测评的 12 个三级指标进行量化。综合评价结果如表 7 - 16 所示。

表 7 - 16　　　　　　　　　农民满意度指数计算结果

三级指标	满意度均值	在一级指标中的权重	满意度均值×权重
A1（干部办事效率）	2.99	0.0759	0.2269
A2（政策落实公平性）	3.01	0.1519	0.4572
B1（取消农业税）	4.70	0.0877	0.4122
B2（取缔集资摊派）	2.86	0.0438	0.1253
C1（种粮补贴）	3.21	0.0986	0.3165
C2（农机购置补贴）	3.03	0.0329	0.0997
D1（农村义务教育）	3.76	0.2712	1.0197
D2（农民培训）	2.27	0.0904	0.2052
E1（农业基础设施）	3.19	0.0492	0.1570
E2（农村水电路等）	3.06	0.0246	0.0753
F1（农民医疗）	3.38	0.0369	0.1247
F2（农民低保养老）	3.73	0.0369	0.1376
满意度（CSI）	3.3573		

农民满意度指数（CSI）是采用算术加权平均法即 $CSI = \sum_{i=1}^{i} W_i X_i$ 计算得出的，公式中 W_i 是第 i 个测评指标的权重，X_i 是农民对第 i 个测评指标满意度的评价。农民满意度指数从侧面反映了广西工业反哺农业的绩效。从表 7 - 16 可以看出，在 12 个三级测评指标中，农民满意度较高的依次是取消农业税、农村义务教育、农民低保养老和农民医疗，满意度均值分别为 4.70、3.76、3.73 和 3.38；农民满意度较低的测评指标依次是农民培训、取缔集资摊派、干部办事效率和政策落实公平性等，满意度均值分别为 2.27、2.86、2.99 和 3.01。这与前述的农民满意方面和不满意方面排序基本吻合。农民综合满意度指数为 3.3573，折合百分制为 67.15%。这表明广西工业反哺农业的

农民满意度属于中等水平。

二 广西工业反哺农业农民满意度的四象限分析

四象限分析法是基于顾客体验的产品和服务质量评价定量和定性研究的一种方法,它是对顾客满意度指数最直观的分析方法,又称为四分图模型或重要因素推导模型。本书运用该法分析广西工业反哺农业的农民满意度,可以了解农民对工业反哺农业相关政策和措施的满意度指数和农民期望值之间的差异,寻求相关政策和措施的薄弱环节。

在四象限图(见图7-1)中,根据农民对工业反哺农业政策实施绩效测评指标的重要程度及满意程度,将测评体系的12个三级指标归入优势区、改进区、机会区和维持区4个象限图中。各象限区划分的交点坐标为满意度均值和重要度均值(3.266,0.083)。不同的象限区代表政府应选择的不同政策和措施。

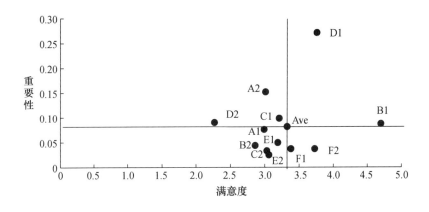

图7-1 农民满意度四象限图

从图7-1可知,12个测评指标中,分布在第一象限区即优势区的指标为B1(取消农业税)、D1(农村义务教育)。这些测评指标是重要的关键性指标,而且目前其满意度评价比较高,未来这些优势指标需要维持并发扬。分布在第二象限区即改进区的指标有A2(政策落实公平性)、C1(种粮补贴)、D2(农民培训)。这些测评指标是重要的,但目前农民的满意度评价相对较低,需要努力改进和修补。

分布在第三象限区即机会区的指标有 A1（干部办事效率）、B2（取缔集资摊派）、C2（农机购置补贴）、E1（农业基础设施）、E2（农村水电路等）。这些指标在 12 个测评指标中，对农民不是最重要的，而且农民的满意度评价也比较低。如果资源紧张，可暂时忽略这些指标，但在这一区域的指标往往可以挖掘出提升满意度的机会点。分布在第四象限区即维持区的指标有 F1（农民医疗）、F2（农民低保养老）。这些指标在工业反哺农业中对农民也不是最重要的，但农民对这些指标还是比较满意的，评价较高，属于次要优势指标。如果有条件，对这些指标可以加以维持和培养，以提高农民的满意度。

三　广西工业反哺农业农民满意度与其他相关满意度比较

近年来，国内其他学者也对我国新农村建设及惠农政策实施的农民满意度进行了调查与研究。这些调查研究的一些问项与本书调查的内容相关，具有一定的可比性。

（一）农民综合满意度的比较

2010 年学者王良健、罗凤以湖南、湖北、江西、四川、河南省为例对我国惠农政策实施的农民满意度进行调查研究，结果显示，湖南、湖北、江西、四川、河南 5 省的农民对我国惠农政策实施的综合满意度指数为 2.976，折合百分制为 59.151%[1]；2012 年学者刘成奎基于湖北省的经验数据对新农村建设中农民满意度进行分析，结果显示，湖北省新农村建设中农民综合满意度指数为 3.033，折合百分制为 60.65%。[2] 本书所得的广西工业反哺农业的农民综合满意度指数为 3.3573，折合百分制为 67.15%。这表明了我国实施工业反哺农业战略以来，对农村、农业、农民所实施的优惠政策，总体上农民是满意的，尤其是在广西，农民对工业反哺农业政策的实施是比较满意的。

（二）农民对若干具体测评指标满意度的比较

将 2010 年王良健、罗凤对湖南、湖北、江西、四川、河南 5 省

---

[1]　王良健、罗凤：《基于农民满意度的我国惠农政策实施绩效评估》，《农业技术经济》2010 年第 1 期。

[2]　刘成奎：《新农村建设中农民满意度分析——基于湖北省的经验数据》，《中南财经政法大学学报》2012 年第 6 期。

惠农政策实施的农民满意度调查及 2012 年刘成奎对湖北省新农村建设中农民满意度的调查，与本书的广西工业反哺农业的农民满意度调查相比，有 6 项二级或三级指标一样，且其满意度指数计量方法相同，通过比较有利于进一步了解广西工业反哺农业的农民满意度（见图 7－2）。

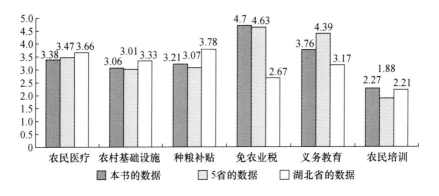

图 7－2　农民对若干具体指标满意度指数比较

根据前文所述及图 7－2 的数据可知，在工业反哺农业过程中，广西农民对免农业税政策的满意度不仅是 12 个调查问项中最高的，而且也比 5 省及湖北省要高。农民对农民培训的满意度普遍不高。在12 个调查问项中，广西农民对农民培训的满意度是最低的，但比 5 省及湖北省要高。这表明广西农民对工业反哺农业过程中所实施的政策相对还是比较满意的。

四　广西工业反哺农业农民满意度的影响因素

（一）农民满意度影响因素的描述性分析

工业反哺农业农民满意度的影响因素是多种多样的。农民的基本特征，如农民的年龄、家庭人口状况、文化程度及人均经营土地面积；农民对政策的认知程度，如农民对有关政策的了解程度、农民对政府的信任度；农民所处环境，如家中有老人或学龄儿童、居住地区，等等，都直接影响到农民对有关政策实施的看法及认可和接受程度。从本书的调研资料看，工业反哺农业农民满意度的影响因素主要有三个方面。

1. 农民的需求及认识水平

同一政策和措施，不同的农民感受不一样，主要是因为众多的农民有多样的需求或不同的认知水平。如对于"取消农业税"和"农民低保养老"，大多数农民都感到很满意，但仍分别有 1.0% 和 12.9% 的农民不满意。主要是因为这些人家庭承包经营土地面积小或年纪较轻，对"取消农业税"和"农民低保养老"需要不是很迫切；还有一些农民对政府的信任不够，不相信自己参加养老保险后，到年老时可以得到政府承诺的养老金。农民对"农民培训"的满意度普遍较低，除了政府投入不足外，农民培训的内容、形式、地点等难以满足农民的各自需求是一个很重要的原因。调查中发现，一些地区的农技培训，即使给参加者发放补贴，一些农民都不愿意参加，他们认为参加培训的意义不大。

2. 政策设计及其执行力度

政策设计合理及执行到位，农民的满意度就高。如"取消农业税"，是中国几千年来的"头一次"。在调查中很多农民尤其是中老年农民感叹道：想不到政府不仅取消了"皇粮"，而且给农民种粮补贴，给农村修路，给小孩免费教育等。这些政策符合农民的利益，所以大多数人是很满意的。而少数农民对这些政策不太满意，主要是因为在一些地区政策执行不到位，或执行不合理。如农业税免征了，但一些费还在；种粮补贴不及时发放或被扣发；等等。在调查中发现，农民对"种粮补贴"不满意，除了个别人觉得补贴少外，多数人是因为补贴被克扣，也有一些人觉得不种田的人一样发补贴不合理。

3. 政策执行环境

政策实施的效果与政策执行环境有很大关系。广西自然条件差，而且是少数民族地区，社会经济发展相对落后，一些政策的贯彻落实受到多种环境因素的制约，从而影响到农民对政策实施的满意度。一是恶劣的自然环境使一些政策的有效输出受到影响。如为了提高农村义务教育的质量，实现义务教育的相对均衡，一些农村地区中小学校向城镇撤并，但由于广西尤其是少数民族地区农民居住较分散，多数村庄远离城镇，交通不便，又导致一些农民对义务教育不满。甚至有一些农民不得不把小孩带到打工所在地学校读书。而居住较靠近城镇的农民，对这一政策的实施则非常满意。二是一些少数民族地区特殊的民族政治、经济及社会关系影响到一些政策的有效执行。如一些地区复杂的民族关系、宗族关系影响到政策执行的公平性。三是一些干部素质低，执行政策时采取敷衍、观望、变相、曲解、选择甚至粗暴的态度。四是一些地区参与性政治文化缺失及一些人"等、靠、要"思想严重，好的政策也难以使一些人满意。①

（二）农民满意度影响因素的实证分析

为进一步了解农民基本特征及各项政策对农民满意度的影响情况，建立 Probit 线性回归模型进行分析。模型公式为：

$$y = \alpha + \sum_{i=1}^{n} \beta_i x_i + \varepsilon$$

式中，y 为农民总满意度，α 为截距，x 为控制变量或自变量，β 为系数向量，ε 为误差项。

将农民性别、年龄、文化程度、家庭人口、家人职业、家庭耕种面积 6 项控制自变量及干部办事效率、政策落实公平性、取消农业税、取缔集资摊派、种粮补贴、农机购置补贴、农村义务教育、农民培训、农业基础设施、农村水电路等、农民医疗、农民低保养老 12 项自变量引入回归模型方程，应用 SPSS 21 软件进行分析。回归结果见表 7 - 17。

表 7 - 17　　　　　　　　农民满意度影响因素回归分析结果

因变量：农民满意度		非标准化系数		标准系数	t	Sig.
		B	标准误差			
控制变量与自变量	（常量）	0.779	0.101		7.699	0.001
	文化程度	- 0.084	0.015	- 0.844	- 5.734	0.001
	种粮补贴	0.158	0.026	0.351	6.000	0.002
	农村水电路等	0.250	0.030	0.289	8.451	0.000
	干部办事效率	0.247	0.043	0.270	5.806	0.002
	农村义务教育	0.126	0.025	0.259	5.057	0.004

注：进入采用的是逐步法，已排除影响不显著的变量。

---

① 凡兰兴：《少数民族地区工业反哺农业的农民满意度分析——以广西为例》，《西南民族大学学报》（人文社会科学版）2014 年第 1 期。

从表 7-17 可以看出，在性别、年龄、文化程度、家庭人口、家人职业、家庭耕种面积 6 项控制变量中，只有文化程度对工业反哺农业农民满意度影响显著。文化程度非标准化系数为 -0.084，显著性为 0.001，即农民文化程度每提高 1 单位，农民对工业反哺农业的满意度提高 -0.084 单位（输入：小学文化程度 =1，初中文化程度 =2，高中或中专文化程度 =3，大专及以上文化程度 =4）。其原因主要是文化程度较高的农民多数有外出打工的经历，一方面对农村建设过程中的投入及相关政策实施的难度不太了解；另一方面见识较广，对相关政策及其落实情况要求比较高。

在干部办事效率、政策落实公平性、取消农业税、取缔集资摊派、种粮补贴、农机购置补贴、农村义务教育、农民培训、农业基础设施、农村水电路等、农民医疗、农民低保养老 12 项自变量中，只有农村水电路等、干部办事效率、种粮补贴及农村义务教育对农民的满意度影响显著。

农村水电路等非标准化系数为 0.250，显著性为 0.000。其原因主要是水电道路建设涉及各家各户，涉及农民生产生活各个方面。农民对农村水电路等基础设施建设的好坏敏感度极高。

干部办事效率非标准化系数为 0.247，显著性为 0.002。随着商品经济的发展，农民与外界的联系越来越多，需要办理的事情不断增多，干部办事效率的高低直接影响到农民的利益。

种粮补贴非标准化系数为 0.158，显著性为 0.002。广西农民土地经营规模普遍较小，种粮补贴不多，但种粮补贴户户有份，多发一点补贴农民很高兴，而少发或扣发一点，则农民怨声载道，反应强烈。

农村义务教育非标准化系数为 0.126，显著性为 0.004。农村已越来越重视教育尤其是小孩的教育。"穷不能穷教育，苦不能苦小孩"，已成为绝大多数农民的共识。所以落实好农村义务教育政策，做好这方面的工作，对提高农民的满意度极为重要。

广西工业反哺农业农民满意度较高，与近年来广西各级政府坚决贯彻落实支农惠农政策尤其是与农村水电路改造、干部办事效率、种粮补贴、农村义务教育相关的政策有极大的关系；而一些农民满意度较低，也与这些政策执行偏差有关。

第八章 经济发展转型：不断完善广西工业反哺农业政策体系

2014 年中央一号文件《关于全面深化农村改革加快推进农业现代化的若干意见》指出："我国经济社会发展正处在转型期，农村改革发展面临的环境更加复杂、困难挑战增多。工业化信息化城镇化快速发展对同步推进农业现代化的要求更为紧迫，保障粮食等重要农产品供给与资源环境承载能力的矛盾日益尖锐，经济社会结构深刻变化对创新农村社会管理提出了亟待破解的课题。"在新的经济社会发展时期，要进一步提升农业的竞争力，促使农业快速持续健康发展，广西应不断调整工业反哺农业的目标、主体和手段，构建与经济社会发展阶段特征相适应的工业反哺农业政策体系。

第一节 完善工业反哺农业的目标体系

工业反哺农业、城市支持农村，既是为了经济效益，更是为了社会效益。按照国际经验，实施工业反哺农业战略，除了保障国家粮食安全、增加农民收入外，还要实现农业可持续发展。目前，我国工业正在走以信息化带动、科技含量高、环境污染少、人力资源优势得以充分发挥的新型工业化道路；农业要努力走出一条与工业发展相适应、生产技术先进、经营规模适度、市场竞争力强、生态环境可持续的新型现代化道路。在新的经济社会发展时期，提高农业生产力水平、稳步增加农民收入、保护环境、促进农民发展应是广西实施工业反哺农业、城市支持农村战略的四大政策目标。

一　提高农业生产力水平

农业的根本出路在哪里？按照商品化、现代化的观点，在于大力提高生产力水平。生产力发展水平的重要衡量指标是劳动生产率。劳动生产率是劳动者在一定劳动时间内生产物质产品能力的标志。劳动生产率的提高是决定经济、社会发展的基本因素。马克思在分析资本主义地租时曾指出："重农学派的正确观点在于，剩余价值的全部生产，从而资本的全部发展，按自然基础来说，实际上都是建立在农业劳动生产率的基础上的。……超过劳动者个人需要的农业劳动生产率，是全部社会的基础。"[①] 列宁指出："为了消灭饥饿现象，必须提高农业、运输业和工业中的劳动生产率。""共产主义就是利用先进技术的、自觉自愿的、联合起来的工人所创造的较资本主义更高的劳动生产率。"[②] 他提出了"劳动生产率……是保证新社会制度胜利的最重要最主要的东西"的重要论断。在经济发展的初级阶段，由于农业劳动生产率制约着其他部门的劳动生产率水平，因而，农业劳动生产率对提高社会劳动生产率来说又具有决定性的作用。它是农业生产力水平高低的主要标志，是衡量农村由自然经济向商品经济、由传统农业向现代化农业转变程度的重要标准，是解决农产品比较利益低的最可行、最明智、最有效的选择，也是农民增加收入、奔向小康的主要途径。国民经济以农业为基础，实质上就是以农业的劳动生产率为基础。[③]

从实际来看，有发达工业的国家才有现代化农业，而经济落后国家的农业也处于落后状况，手工劳动、大多数人口封闭在分散的农村，农产品往往还要进口。世界上的工业发达国家，包括英国在内，在它们当初进行资本主义工业化时，毫无例外的都是以农业劳动生产率的提高作为基础的。非如此就无法使劳动力从农业部门中解脱出来从事工业生产，也无法使工业得到充足的原料和广大的国内市场。在欧洲国家工业革命前，农业劳动生产率都曾有过一段时期的迅速增

---

① 《马克思恩格斯全集》第46卷，人民出版社2003年版，第888页。

② 《列宁专题文集》（论社会主义），人民出版社2009年版，第150—151页。

③ 张士英：《大幅度提高劳动生产率是突破农业徘徊的根本出路》，《求索》1989年第6期。

长，有的资产阶级经济学家称之为"农业革命"。欧洲发达国家工业革命前 40 年到 60 年内，农业劳动生产率增长了 40% 左右，工业革命前夕农业劳动生产率达到的水平，比现在亚洲和非洲的第三世界国家还高 45% 左右。这样，就为它们的工业化提供了前提条件。美国工业革命时的农业劳动生产率比欧洲国家要高出很多。1840 年美国的农业劳动生产率为同年比利时的 2 倍左右，为德国、俄国、瑞士的 3 倍左右，为意大利的 4 倍左右。[①] 由于美国在工业化时期农业劳动生产率已有一定水平，因此，既为工业输送了大量劳动力，又保证了不断增长的城市工商人口的粮食供应，同时促进农业部门内部多种经营的发展，为工业部门提供充足的原料。更重要的是，农业劳动生产率提高和农业中资本技术构成提高趋势是分不开的，农场总销售收入中的大部分回到工业品市场，实现工农业相互推动，协调发展。这是美国在资本主义发展史上后来居上的一个重要原因。

在中国，由于农业生产力水平较低，为中国传统农业的发展设置了一个最高界限。在唐代，每个劳动力年产原粮曾达到 2262 公斤，为汉代的 1.26 倍，达到我国封建社会的最高值。但之后，由于没有现代科技的发展，加之人口增长、人地比例关系日趋紧张，越来越多的人投入到有限的土地上，一方面单产提高、土地生产率水平上升；另一方面在没有全新的农业投入要素的条件下，劳动投入密集化超过一定限度，出现了边际收益递减现象。在清朝前中期，每个劳动力年产原粮仅为 1131 公斤，濒临崩溃的边缘。[②]

新中国成立后，我国农业生产力水平迅速提高，粮食产量大幅度增加。我国农业以仅占世界耕地面积 7% 的耕地，养活了占世界人口 22% 的人口。但是，与其他国家相比，我国农业劳动生产率还比较低。如 1992 年，发达国家每个农业劳动力生产的谷物为 23816 公斤，发展中国家为 1458 公斤，而中国仅为 1180 公斤。[③] 2013 年我国农作

---

① 洪文达：《美国农业的劳动生产率》，《复旦学报》（社会科学版）1979 年第 1 期。
② 李萍、靳乐山：《中国传统农业生产力水平变迁的技术分析》，《中国农业大学学报》（社会科学版）2003 年第 1 期。
③ 韩宝剑、刘雪：《国际间农业劳动生产率的比较研究》，《山东工程学院学报》1998 年第 2 期。

物耕种收综合机械化水平刚超过 59%，广西只有 42.9%。而发达国家如日本已全部实现农业机械化。农业劳动生产率低，首先是农民仍然"被禁锢"在土地上。有专家称，目前我国农业劳动力数量占总劳动力数量的比重有 20%—30%，而发达国家通常农业劳动力占总劳动力的比重要低于 5%，有的国家像英国只有 2%，高一点的日本也不到 6%。① 据《中国统计年鉴》（2013）和《广西统计年鉴》（2013）资料计算，2012 年我国第一产业从业人员为 25773 万人，分别占全国经济活动人口、就业人员总数的 32.7%、33.6%，广西第一产业从业人员为 1481 万人，分别占广西劳动力资源总数、就业人员总数的 44.2%、53.5%。目前广西很多农民虽然进城打工，但农忙时都回来耕地种田，变成"候鸟型"的农民工。其次是农民生产条件艰苦。"农业真难，农民真苦"。农民苦主要是"面朝黄土背朝天"。现在广西很多地区农民主要依靠手工劳动，农业劳动强度很高。特别是农业"双抢"时期，农民起早贪黑，在气温高达 30 多摄氏度的水田里耕种，低头又弯腰，汗流浃背，真是"上面太阳晒，底下热水煮"。大部分地区和大部分农民的实践是低水平重复的活动。再次是农民社会地位低。尽管农民种田只是社会劳动分工的不同，但由于农民的劳动主要是手工劳动，而且集"苦、累、脏"于一体，"土包子"成了农民的代名词。农民在社会上常因"务农"而被歧视。所以，在新时期尽管广西农村劳动力资源丰富，耕地面积少，资金不足，但为了解决"三农"问题，实现工农业协调发展，广西工业反哺农业的首要目标应是提高农业生产力水平，尽量减轻农民的劳动强度。

二　增加农民收入

工业反哺农业就是要解决好"三农"问题，而"三农"问题的核心是农民问题，农民问题的关键又是增加农民收入。所以，增加农民收入不仅是农业和农村经济发展的根本出发点和归宿，而且是推动我国各项事业全面发展的重要前提。毛泽东早在《论十大关系》这篇文章中，就曾告诫我们："除了遇到特大自然灾害以外，我们必须在

① 张玉玲：《我国农村还有多少剩余劳动力——访蔡昉》，《光明日报》2008 年 4 月 30 日第 9 版。

增加农业生产的基础上，争取百分之九十的社员每年的收入比前一年有所增加，百分之十的社员的收入能够不增不减，如有减少，也要及早想办法加以解决。"① 为了增加农民收入，2004年《中共中央国务院关于促进农民增加收入若干政策的意见》提出了四个"不仅"和四个"而且"，即"农民收入长期上不去，不仅影响农民生活水平提高，而且影响粮食生产和农产品供给；不仅制约农村经济发展，而且制约整个国民经济增长；不仅关系农村社会进步，而且关系全面建设小康社会目标的实现；不仅是重大的经济问题，而且是重大的政治问题"。2011年我国《国民经济和社会发展第十二个五年规划纲要》又明确指出：加大引导和扶持力度，提高农民职业技能和创收能力，千方百计拓宽农民增收渠道，促进农民收入持续较快增长。近年来农民收入迅速提高，但与城镇居民的收入相比，仍有较大差距。如2013年，我国城镇居民人均可支配收入为26955元，农村居民人均纯收入为8896元，两者之比为3.03:1；② 广西城镇居民人均可支配收入为23305元；广西农村居民人均纯收入为6791元，③ 两者之比为3.43:1。

农民是我国最大的社会群体，农民收入状况不仅影响农民生活水平的提高，还影响粮食生产和农产品供给；不仅事关农村和农民消费，而且事关城市工业企业产品的价值实现。所以，不断增加农民收入应作为新时期广西工业反哺农业的根本出发点和落脚点。

三 保护农业和农村环境

在经济发展过程中，农业生态环境问题不仅直接关系到人类的生存，而且所出现的不利于发展的因素又反过来直接制约着经济的发展。世界各国尤其是发达国家，随着工业革命的成功，一方面将大量的石油、化肥、农药及机械投入农业，促进了农业空前的发展；另一方面能源过量消耗、环境严重污染，又造成了农业生态系统退化，制

---

① 《毛泽东文集》第7卷，人民出版社1999年版，第30页。
② 国家统计局：《中华人民共和国2013年国民经济和社会发展统计公报》，《人民日报》2014年2月25日第10版。
③ 广西壮族自治区统计局、国家统计局广西调查总队：《2013年广西壮族自治区国民经济和社会发展统计公报》，《广西日报》2014年3月31日第10版。

约农业持续发展。所以，一些发达国家早在 20 世纪初中期就开始对工业化造成的污染和石油农业进行反思，并不断重视对农业生态环境的保护。[①] 如美国，20 世纪 30 年代，在大平原疯狂"尘暴"的打击下，开始了对农业环境问题的治理。1970 年美国农业研究者提出"生态农业"概念后，许多农场鉴于常规现代化农业发展对大自然的压力，自动发起"生态农业"、"生物动力农业"、"有机农业"、"自然保护农业"等新型替代农业方式的实践探索。1981 年美国农业部与环保局又联合开展"乡村净水试点计划"，在重点水系流域区农业环境中推行各种控制污染的措施，包括合理施用农药化肥，实行病虫害综合防治，在牧场建畜粪贮存塔，控制水土流失等。[②] 1988 年联合国粮农组织（FAO）在第 16 届世界粮食发展大会上指出：我们要管理和保护自然资源基地，调整技术和政策变化的方向，以确保获得并持续地满足目前和今后世世代代人们的需要。[③] 既要发展经济又要解决可持续发展的问题，发达国家经过长期的实践、不断的调整和完善，已经形成了较为完备的农业环境保护的政策体系，取得了很好的效果。

中国是一个农业大国，农村人口占全国人口 70% 以上，经过不断努力，在 20 世纪 90 年代中期，实现了主要农产品由总量短缺到丰年有余的历史性跨越，这是一个前无古人的伟大成就。然而在这一发展过程中，发展理念和发展模式的落后，带来了一系列严重的环境问题，严重影响农村地区经济社会的可持续发展。一系列的环境问题带来的负面后果，使人们认识到保护农业生态环境的重要性。1998 年中央就明确提出了"实现农业可持续发展"的方针。之后，"可持续发展"就一直是我国新农村建设的重要政策目标之一。尤其是 2004 年以来，中央连续下发的一号文件，虽然每年"三农"的主题有所不同，但农业农村环境保护的思想脉络在文件中都有具体体现。2004 年

---

① 樊卓思、凡兰兴：《农业环境保护：国外的经验及其对中国的启示》，《湖北经济学院学报》（人文社会科学版）2004 年第 3 期。

② 陶战：《美国的农业环境保护》，《世界农业》1993 年第 4 期。

③ 周玉新：《发达国家农业环境保护政策的特征及启示》，《生产力研究》2011 年第 9 期。

中央一号文件指出："加强农村基础设施建设，在粮食主产区扩大实施'沃土工程'规模，来提高土地利用质量。"2006年中央一号文件指出："加快发展循环农业，发展节地、节水、节肥、节药、节种的节约型农业。"2012年中央一号文件指出："把农村环境整治作为环保工作的重点，完善以奖促治政策，逐步推行城乡同治。加快农业面源污染治理和农村污水、垃圾处理，改善农村人居环境。"第一次把农村环境综合治理作为专项在一号文件中提出来。2014年中央一号文件提出，"促进生态友好型农业发展"，"开展农业资源休养生息试点"，"加大生态保护建设力度"，又进一步明确了我国农业发展的方向和农业环境保护的重要性。

目前，广西农村和农业环境质量总体良好，但农村和农业环境污染问题依然突出，点源与面源污染共存，生活污染和工业污染叠加，畜禽养殖的污染凸显。据2013年广西壮族自治区环境状况公报显示：2013年广西主要河流大部分满足水环境功能区目标要求，断面水质符合《地表水环境质量标准》的Ⅲ类标准，水质达标率为95.8%，较2012年下降了1.4个百分点，但仍有一些河流如珠江水系的下雷河和独流入海水系的九洲江年均河流水质不符合Ⅲ类标准，均为"轻度污染"；2013年广西统计年鉴显示，2012年广西化肥施用量（折纯量）从2005年的201.25万吨上升至249.04万吨，其中氮肥从63.27万吨上升至72.45万吨；[①] 2013年广西开展"美丽广西·清洁乡村"活动，基本改变了农村"脏、乱、差"面貌，但农村的生活垃圾尤其是污废水治理仍较落后，严重影响农民生产和生活。农村和农业环境问题，是当今世界各国普遍关注的战略性问题。广西要解决"三农"问题，不仅要提高农业生产力和增加农民收入，而且要实现"生态、集约、高效、可持续"的"三农"发展目标。

四　促进农民全面发展

人的全面发展是指人的素质、才能、潜能、社会关系、自由个性、需要等方面的全面发展，其核心内容是素质或者能力、才能的全

---

① 广西壮族自治区统计局：《广西统计年鉴》（2013），中国统计出版社2013年版，第359页。

面发展。农民全面发展既是农业、农村乃至整个社会发展的价值目标，又是农业、农村乃至整个社会经济、政治、文化发展的前提和基础。二者是相互结合、相互促进、相互统一的历史过程。我国实施工业反哺农业战略，不仅是为了提高农业生产力水平、稳步增加农民收入和保护生态环境，而且应以人为本，不断提高农民素质，促进农民全面发展。

关注人类的自身发展是当代世界人类文明发展的基本理念。第二次世界大战后，特别是 20 世纪 70—80 年代以来，随着人口、资源、环境压力的增大，人们的发展观视角开始从"物"转向"人"。1972年，一批聚集在罗马俱乐部名下的科学家们发表了《增长的极限》的报告，尖锐地提出了人类发展的困境和可能出现的悲剧前景，提出了人类发展的零增长模式。20 世纪 80 年代初，法国经济学家弗朗索瓦·佩鲁在《新发展观》一书中提出了"整体的"、"综合的"、"内生的"新发展理论。[1] 这种新发展不同于以环境为依据的外来命令，它是使自由能够成为现实的各种新意义之间的相互联系所构成的观念。1990 年，联合国开发计划署发布了首份《人类发展报告》，提出了新的人类发展的定义：人类的发展是一个扩大人们选择的过程。指出了在发展的各种水平中对人最重要的是三个方面，即实现长久的健康的生命、获取知识、掌握满足人们合理生活标准所必需的资源的捷径。[2]这份报告标志着国际社会对人类发展问题的关注进入了一个新的转折阶段。20 世纪 90 年代末，印度籍诺贝尔经济学奖获得者阿马蒂亚·森又提出了"以自由看待发展"的理论，认为"自由不仅是发展的首要目的，也是发展的主要手段"[3]。2003 年，联合国开发计划署在回答"什么是人类发展"这一问题时，进一步提出："人类的发展是关乎远比国民收入的增长或下降更多得多的事情。……发展就是人们

---

① ［法］弗朗索瓦·佩鲁：《新发展观》，张宁、丰子义译，华夏出版社 1987 年版，第 2 页。

② 宋萌荣：《人的全面发展理论分析与现实趋势》，中国社会科学出版社 2006 年版，第 65 页。

③ ［印度］阿马蒂亚·森：《以自由看待发展》，任赜、于真译，中国人民大学出版社2002 年版，第 7 页。

不断扩展的选择，是使人们拥有根据他们的需要和利益走向他们认为最有价值的生活的选择。"[1]

农民发展是人的发展在农民这一群体的具体体现，它既具有一般的共性的人的发展内涵，又具有农民群体独特的个性特征。农民发展就是通过认知自然、社会能力的提高，具有理性、总体意识；通过能力与素质的提高拓展劳动范围，不再是从事简单的体力劳动，并在劳动过程中发展自己。中国共产党领导的革命、建设和改革的光辉历程，就是农民不断获得自由发展的历史。早在民主革命时期，毛泽东从农民的经济、社会地位出发分析农民的本质特性，认识到了土地问题是农民问题的核心，从而在实践中把解决农民的土地问题作为中国革命的突破口，领导中国农民实现了两次巨变——土地革命和合作化运动。20 世纪 70 年代末，邓小平充分认识到农民最大的利益就是自己有对土地经营的自主权，从而推行农村联产承包责任制。为了稳定联产承包责任制，1982 年中共中央发布了第一个关于"三农"工作的一号文件《全国农村工作会议纪要》，指出："目前实行的各种责任制，包括小段包工定额计酬，专业承包联产计酬，联产到劳，包产到户、到组，包干到户、到组，等等，都是社会主义集体经济的生产责任制。不论采取什么形式，只要群众不要求改变，就不要变动。"[2]联产承包责任制的稳定发展，乡镇企业的异军突起，以及农村基层民主制度的展开，使占全国人口 80%、将近 8 亿的农民"人的主体性"得以释放和促进，农民开始作为自主的力量，出现在中国经济舞台上。

21 世纪初，以胡锦涛为总书记的中央领导集体根据中国改革开放和现代化建设实际，全面贯彻以人为本的执政理念，制定并推行旨在实现全面、协调和可持续发展的科学发展观，尤其注重对"三农"问题的研究和逐步解决。2004 年提出了工业反哺农业、城市支持农村的发展战略，全面取消农民的税费负担。2005 年明确提出了建设社会主

---

① 宋萌荣：《人的全面发展理论分析与现实趋势》，中国社会科学出版社 2006 年版，第 65—66 页。

② 《中共中央国务院关于"三农"工作的十个一号文件》（1982—2008），人民出版社 2008 年版，第 3 页。

义新农村的重大历史任务，为解决"三农"问题指明了方向。2011年，我国《国民经济和社会发展第十二个五年规划纲要》又明确指出："在工业化、城镇化深入发展中同步推进农业现代化，完善以工促农、以城带乡长效机制，加大强农惠农力度，提高农业现代化水平和农民生活水平，建设农民幸福生活的美好家园。"可见，当前我国社会主义经济建设和农村农业发展就是要推动农民的全面发展。只有农民不断发展，才能从根本上实现社会和谐发展。

第二节　优化工业反哺农业的主体结构

工业反哺农业具有战略性、全局性和综合性，其实施主体不可能是单一的。广西是经济欠发达地区，一方面城市具有现代的工业，商品经济比较发达，技术水平、劳动生产率和居民收入相对较高；另一方面传统的农村经济仍以传统农业和手工业为主，技术水平、劳动生产率和农民收入较低，二元经济特征较明显。所以，广西工业反哺农业的实施主体应由企业、政府、城市和社会组织共同组成。

一　企业

企业作为工业反哺农业的主体，是指企业通过市场途径，遵循市场规律，在农村地区或农业领域进行投资、生产、经营，为农村、农业带来资金、技术、先进的营销与管理手段等现代生产要素，面向"三农"发展替代产业，推进农业和农村经济结构转型，构建新的现代农业和农村产业体系，从根本上为农村经济发展注入新的活力。[①]在新型工业化背景下，企业作为工业反哺农业的主体，有利于促使信息技术日益向农业渗透，使农业部门的技术、组织方式以及生产力等都发生巨大变化，同时工业化不以环境污染为代价，企业与农户合作既能增加农民收入，又能促进农业持续发展。

就目前广西的经济社会发展水平而言，既要发挥现代大型企业的

---

① 于萍：《欠发达地区工业反哺农业的实施主体和对策选择》，《宁夏社会科学》2007年第6期。

反哺作用，更要发挥中小型企业尤其是乡镇企业的反哺作用。乡镇企业是农村经济发展中的一支重要力量，对于农业发展、农村建设和农民增收发挥着重要作用。在实施"工业反哺农业"战略的大背景下，乡镇企业的作用不容忽视。改革开放之初，乡镇企业异军突起，对于破解我国城乡二元经济结构的困境，缓解农业人口众多、资源短缺的压力发挥了重大作用。1987年邓小平就曾说道："农村改革中，我们完全没有预料到的最大的收获，就是乡镇企业发展起来了"；"乡镇企业的发展，……解决了占农村剩余劳动力百分之五十的人的出路问题。"① 实践表明，什么地方的乡镇企业多，实力强，什么地方的农业发展就比较快。在原有的农业税收体制下，许多地方农业的资金积累绝大部分来自乡镇企业。随着改革的深入和改革的重心转移到城市，乡镇企业以工建农、以工补农的优势已不鲜明，但是它仍然是发展农业重要的支撑力量。2011年全国乡镇企业总产值达到550384.8亿元，实现利润总额32425.85亿元，上缴税金13412.92亿元，年末人数16186.43万人，劳动者报酬26270.63亿元。2011年广西乡镇企业实现总产值3487.17亿元，实现利润220.6亿元，上缴税金110.09亿元，从业人员305.78万人。② 与"工业反哺农业"的"输血"功能不同，乡镇企业是农业发展过程中的"造血者"，发挥乡镇企业的反哺作用，不仅有利于增加农村公共积累，壮大农村集体经济，而且很多农民能从乡镇企业获得工资性收入；不仅有利于转移大量的农业剩余劳动力，使农民离土不离乡，缓解农民工对城市的压力，而且在一定程度上能提高农民的劳动技能，转换农民的传统观念。乡镇企业的发展本身既是工业反哺农业的一种特殊形式，也是一种直接的反哺形式。乡镇企业涉及工业、农业、商业、交通运输等多个与"三农"直接相关的领域，借助乡镇企业的作用可以将"工业反哺农业"战略更为深入、有效地推进，从而延伸工业反哺农业的触角，为政府推行大规模的"工业反哺农业"战略提供了基础保证。

---

① 《邓小平文选》第3卷，人民出版社1993年版，第238页。
② 中国农业年鉴编辑委员会：《中国农业年鉴》（2012），中国农业出版社2012年版，第258—265页。

二　政府

工业反哺农业有经济上和政策上的反哺。经济上反哺是指国家财政对"三农"的经济扶持和支援，其内容主要包括取消农业税，减轻农民负担，以税惠农；对农民进行各种补贴，如种粮补贴等，增加农民收入；加大对农田水利、乡村道路等公用事业和基础设施的投入与支持力度，改善农业生产条件，改变农村生活条件；加大财政对农村义务教育的投入，实行免费九年义务教育，全面提高农村人口的文化素质；改善农村医疗条件，提高农民医疗保障水平，增强农村人口的身体素质；完善对农村困难群体的救助体系，逐步扩大农村社会保障覆盖面；等等。经济反哺的实质是要处理好对农民"取"与"予"的关系，改变农业和农村经济在资源配置与国民收入分配中的不利地位，加大公共财政的支农力度，让公共服务更多地深入农村，惠及农民。[1] 政策上反哺是相对于经济反哺而言，是指国家制定除财政支农以外的其他政策，如完善土地经营制度、实行城乡联动管理政策、制定城乡统筹的社会保障政策等，扶持农业，保护农民，保障新农村建设。在市场经济条件下，市场虽然是要素流动的主渠道，但由于受其他要素的制约，农业又是弱势产业，仅仅依靠市场的作用来反哺农业，无法满足统筹工农业发展、城乡发展的战略需求。政府掌握着大量的资源，通过财政性资金满足反哺需求，其天然的行为主体是政府，包括各级政府及其职能部门。政府的主体角色还更多地体现在政策的引导性上。在市场经济发达的国家，其工业反哺农业都很重视发挥政府的主体作用。如美国从 20 世纪 60 年代起，就通过政府主导，将基础设施投资向农村倾斜，不断改善农民生产和生活条件；德国依法强制整理土地，将零散土地连接成片，促进农户生产规模升级，同时政府提供强有力的财政、税收和信贷支持，鼓励农户迁往人烟稀少地区建立大规模新农场；[2] 日本 1961 年通过政府制定和颁布《农业基本法》，确立农业的重要地位，1962 年又修改了《农地法》，取消原

---

① 常素巧、张洋：《反哺农业：政府有形调节与市场无形调节互动》，《保定师范专科学校学报》2007 年第 1 期。

② 佚名：《发达国家怎样反哺农业》，《四川党的建设》（城市版）2006 年第 8 期。

规定的每户耕地面积不得超过 3 町步的限制，使一部分农民土地经营规模扩大。① 政府制定相关政策，借助行政手段，加强对农业和农民的保护力度，能从根本上解决问题，使农村尽快发展起来，使农民尽快富裕起来，从而实现农业现代化和城乡一体化。所以，政府是工业反哺农业最为重要的主体。

在工业反哺农业过程中，地方政府尤其是基层政府应充分发挥主导和推动作用。中央政府及其相关职能部门在工业反哺农业进程中主要侧重于战略管理、全局管理、宏观管理，如制定农业和农村经济的中长期发展规划和计划，制定农业和农村经济发展政策，建立和实施重要农产品的储备制度和与储备制度相配套的农产品风险基金制度，制定市场规则，构建农产品市场网络，等等。而地方或基层政府主要是贯彻实施中央政府的计划、方针、政策，制定本地区具体实施细则，在不违背中央政策的前提下，从本地区实际出发灵活运用中央的政策。从某种意义上来说，地方或基层政府既是政策的贯彻实施者，又是政策的制定者，在工业反哺农业过程中其扮演的角色极为重要。地方政府尤其是基层政府充分发挥主导和推动作用，有利于防止政府职能"缺位"或"越位"，以更好地服务"三农"。广西自然条件比较复杂，又是少数民族地区，不仅各地农业资源禀赋不同，而且农民生产生活习惯也不同，各地方政府尤其是基层政府在实施工业反哺农业政策时更需要因地制宜。所以，地方政府尤其是基层政府更应发挥主体作用，用好政策调配政府掌握的各种资源，促进农业、农村发展，提高农民收入。

三 城市

城市与农村的关系，是我国社会最基本的关系，如何处理和协调两者的关系，涉及我国社会经济发展最基本的战略选择。新中国成立以后，为了最大限度地支援城市和工业快速发展，国家通过统购统销、户籍制、公社组织体制和工农产品"剪刀差"等措施，从农业、农村吸取大量产品和劳动力资源。目前，城市正处于从传统工业社会

---

① 耿庆彪：《日本工业反哺农业的实践及启示》，《淮北职业技术学院学报》2009 年第 4 期。

向现代市场文明转型的快速发展阶段，而农村、农业仍处于从传统农业向现代农业过渡阶段。为了协调城乡关系，更好地支持农村、农业和农民发展，城市理所当然要发挥工业反哺农业的主体作用。

在较早实施工业反哺农业战略的发达国家，都非常重视发挥城市的反哺主体作用。如美国城市不仅允许农民自由进城就业，而且向流动到城市的农民提供必要的社会保障，给农民"市民"待遇；在人口较多的印度，尽管实行严格的种姓制度，公民等级森严，但对人口的迁徙没有限制，所以印度农民享有充分的流动自由，他们只要有选民证、工作证、驾照、护照等证明身份的证件，就可以在城市打工，甚至可以在任何繁华地带支个棚户作为落脚的家。①

城市充分发挥反哺农业的主体作用，首先是有利于转移农村富余劳动力。农业农村发展的必然选择是转移富余劳动力。顺利实现富余劳动力从传统农业部门向现代工业部门、从农村向城市的转移是城市带动农村发展的核心机制。城市可通过第二、三产业的快速发展，为农村富余劳动力提供更多的就业机会，将一部分农村富余劳动力吸纳到城市就业，实现农民的非农收入增长，助推农村经济发展。其次是有利于带动农业产业发展。一方面，城市做大、做强涉农产业，既可以为农业、农村发展提供生产资料，促进农业、农村的资本积累，又可以为农产品在城市销售提供可靠的销路，有效规避农业的市场风险，促进农民增产增收；另一方面，一部分城市产业逐渐向农村进行梯度转移，将城市部分涉农产业逐渐布局到乡镇和农村，既可促进农村城镇化，又能加快农业产业化和规模化发展，促进农业和农村产业升级，由此推进农村经济的快速发展。再次是有利于提高农业生产要素质量。世界经济发展规律表明，生产要素越多，越先进，生产能力就越强。现代城市是先进生产要素的集聚地。如果城市的先进资本、技术和人力资源能够实现部分向农业和农村输送，并在农业和农村领域扎根创业，就能够从根本上增强农村发展的能力。最后是有利于促进农业信息化。城市是现代信息产生的源泉和集散地。城市通过报纸、电台、电视、网络等各种传媒渠道，能为农业和农村发展提供各

---

① 崔祥民：《国外农民工人力资源开发的经验与启示》，《世界农业》2010 年第 2 期。

类技术信息、市场信息，改变千百年来农村封闭社会的格局，从而提升农村信息化、农产品商品化和农村经济市场化水平。①

目前，广西有南宁、柳州、桂林、梧州等较大的中型城市，而且所有的地级城市都实行了市管县，便于发挥城市的带动效应。今后城市要切实履行市带县、市帮县的责任，通盘制定城乡发展规划，加大市级财政性建设资金对郊区和所属县乡的投入，组织城市有关单位和企业帮扶农村，增强城市对农村和农业的辐射和带动作用。

四 社会组织

实施工业反哺农业战略，促进农村和农业持续发展，不仅需要政府自上而下的力量支撑，还需要社会组织的有效协同和人民群众的有序参与。发达国家实施工业反哺农业战略时，社会组织尤其是农民合作组织（协会）发挥了很大的作用，如美国的农民合作组织不仅为农户（农场）购买生产资料和销售产品，而且大力宣传政府政策并实施一些政府委托的政策措施，成为工业反哺农业的有效对接点。社会组织因其非政府性、非营利性、自社会组织性，在促进农村经济社会发展方面，有利于实现"正功能"。首先是服务经济。社会组织的非营利性，决定了服务性是社会组织的根本属性。乡镇政府及村两委提供的"平均化"的公共服务，只能照顾到大多数人的普遍利益，而难以满足多元利益群体的多层次需求，这给社会组织参与农村公共服务留下了很大的空间，可以有效弥补政府和村两委提供农村公共产品和服务的不足，实现社会利益的最大化。如目前蔬菜协会、瓜果协会等农村社会组织，能够动员社会资本，发挥传递信息、提供技术培训和产品销售建议等综合服务功能，在农村经济发展中发挥很大的作用。其次是和谐社会。社会组织是维护社会稳定的安全阀。因为它与民众有着天然的联系，既可以通过活动增强农民的社会归属感，也可以通过了解、协调的方式化解各种社会矛盾，促进社会和谐。如协调政府与市场、农民之间的关系，促进政府、市场与农户的交流与合作；协调农村不同主体之间的利益关系，避免利益表达失控无序，维护农民的

---

① 丁忠民：《城市带动农村的"自然性"与"强制性"测度》，《改革》2008 年第 4 期。

合法利益。最后是调节道德。社会组织是志愿性和非营利性的，其活动是"以公共利益为宗旨，出于道德良知和社会责任感而发生的，不牟取私利、不要求回报的自觉行为，是一种高尚的道德行为"①。社会组织容易在社会组织内部形成良好的道德氛围，并通过文化的传递和教育规范人的行为，促进农村道德风尚的完善和精神文明的建设。如农村文化服务类民间社会组织，承载着传递乡村文化元素，丰富群众娱乐生活的重任，在举办文娱活动中，以群众喜闻乐见的方式宣传党的方针政策，贯穿文化元素，潜移默化地影响农民的思想，规范农民的行为。

目前，广西与"三农"有关的社会组织主要是各类农民合作社。2011 年广西有农民专业合作社 9889 个，从行业分布上看，种植业占 43%，畜牧业占 27.8%，渔业占 6.1%，林业占 1.8%，服务业占 14.5%，其他行业占 6.8%；从经营服务类型上看，产加销一体化服务类型占 63.1%，购买服务类型占 5.3%，销售服务类型占 11.4%，加工服务类型占 1.8%，信息技术服务类型占 10.2%，其他服务类型占 8.2%。在工商管理部门登记的农民合作社成员总数达 10.16 万人，带动非成员农户 96.6 万户。全年各类农民合作社为成员统一购买农资总值达 11.5 亿元，统一销售成员农产品总额 156.8 亿元，出口农产品总额 6 亿元，培训成员 80 万人次。②为促进农业快速持续健康发展，广西应充分发挥农民合作社反哺农业的主体作用，既要大力发展农民专业合作社，又要支持各类农村合作社利用自身联系广泛、拥有专业知识等优势，与企业建立战略合作关系，组建农产品行业协会，大幅度提高农业产业化、农户组织化水平，增强农业产业的市场竞争力。

---

① 黄晓勇：《中国民间社会组织报告（2011—2012）》，社会科学文献出版社 2012 年版，第 107 页。

② 广西壮族自治区人民政府：《广西年鉴》（2012），广西人民出版社 2012 年版，第 186 页。

第三节　改进工业反哺农业的方式与路径

"工业反哺农业"既是一种外部动力，又是一种内部动力，是一种"输血"和"造血"的双重过程。广西农村和农业有自己的特点，要发展现代农业，建设社会主义新农村，提高农民的生活水平，必须"两手"抓，"两手"都要硬。一手是就农业反哺农业。主要是深化农业经营体制改革和组织创新，提高农民的综合素质，以及加大环境保护力度，促进农业可持续发展。另一手是跳出农业反哺农业。主要是大力推进城市化进程，积极发展第二、第三产业，以转移农村剩余劳动力，减少农民数量。

一　完善农村和农业发展体制机制

（一）坚持和完善农村基本经营制度

我国《国民经济和社会发展第十二个五年规划纲要》指出："坚持以家庭承包经营为基础、统分结合的双层经营体制。完善农村土地法律法规和相关政策，现有农村土地承包关系保持稳定并长久不变。"实践证明，家庭承包经营有利于提高农民生产积极性，促进农业快速生产。同是社会主义国家的越南，1960 年完成农业集体化改造，但到 20 世纪 70 年代后期，集体化就难以为继了。20 世纪 80 年代初，越南推行"三·五"承包制，在一定程度上调动了农民的生产积极性，但承包不彻底，存在很多问题，曾一度造成粮荒。只有实行家庭承包经营制度之后，越南农业才迅速发展，仅 10 余年的时间，越南就由粮食进口国变成了粮食出口国。农业家庭承包经营与农业规模经营、农业现代化之间没有矛盾。在家庭承包经营下，同样能够推行农业生产的机械化、电气化、信息化等，实现农业现代化。西方发达国家如法国、美国、荷兰等农业现代化都是建立在家庭经营的基础上的；亚洲的日本、韩国在经济起飞时的情况和中国当前的经济形势差不多，家庭经营模式并未妨碍这些国家实现农业现代化。中国实行家庭承包经营责任制是农业经营组织的理性回归。2008 年《中共中央关于推进农村改革发展若干重大问题的决定》就指出："以家庭承包经营为基础、统分结合的双层经营体制，是适应社会主义市场经济体制、符合农业生产特点的农村基本经营制度，是党的农村政策的基石，必须毫不动摇地坚持。"① 所以，中国农业体制改革尤其是农业经营组织创新应坚持家庭承包经营这一基本方向。②

制度创新优于技术创新。在坚持家庭承包经营这一基本制度的基础上，首先要不断完善农村土地承包政策。在坚持和完善最严格的耕地保护制度前提下，赋予农民对承包地的占有、使用、收益、流转及承包经营权抵押、担保权能。早在 1996 年，广西就有 6200 个行政村尝试了土地经营权有偿流转，但目前广西农村参与土地流转的农户和面积仍然比较少。从总体上看，基本仍处于自发自流状态，流转中缺乏科学的地价评估。因此，积极探索适应广西实际的土地经营权流转制度化改革路子，是极为重要的。政府应在落实农村土地集体所有权的基础上，稳定农户承包权、放活土地经营权，允许承包土地的经营权向金融机构抵押融资，完善土地承包经营权流转市场。抓紧抓实农村土地承包经营权确权登记颁证工作，充分依靠农民群众自主协商解决工作中遇到的矛盾和问题，可以确权确地，也可以确权确股不确地。同时，深化农村综合改革，完善集体林权制度改革，健全国有林区经营管理体制，继续推进国有农场办社会职能改革。其次要引导和规范农村集体经营性建设用地入市。自 20 世纪 90 年代开始，我国就出现了农村集体经营性建设用地使用权流转现象。然而，除了江苏苏州、浙江湖州、福建古田、河南安阳、安徽芜湖，以及 2005 年广东省获国家批准开展农村集体经营性建设用地使用权流转试点以外，其他地区的农村集体经营性建设用地必须经由国家征收转为国有，才可以进入市场交易。这种城乡同地不同权、不同价的二元结构，使农民无法公平分享现代化进程中的土地收益。伴随着农民对于土地价值的重视，以及传统征地制度矛盾的增加，隐性农村集体经营性建设用地

---

① 《中共中央关于推进农村改革发展若干重大问题的决定》，《人民日报》2008 年 10 月 20 日第 1 版。

② 凡兰兴：《农业规模经营：越南的经验与中国的政策选择》，《世界农业》2013 年第 4 期。

使用权流转广泛存在。① 为杜绝集体建设用地非法进入市场，广西一些地区出台了相关政策予以规范。如柳州市人民政府 2009 年 3 月出台了《关于规范农村集体经营性建设用地管理若干意见》，明确农村集体经营性建设用地可以不同方式参与经营开发，积极开展城镇建设用地与农村集体建设用地增减挂钩试点工作，为城市发展用地提供保障。② 2013 年 11 月，党的十八届三中全会通过的《中共中央关于全面深化改革若干重大问题的决定》明确提出："建立城乡统一的建设用地市场。在符合规划和用途管制前提下，允许农村集体经营性建设用地出让、租赁、入股，实行与国有土地同等入市、同权同价。"这一重大决定为深化我国农村土地管理制度改革，实现农村集体经营性建设用地流转指明了方向。广西在符合规划和用途管制的前提下，应大力鼓励农村集体经营性建设用地出让、租赁、入股，实行与国有土地同等入市、同权同价，加快建立农村集体经营性建设用地产权流转和增值收益分配制度，保护农村和农民的利益。再次要完善农村宅基地管理制度。农村宅基地管理制度是关系农村经济发展和社会稳定的重要制度，其管理制度改革日益受到重视。随着我国城镇化与工业化快速推进，广西农村人口大量进城与大规模流动、土地资产价值日益显现，造成了宅基地违法用地普遍、闲置浪费大量存在、宅基地用益物权难以得到保障等问题。如据致公党广西壮族自治区委员会的一项调查显示，玉林市某村 4 个组（队），原村庄面积 11000 平方米，仅有 6 户仍在居住（面积 240 平方米），很多旧宅基地被荒废。在广西其他农村地区，村庄内旧宅基地被荒废形成"空心村"的现象也随处可见。③ 为加强农村宅基地的管理与利用，广西应改革农村宅基地制度，完善农村宅基地分配政策，在保障农户宅基地用益物权的前提下，选择若干试点，慎重稳妥推进农民住房财产权抵押、担保、转

① 张鹏：《当前农村集体经营性建设用地制度改革若干构想》，《江苏大学学报》2014年第 3 期。

② 秦胜荟、杨小雄：《广西农村集体建设用地流转策略探讨》，《轻工科技》2012 年第10 期。

③ 陈秀贵、吴美琼：《对加强广西农村宅基地管理的思考》，《南方国土资源》2012 年第 3 期。

让。完善城乡建设用地增减挂钩试点工作，切实保证耕地数量不减少、质量有提高。加快包括农村宅基地在内的农村地籍调查和农村集体建设用地使用权确权登记颁证工作。最后要加快推进征地制度改革。当前，征地矛盾成为我国社会问题的重要诱因。一方面，很多地区的农民都盼着土地被征收；另一方面，一些农民要求高补偿。征地补偿成为引发征地矛盾的首要问题。目前广西推进城镇化建设需要征地，但广西人多地少，人均耕地不足 0.07 公顷。为保护耕地红线及农民的合法利益，广西应缩小征地范围，规范征地程序，完善针对被征地农民的合理、规范、多元保障机制。保障农民公平分享土地增值收益，改变对被征地农民的补偿办法，除补偿农民被征收的集体土地外，还必须对农民的住房、社保、就业培训给予合理保障。因地制宜采取留地安置、补偿等多种方式，确保被征地农民长期受益。健全征地争议调处裁决机制，保障被征地农民的知情权、参与权、申诉权、监督权。

（二）建立健全城乡发展一体化制度

党的十八大报告指出，解决好农业农村农民问题是全党工作的重中之重，城乡发展一体化是解决"三农"问题的根本途径。因此，积极推进城乡一体化建设，走"以城带乡、以乡促城、城乡结合、优势互补、共同发展"的城乡一体化道路，是社会主义现代化建设的必然要求，是全面建成小康社会的现实需要。促进城乡发展一体化，首先要推进城乡基本公共服务均等化。城乡基本公共服务不均是我国全面建成小康社会、实现社会公平正义和城乡协调发展的现实障碍。广西是少数民族地区，且农村多处于自然条件较差的地区，城乡经济发展实力不平衡，加之城乡二元结构的制度差异，目前城乡义务教育、医疗卫生、社会保障等基本公共服务供给仍存在较大的差异。农村实现了免费义务教育，但教学设施、教师质量仍难以与城市的相比；多数农民加入了新农合，但医疗条件简陋，医疗水平低；60 岁以上农民都有了"养老金"，但金额很少。据《广西统计年鉴》（2013）数据显示，2012 年广西城镇居民家庭人均转移性收入为 5500.43 元（其中离、退休金为 4507.47 元），而农民人均转移性收入仅为 473.17 元。党的十八大报告突出了基本公共服务体系建设的重要性，将基本公共服务均等化作为全面建成小康社会的重要目标，提出到 2020 年"基本公共服务均等化总体实现"。为实现这一目标，广西必须加快改善农村义务教育薄弱学校基本办学条件，适当提高农村义务教育生均公用经费标准；大力支持发展农村学前教育；落实中等职业教育国家助学政策，紧密结合市场需求，加强农村职业教育和技能培训；支持和规范农村民办教育；有效整合各类农村文化惠民项目和资源，推动县乡公共文化体育设施和服务标准化建设。深化农村基层医疗卫生机构综合改革，提高新型农村合作医疗的筹资标准和保障水平，完善重大疾病保险和救助制度，推动基本医疗保险制度城乡统筹，开展城乡计生卫生公共服务均等化试点。整合城乡居民基本养老保险制度，逐步建立基础养老金标准正常调整机制，加快构建农村社会养老服务体系；加强农村最低生活保障的规范管理。其次要加快推动农业转移人口市民化。农业受自然约束和资源约束都比较大，是一个弱势产业，经济效益和劳动生产率较低。尤其是在广西，5200 万人口中，79%是农业人口，大多数地方人均耕地不足 0.07 公顷。仅仅就农业抓农业，靠人均不足 0.07 公顷耕地，靠一家几十元钱的补贴，要想大幅度提高农业劳动生产率和增加农民收入几乎是不可能的。荷兰和日本都很发达，但荷兰农业第一大出口国，而日本则是农业第一大进口国。很重要的原因是荷兰始终坚持不懈地推进规模化、集约化和市场化经营，而日本则一直保护小农，禁止农民的土地兼并，结果日本农业没有竞争力。[1] 广西要实现土地规模化经营，必须要减少农民的数量。美国经济学家 D. 盖尔·约翰逊认为，中国"如果让农民分享到经济增长和快速的人均收入上升的好处，在未来的 30 年里农业劳动力的队伍就必须减少大约 2/3"[2]。所以，在经济社会发展转型期，广西反哺农业，增加农民收入，根本措施就是积极推进城乡户籍制度改革，大力推进城市化进程。既要积极发展各大中小城镇第二、三产业，又要做大做强农村的第二、三产业，尤其是发展乡镇企业，以转

---

① 樊端成：《构建与工业化相适应的农业保护体系》，《农业现代化研究》2004 年第 6 期。

② ［美］D. 盖尔·约翰逊：《经济发展中的农业、农村、农民问题》，林毅夫等译，商务印书馆 2005 年版，第Ⅷ页。

移农业更多的剩余劳动力。同时，建立城乡统一的户口登记制度，促进有能力在城镇合法稳定就业和生活的常住人口有序实现市民化；全面实行流动人口居住证制度，逐步推进居住证持有人享有与居住地居民相同的基本公共服务，保障农民工同工同酬。鼓励各地从实际出发制定相关政策，解决好辖区内农业转移人口在本地城镇的落户问题，不断减少农民数量。

二　改善农村生产和生活条件

经过 10 年的反哺，广西农村生产和生活条件有了很大的改善，但由于广西自然条件较差，农村生产生活条件还比较差。如 2013 年广西农作物耕种收综合机械化水平只有 42.9%，低于全国平均水平 16 个百分点；一些边远地区的农村农民用水用电及交通仍不太方便。要改善农村生产和生活条件，广西必须按照推进城乡经济社会发展一体化的要求，搞好社会主义新农村建设规划，加强农村基础设施建设和公共服务，推进农村环境综合整治。

（一）提高乡镇村庄规划管理水平

我国城镇化已进入快速推进时期，目前全国城镇化水平已超过 50%，广西城镇化水平也达到了 43%，乡村人口不断向城市迁移，乡村的居住和生活质量得到了一定的提高。但乡村建设活动仍呈现出自发和随意状态，乡村建设基础设施滞后，生活设施配套不足，建筑风格单一，乡村地区规划缺乏科学性，技术力量薄弱，乡村建设管理法规、标准等技术立法工作相对滞后。加强乡村规划建设管理是一项长期任务，既要着眼于改善村容村貌，又要从当地实际出发，改善生产、生活环境，促进节约、集约使用土地，只有这样，农村建设才能在广大农民拥护的基础上得到稳步的推进。英国是全球乡村建设和发展的典范，其乡村建设与发展的成就主要归功于较早地通过一系列的政府干预，扶持了乡村发展，促进了城乡融合。在英国，第一次世界大战之后，面临着重建城市和工业区的首要任务，房屋的大规模建设、工业的迅猛发展，都使乡村发展面临巨大压力。为阻止城市无序蔓延和扩张，1932 年英国政府颁布了第一部《城乡规划法》（Town and Planning Act），它从空间规划层面上促进了城乡的融合。① 为加强乡镇村庄规划管理，我国于 2008 年 1 月 1 日就已正式实施了《中华人民共和国城乡规划法》，为统筹城乡规划建设奠定了法律基础，城乡统筹规划迎来了新的发展局面。2010 年 6 月 1 日起，广西开始施行《广西壮族自治区实施〈中华人民共和国城乡规划法〉办法》，各地区明确了村庄建设规划和建设整治的数量、深度、进度要求和考核奖惩办法，取得了很好的成绩。今后广西还要适应农村人口转移的新形势，坚持因地制宜，尊重村民意愿，突出地域和农村特色，保护特色文化风貌，科学编制乡镇村庄规划。合理引导农村住宅和居民点建设，向农民免费提供经济安全适用、节地节能节材的住宅设计图样。合理安排县域乡镇建设、农田保护、产业聚集、村落分布、生态涵养等空间布局，统筹农村生产生活基础设施、服务设施和公益事业建设。

（二）加强农村基础设施建设

农村基础设施是农村经济系统中一个非常重要的环节和部分，是农村各项事业发展的基础条件。农村基础设施建设对发展农村生产和保证农民生活有着非常重要的意义。农村基础设施具有投资周期长、效益实现慢、权责主体不明晰等特征。所以，广西农村基础设施建设应当树立科学的发展观，根据当地的自然条件和人居条件由地方政府牵头做好乡、村级综合规划，避免各部门条块分割形成项目之间割裂与冲突。要坚持社会效益与生态效益并重的原则，实行各类项目综合规划、整体开发、整村推进，形成整体效益。要与现代农业建设相结合，重点在农业生产性基础设施、农村生活基础设施、生态环境建设、农村社会发展基础设施四个大类。具体来说，要全面加强农田水利建设，完善建设和管护机制，推进小型农田水利重点县建设，完善农村小微型水利设施；加强农村饮水安全工程建设，大力推进农村集中式供水；继续推进农村公路建设，进一步提高通达通畅率和管理养护水平，加大道路危桥改造力度；加强农村能源建设，继续加强水电

---

① 于立、那鲲鹏：《英国农村发展政策及乡村规划与管理》，《中国土地科学》2011 年第 12 期。

新农村电气化县和小水电代燃料工程建设，实施新一轮农村电网升级改造工程，大力发展沼气、作物秸秆及林业废弃物利用等生物质能和风能、太阳能，加强省柴节煤炉灶炕改造；全面推进农村危房改造和国有林区（场）、棚户区危房改造；加强农村邮政及信息基础设施建设，推进信息进村入户。

（三）推进农村环境综合整治

广西要继续开展"清洁家园、清洁水源、清洁田园"行动，提升农村生态文明建设水平。目前，广西农村环境问题仍较突出，农村生活垃圾一年产生 500 多万吨，生活污水一年排放 4.4 亿吨，畜禽养殖一年排放废弃物约 6 亿吨。[1] 要加大乡村生活污水和畜禽养殖粪污染治理力度，全面彻底清理乡村小溪流、池塘、沟渠堆积和水面漂浮的生活垃圾；建立农村环境管理长效机制，确保建成的污染处理设施发挥应有的作用。加强农村饮用水水源地保护、农村河道综合整治和水污染综合治理，确保饮用水安全。治理农药、化肥和农膜等面源污染，强化土壤污染防治监督管理。因地制宜发展户用沼气和规模化沼气，加快推动农村垃圾集中处理，实施农村清洁工程。要彻底关停、淘汰污染严重的小企业，严格禁止城市和工业污染向农村扩散。选派责任心强、业务能力强、有农村工作经验的环保人员，组建工作队，驻村指导推动工作，并组建专家队伍，到各地进行指导，解决技术问题。不断扩大农村环境连片整治范围，全面提升农村环境综合整治成效和水平。

三　构建新型农业经营体系

党的十八届三中全会对十八大提出的构建新型农业经营体系的任务作了进一步的部署，提出了加快构建新型农业经营体系的任务要求。构建新型农业经营体系是解决未来"谁来种地，如何种地"的重要措施，是确保粮食安全的战略选择。新型农业经营体系是相对于传统小规模分散经营而言的，农业经营既包括农产品生产、加工和销售各环节，又涵盖了农业产业产前、产中、产后等各类生产活动和生产

---

① 梁雅丽：《广西"六步法"解决农村环境问题全面提升农村环境综合整治成效和水平》，《农家之友》2013 年第 5 期。

性服务性活动；农业经营体系中既包括各类农业经营主体，又蕴含了各主体之间的联结机制，是各类关系的总和。因此，新型农业经营体系不仅包括了新型农业经营主体，而且还要有科学的运行机制为保障，有完善的社会化服务体系为支撑。只有形成主体、机制和支撑"三位一体"的新型农业经营体系，才能实现农业高效率、粮食高产量、农民高收入。

（一）扶持发展新型农业经营主体

农业经营主体是指直接或间接从事农产品生产、加工、销售和服务的个人和组织。新型农业经营主体主要是指以农业产业为职业，具有相对较大的经营规模、较好的物质装备条件和经营管理能力，劳动生产、资源利用和土地产出率较高，以市场化、商品化为主要目标的农业经营组织。[①] 从国内外情况看，新型农业经营主体的类型主要有农业专业大户、家庭农场、农民专业合作社、农业产业化企业等。

1. 提升专业户，发展家庭农场

广西的农业生产专业户在我国农村实行家庭承包经营初期就出现了。专业户具有专业化生产组织的一般特性，具有较完全的商品经济性质，在由传统农业转向现代农业的进程中已迈出了极其重要的第一步。目前，我国粮食价格不断提高，农业生产专业户尤其是种粮大户不仅粮食生产积极性很高，而且信心很足，注重提高资源配置效率和降低生产成本。然而，由于农业生产专业户是以家庭经营和家庭提供劳动力为主，经营规模仍比较小，快速持续发展能力不足。提升农业生产专业户主要是按照依法、自愿、有偿的原则，鼓励专业户大胆转入土地经营权，不断扩大专业户的外延和内涵，逐步发展成为家庭农场。家庭农场是当今世界农业经营的基本形式。在发达国家，不管是人少地多的澳大利亚、加拿大，还是人多地少的日本，家庭农场都是占多数。如在日本，496.5 万个农场和农业企业中，家庭经营的就有495.3 万个；在美国，尽管 1978 年至 2002 年期间公司农场从 5 万家增加到 7.4 万家，家庭农场减少了 56 万家，但公司农场占农场总数

---

① 张扬：《试论我国新型农业经营主体形成的条件与路径——基于农业要素集聚的视角分析》，《当代经济科学》2014 年第 3 期。

的比例仅从 2.22% 上升到 3.47%。在越南，庄园经济绝大多数是家庭独立经营，一庄一主，合伙或股份经营的极少。[①] 2013 年 4 月 12 日，广西首批 102 家家庭农场营业执照颁发仪式在贵港市举行。截至 2013 年 8 月底，广西全自治区在工商部门登记含有"家庭农场"字样的市场主体已有 713 家。[②] 为加快培育家庭农场，广西各级工商部门应充分发挥培育和服务农村新型生产经营主体的职能作用，因势利导，优化服务，把发展家庭农场作为服务新农村建设工作的重点，做到成熟一个、发展一个，发展一批、壮大一批。同时，围绕农村发展、农业增效、农民增收总体目标，以培育家庭农场为抓手，积极探索家庭农场发展模式，开展扶持发展家庭农场专题培训，鼓励达到一定规模的种养户注册成立家庭农场，支持其办理个体工商户、个人独资企业、有限公司营业执照，帮助和扶持家庭农场发展壮大。

2. 建立健全农民专业合作社

农民专业合作社既是农业经营主体，又是工业反哺农业的主体，在农业现代化和新农村建设中起着重要的作用。如日本的农协，把全国千百万分散农户组织起来，不仅对农户生产和农村社会生活起指导作用和组织作用，利用信贷系统机构融通农业资金，解决农民生活和农业生产方面的商品供给和需求，而且是日本政府贯彻农业政策的重要支柱和有力助手，政府的很多农业政策通过农协来推行。目前要建立的健全的农民专业合作社是新型的农民专业合作社，与我国农村实行家庭联产承包责任制前的农业集体化是完全不同的。以往的集体经济在很大程度上是代表着国家的利益，农民处在被领导的地位；而新型农民专业合作社是农民自己的经济组织，是服从于农民利益、民主管理、服务型的合作社。建立新型农民专业合作社并吸引更多的农民加入，必须按《农民专业合作社法》的规定，结合广西的实际，采取有效的促进措施。一是尊重农民意愿，鼓励农民发展专业合作、股份合作等多种形式的合作社，引导规范运行，着力加强能力建设。在合

---

① 凡兰兴：《农业规模经营：越南的经验与中国的政策选择》，《世界农业》2013 年第 4 期。

② 杨志雄、黄艳梅：《广西 700 余家家庭农场已获"身份证"》，《粮油市场报》2013 年 11 月 15 日。

作社管理和运行中，只要是农民愿意而且能办的事放手让其办，对农民愿意但暂时无力办的事，政府应积极创造条件，引导农民办。二是夯实合作社的经济基础。允许财政项目资金直接投向符合条件的合作社，允许财政补助形成的资产转交合作社持有和管护，有关部门要建立规范透明的管理制度，引导发展农民专业合作社联合社。三是明晰合作社产权。合作社经营的收益，除留下少量公积金外，每年年终按各社员出资比例或劳动贡献，以现金形式分给社员，使每个成员的财产权份额基本上是清晰透明的。四是提高合作社干部的素质。组织一些干部到东部沿海地区农村考察取经，开阔他们的眼界，提高他们的服务意识和创新能力。①

3. 发展农业产业化龙头企业

国务院在《关于支持农业产业化龙头企业发展的意见》中明确指出，农业产业化龙头企业集成利用资本、技术、人才等生产要素，带动农户发展专业化、标准化、规模化、集约化生产，是构建现代农业产业体系的重要主体，是推进农业产业化经营的关键。因此，广西农业产业化经营的程度、规模和成效取决于龙头企业带动能力的大小及其强弱。截至 2011 年，广西有规模以上农业龙头企业 1371 家②，要加快农业产业化龙头企业发展，政府除了帮助龙头企业与农户建立战略伙伴关系，还要加大财政扶持力度。一是政府财政政策从重扶持转化为重引导。当前，广西财政虽然用于农业产业化扶持的资金在数量上和占财政总预算的比重上都有所增加，但是受制于广西底子太薄、农业产业化欠账又过多的实际，政府财政资金难以满足龙头企业的全部需求。自治区政府财政投入只能起到引导作用，而不是直接扶持，真正的目的是引导社会资金共同投资农业产业化。因此，自治区政府在制定扶持政策时，要把当地政府配套投入、社会资金投入、龙头企业自身投入作为"一揽子"的财政政策引导举措。二是创新政府财政扶持方式，减少直接补贴。政府财政扶持农业产业化龙头企业一般采

---

① 樊端成：《从农业经营组织结构变化看组织创新——新中国60年广西农业结构演变与展望》，《桂海论丛》2011 年第 2 期。
② 周保吉、王术坤：《广西财政支持农业产业化龙头企业发展初探》，《农村经济与科技》2013 年第 5 期。

取直接补贴方式，这样一方面会导致企业的"寻租"行为，另一方面难以监督管理企业对扶持资金的使用。因此，政府财政扶持龙头企业可以着重考虑放在技术、设备、基地上，为龙头企业更快地形成直接的、可持续的、高效的生产能力提供强有力的支撑和帮助。因而，广西各级政府要在实践中不断总结经验教训，努力探索具有创新的、科学的、高效的扶持方式。三是加强政府财政扶持，监管和防范企业风险。由于存在多头管理，政府财政扶持资金在安排上并没有形成合力，再加上政府财政扶持监管不力，导致人们质疑扶持农业产业化龙头企业。对于龙头企业的资格认定上，各部门是否真正按照规定来审查，企业是否有虚报情况，企业得到财政补贴后是否按照规定的用途使用，这一系列问题只有得到有力的监管才能保证政策的有效执行。同时，在执行政策过程中要避免一味的扶植而不顾龙头企业的发展实际，应在扶植的基础上引导和帮助龙头企业构建风险预警机制，提高防范潜在风险的意识。①

（二）发展多种形式规模经营

目前广西多数农户耕种土地的面积在 0.33—0.67 公顷之间，且分割为 4—5 处，很多地方仍是一地多户、一户多块，互不相连，农业经济效益低。为提高土地经营效益和农民生产积极性，实行适度规模经营势在必行。从理论上来说，决定农业经营规模的因素，主要是农业生产力水平、农业生产关系类型和农业的自然条件等。我国农村土地是集体所有制，广西不能通过实施土地买卖政策来推行土地规模经营，但可以在稳定土地承包制基础上，把土地使用权真正交给农民，在市场力量的驱使和农民自愿前提下，适当推行土地规模经营。同时，建立有效的土地流转激励机制、培育土地流转市场、转移农村剩余劳动力，并建立健全农村社会保障制度，给无地农民适当生活补贴，全方位鼓励农民发展多种形式规模经营。

除了推行专业户或家庭农场规模经营、农民专业合作社规模经营、农业龙头企业规模经营等模式外，广西还应根据实际情况，积极

---

① 廖振民：《完善广西财政扶持农业产业化龙头企业发展的建议》，《广西经济》2013年第 4 期。

推行家庭联合规模经营、村委会集体规模经营等模式。家庭联合规模经营是由农民自发组织将分散经营的土地，按照自愿、就近、连片的置换原则，达到土地规模耕种、规模管理、规模灌溉、规模收获和规模受益。这种模式也能解决一些地区农户土地经营规模小而散的问题，而且农户较易于接受，在广西一些地区可以尝试推广。村委会集体规模经营是由村民委员会把转移过来的土地统种统管统收，创造的效益作为村集体积累，用于发展农村社会公益事业，或村委会按照规模经营、科学种田的要求，实行统种统管分收的经营模式。这种模式在土地资源较多的地区可以尝试推广。广西很多地区人均耕地面积都比较少，不管是发展哪一种规模经营模式，都要适度而且必须遵循农民自身的意愿来进行，不能强制推动。

（三）建立健全农业社会化服务体系

农业社会化服务体系是指由政府相关部门、行业协会、合作组织和其他服务实体组成的，形成政府公共服务和经营性服务为一体的综合性服务体系。它是维系农业经营主体健康发展不可或缺的重要依托，是实现农业生产社会化的重要途径，是构建新型农业经营体系的重要内容，是保证新型农业经营体系健康运行的重要支撑。[1] 在农业现代化进程中，农业生产经营的内容已经超出农户生产范围，由最早的产中扩散至产前和产后。在发达国家，农业越是规模经营、市场化程度越高，就越需要高质量的社会化服务。目前广西要健全农业社会化服务体系，首先要提高对农业社会化服务体系重要性的认识。农业社会化服务体系逐步完善，许多农业生产活动由专业化服务主体承担，才能减少经营主体的直接劳动，为经营主体扩大经营规模提供条件，从而带动农业科学化、机械化、标准化、集约化水平的提高。其次要采取有力措施，创新服务模式与内容。要稳定农业公共服务机构，健全经费保障、绩效考核激励机制；采取财政扶持、税费优惠、信贷支持等措施，大力发展主体多元、形式多样、竞争充分的社会化服务，推行合作式、订单式、托管式等服务模式，扩大农业生产全程社会化服务试点范围；通过政府购买服务等方式，支持具有资质的经

---

① 张扬：《论构建"四位一体"的新型农业经营体系》，《中州学刊》2014 年第 5 期。

营性服务组织从事农业公益性服务；扶持发展农民用水合作组织、防汛抗旱专业队、专业技术协会、农民经纪人队伍；完善农村基层气象防灾减灾组织体系，开展面向新型农业经营主体的直通式气象服务；充分发挥供销合作社扎根农村、联系农民、点多面广的优势，积极稳妥开展供销合作社服务改革试点，按照改造自我、服务农民的要求，创新组织体系和服务机制，努力把供销合作社打造成为农民生产生活服务的生力军和综合平台。再次要加强监管力度，保障农业社会化服务供给。进一步完善农业社会化服务体系机制，加强对各种服务的监督，及时公正处理服务组织与服务对象之间的纠纷，对于违约、欺诈、掺假等坑害农民利益的违法行为要严格查处，不断提高服务的数量和质量。

四　强化农业支持保护制度

农业支持保护，就是政府利用行政的或法律的强制性力量，使农民在实现其农产品价值时能够得到高于由市场均衡价格所决定的收入的一种政府行为。对农业实行支持保护是世界多数国家通行的做法，特别是美国、英国和法国等一些发达国家都对农业发展给予了种种支持，并形成了基于本国国情、相对完善、比较合理的农业支持保护体系。在我国，党的十七届三中全会通过的《中共中央关于推进农村改革发展若干问题的决定》，就对完善农业支持保护制度进行了全面部署，要求健全我国农业支持保护制度，加大国家对农业的支持保护力度。从广西的实际看，今后农业支持保护建设努力的方向应当是调整财政支出、信贷投放结构，健全农业投入保障制度，完善农业补贴制度，加快建立利益补偿机制，促进农业科技创新，完善农产品市场调控体系，健全农产品价格保护制度。

（一）健全"三农"投入稳定增长机制

广西原有农村农业基础薄弱，发展现代农业和建设新农村任务相当繁重，应按照中共中央的要求和部署，构建"三农"投入稳定增长长效机制，做强农业发展支持保护根基。

1. 做大"三农"投入规模

重点应在于围绕中共十八大提出的基本公共服务均等化总体目标，调整财政支出、固定资产投资、信贷投放结构，不断完善财政支农政策，督促各市、县持续加大本级财政用于"三农"的投入，保证各级财政对"三农"投入增长幅度高于经常性收入增长幅度。同时，进一步明确各级政府在财政支农方面的职责，规范和引导地方财政的支农行为，将各地方的支农行为纳入自治区宏观政策调控的轨道，优先保证"三农"投入稳定增长。总之，要着力于调整优化支出结构，切实增加中央和省级公共财政对"三农"的投入，增加基金投入。

2. 创新金融支农模式

农村金融是现代农村经济的"血液"，"三农"的弱势地位和农民土地承包经营权等"三权"不具有抵押偿还功能的特点，亟待政策性金融的强化。在确保惠及"三农"的前提下，应加强农村金融政策的顶层设计，完善金融机构支持"三农"的政策措施。进一步拓宽政策性银行的支农功能，强化商业银行的支农社会责任，继续发挥农信社支农主力军的作用；大力培育村镇银行、农村资金互助社、小额贷款公司等各类新型农村金融机构；积极落实县域金融机构涉农贷款增量奖励、农村金融机构定向费用补贴、农户贷款税收优惠、小额担保贷款贴息等政策。综合运用财政政策杠杆，积极发挥财政支农政策的导向功能，按照"政府扶持、多方参与、市场运作"的模式，采取以奖代补和风险补助方式，引导各地加快推进农业信贷担保体系建设。在此基础上，积极支持农业信贷担保机构拓展担保业务品种，拓宽反担保范围，探索行业协会、专业合作组织联保互保等，撬动更多金融资本投入农业农村发展。

3. 引导社会资本投入"三农"

深入挖掘社会资金潜力，聚集各方面力量，构建多元化"三农"投入新机制。在产业发展中，完善推广"专业合作社＋农户"、"龙头企业＋专业合作社＋农户"、"市场＋专业合作社＋农户"、"园区＋专业合作社＋农户"等经营模式，吸引龙头企业、业主、大户等社会资本的投入，着力构建财政资金、社会资本等相互补充、相互促进的多元化投入新机制。积极探索将农村经营性设施推向市场，引导各类资本投入农业农村基础设施等方面的建设。完善和强化"一事一议"奖补政策。继续实行先建后补、以奖代补，推行民办公助，充分调动农民的积极性。探索财政资金、土地出让金与银行及企业、专业合作组织合作成立现代农业投资基金的机制。同时，加快建立"三农"投资项目管理协调机制，科学整合"三农"投资项目，加强统筹协调和投资监管，努力提高资金使用效益。

（二）完善农业补贴政策和利益补偿机制

1. 完善农业补贴政策

根据中共中央和国务院对健全农业补贴制度提出的新要求，不断完善农业补贴政策。一是调整粮食直补方式，使种粮农民多受益。在以计税面积为补贴依据的基础上，测算各地区实际种植面积与计税面积的比例系数，利用测算系数对直补数量进行微调。在有条件的地方开展按实际粮食播种面积或产量对生产者补贴试点，提高补贴精准性、指向性。在实行主要粮食作物普惠制的基础上，注重完善补贴动态调整机制，按照存量不动、增量倾斜的原则，新增农业补贴适当向粮食连片生产的新型农业经营主体、主产区倾斜，鼓励粮食生产规模经营以及粮食生产专业合作社的发展。加强补贴资金的监督，使补贴资金真正补到种粮农民手中。为使补贴尽可能起到减少农业生产资料价格上涨影响的作用，根据粮食价格与生产成本之间的比例关系对粮食直补和综合直补进行调整，确保粮食生产的比较效益稳定在较高的水平，激发农民生产粮食的积极性。二是提高良种补贴标准，完善补贴发放方式。提高补贴标准，对农户根据种植规范要求的每一单位面积实际用种量进行全额补贴。直接将补贴款发放给农民，划定项目实施区域，按补贴标准直接将补贴款打到农民良种补贴"一卡通"上。对供种企业采用准入资格制，即由省（自治区）级农业主管部门制定要求和标准，将面积落实到各地，由各地推荐符合标准的供种企业，再由省级农业主管部门审核。三是增加农机补贴资金总量，提高补贴比例。充分考虑农机具和燃油涨价等因素，提高农机购置补贴率，并根据农民的需求和农业结构调整的要求，增加农机具补贴的种类。

2. 加快建立利益补偿机制

加大对自治区内粮食主产区的财政转移支付力度，增加对商品粮生产地区和粮油猪生产市县的奖励补助，鼓励粮食主销区通过多种方式到主产区投资建设粮食生产基地，更多地承担国家粮食储备任务，完善粮食主产区利益补偿机制。支持粮食主产区发展粮食加工业。降低或取消产粮大县直接用于粮食生产等建设项目资金配套。完善森林、湿地、水土保持等生态补偿制度，继续执行公益林补偿、植被生态保护补助奖励政策，建立江河源头区、重要水源地、重要水生态修复治理区和蓄滞洪区生态补偿机制。严格执行土地利用规划，从严控制城乡建设占用耕地和林地，全面开展耕地保护补偿。

（三）推进农业科技创新

耕地资源短缺、农业生产成本高、青壮年劳动力减少、环境污染和生态退化等问题突出，农业发展面临的挑战和风险严峻，要促进农业可持续发展，广西必须加快农业科技创新和应用。

1. 认真贯彻落实中央决策部署，把加快农业科技创新与推广摆在重要战略位置

2014 年中央一号文件突出强调了加快农业科技创新，把推进农业科技创新作为"三农"工作的重点和发展现代农业的根本支撑，提出了一系列含金量高、打基础、管长远的政策措施。这就进一步指明了，我国已到了必须更加依靠科技进步促进现代农业发展的历史新阶段。在资源环境约束不断加剧的情况下，广西各级政府要进一步增强加快农业科技创新的使命感、责任感和紧迫感，在推动农业科技发展上，政府要发挥主导作用、财政要承担主要责任，坚持走中国特色并切合广西实际的农业科技发展道路，为农业增产、农民增收、农村繁荣注入强劲动力。

2. 从体制和制度上解决问题，激活农业科技创新的潜能

首先，要对农业科研机构的属性进行明确，明确公益性农业科研机构和农业院校是农业科技创新的主体，继续推动一部分科研机构企业化转制。同时，明晰和保护财政资助科研成果产权，创新成果转化机制，发展农业科技成果托管中心和交易市场。其次，要改变自治区、市两级农业科研机构多头管理、重复设置的状况，打破不同系统、不同地区的壁垒，构建农业科研机构管理新格局。如以自治区农科院为主体，将现有的自治区级农业科研所并入自治区农科院，整合各行业、各市的农业科技资源，逐步形成以自治区农科院和农业院校为主体的农业科技研发体系。采取多种方式，引导和支持科研机构与企业联合研发，支持现代农业产业技术体系建设。再次，要打破行政

界限，结合主导农产品的区域化布局和优势农产品区域化经营特色，在地市一级按照自然区划重组和形成一批符合地域资源特色和产业开发特色的农业研发中心，由此构成区域性农业科技成果扩散中心，并把产品技术优势转化为产业优势。最后，要加快农业技术推广体系的改革与创新，加大农业技术集成推广力度。农业院校、科研院所的专家要与基层站所的推广人员保持密切联系，尽力让科技成果转化为农民的实际收益，建立起体制顺畅、机制完善、队伍精干、服务高效并与其他新型农村科技服务系统功能互补的新型公益性农技推广体系。

3. 科学把握农业科技创新与推广的目标任务，力争在重点领域和关键环节实现新突破

中央对当前和今后一个时期农业科技创新与推广的总体要求是，立足我国基本国情，遵循农业科技规律，把保障国家粮食安全作为首要任务，把提高土地产出率、资源利用率、劳动生产率作为主要目标，把增产增效并重、良种良法配套、农机农艺结合、生产生态协调作为基本要求。按照这一目标和要求，广西推进农业科技创新与推广，要力争实现三个新突破。一是加快农业科技重点创新有新突破。正确把握农业科技创新的方向，既要着眼于长远发展，超前部署农业前沿技术和基础研究，力争在农业科技前沿领域占有重要位置；又要从现实紧迫需求出发，着力突破重大关键技术和共性技术。大力发展现代种业，以高产、优质、多抗、专用为导向，培育一批具有重大应用价值的突破性农业新品种。推动科研机构与商业化育种、与开办的种子企业"两个分离"，发挥企业在科技创新中的作用，大力支持育繁推一体化种子企业做大做强。加强农机农艺融合、节本增效、资源环境保护、农产品加工与质量安全等关键技术研发。建设以农业物联网和精准装备为重点的农业全程信息化和机械化技术体系，推进以设施农业和农产品精深加工为重点的新兴产业技术研发，切实解决农业产业发展的"瓶颈"制约。二是加快农业防灾减灾稳产增产重大实用技术普及应用有新突破。减灾就是增产，要继续依靠科学技术防灾避灾减灾。及时发布针对性强的抗灾减灾应急预案和技术指导方案。适应生产环节、农时季节、重点区域和重点品种的需求，依托农业科技试验示范基地、粮油糖高产创建示范片、园艺产品标准化生产示范基

地、畜禽水产规模化养殖场等，组织发动广大科技人员下乡、进村、到场、入户，开展有针对性的技术服务。推动大幅度增加农业防灾减灾稳产增产关键技术良法补助，重点推广普及玉米地膜覆盖、水稻大棚育秧、农作物病虫害统防统治、动物疫病防控等关键技术，努力实现抗灾夺丰收，支撑粮食和农业稳定发展。三是加快改善农业科技工作条件，尤其是乡镇农技站条件建设有新突破。乡镇农技人员工资待遇要与当地基层事业单位人员工资收入平均水平相衔接，基层农技推广体系改革与建设示范县项目基本覆盖所有农业县，农业技术推广机构条件建设项目覆盖全部乡镇。"一个衔接、两个覆盖"，这是广大农技人员长期期盼的大政策、好政策，一定要抓好落实。要推动落实基层农技人员工资倾斜和绩效工资政策，提高待遇水平。努力争取在基层农技推广工作经费上有大的突破，实现按照种养规模和服务绩效安排推广工作经费，并争取列入财政预算。加强乡镇农技站条件能力建设，做到工作有场所、服务有手段、下乡有工具、经费有保障，切实解决"最后一公里"问题。努力争取大幅度增加农业科技投入，加大对农业科研的稳定支持力度，提高公益性农业科研机构保障水平。持续改善农业科研条件，加快提升农业科技创新能力。

（四）加强农产品市场体系建设

在市场经济条件下，农业问题既是生产问题，更是流通问题，要促进农业快速持续健康发展和增加农民收入，必须加快建设高效畅通、安全规范、竞争有序的农产品市场体系。

1. 优化农产品市场体系架构

首先，加强以大中型农产品批发市场为骨干、覆盖全自治区的市场流通网络建设。广西农产品特别是生鲜类产品，是广西大宗产品，主要由分布在广大农区的农户家庭进行生产经营，产地批发市场的"集货"功能和销地批发市场的"散货"功能仍将是不可或缺、不可替代的。广西产区批发市场应建在农产品商品的集中产地，既要考虑交通条件，又要顺应原来的农产品商品集散规律；销区批发市场应纳入城市建设总体规划，根据可能的辐射范围布局农产品批发市场。从目前看，广西农产品批发市场网络应以南宁、柳州、桂林、梧州、玉林、北海等老城市为中心，连接防城港、崇左、来宾、贺州、河池、百色等新兴城市，覆盖城乡产地和销区，提升农产品流通"最后一公里"和上市"最初一公里"组织化水平。其次，推动零售市场多元化发展。硬化细化"菜篮子"市长负责制，将农产品市场规划建设落实情况纳入考核机制。鼓励城市建立与市场发展相适应的菜市场管理机构。改进产销区域联动制度，以区域保障为主，搞活品种调剂流通，优化"菜篮子"供应保障模式。积极发展菜市场、便民菜店、平价商店、社区电商直通车等多种零售业态，推动连锁经营。鼓励将新建小区的菜市场作为公益性配套设施纳入建设规划。最后，推进公益性农产品市场建设。建设改造一批长期稳定提供成本价或微利公共服务及具有稳定市场价格、保障市场供应和食品安全等功能的公益性农产品市场。推进农产品市场公益性功能建设，对享受政策扶持的农产品市场，逐步建立农产品市场发挥公益性功能的刚性约束机制。支持国有企业参与公益性农产品市场建设。以竞争性择优方式支持有条件的城市开展公益性农产品市场试点，在体制机制、法规政策、规划建设、市场监管等方面先行先试，总结成功经验，逐步向全自治区推广。

2. 培育农产品现代流通主体

首先，增强市场培育现代流通企业能力。创新农产品批发市场服务模式，搭建多层次的生产性及生活性服务平台，增强市场服务及培育现代批发商及相关企业的能力，促进各类流通主体协同发展。加快培育农产品综合加工配送企业和第三方冷链物流企业。鼓励市场与批发商合作共建农产品流通产业链，建立市场培育和稳定现代批发商的长效机制。鼓励有条件的农产品批发市场积极培育农产品批发商联合体，提高流通组织化程度。其次，充分发挥龙头企业的流通带头作用。围绕蔗糖、果蔬、畜禽水产、中药材、茧丝绸等广西有竞争优势和比较优势的产业或产品，着力培育一批经济实力强、科技含量高、辐射范围广的骨干龙头企业，促进农产品加工企业上规模、上档次。充分利用广西的区位优势和中国—东盟博览会、泛北部湾经济合作、桂台经贸合作等平台，多方吸纳国内外知名龙头企业落户广西。积极鼓励有竞争力的农产品加工企业，利用资金、技术、品牌等优势，通过联合兼并、资产重组、股票上市等途径，提高企业规模化、集团化、专业化生产和网络化销售的水平，发挥龙头企业的群聚效应。最后，促进新型流通主体发展。鼓励有条件的主产区探索推行农产品委托交易，通过地方政策引导，建立发展委托交易的体制和机制，促进农民合理分享流通增值收益。加快培育专业大户、家庭农场、农民合作社、农民经纪人队伍、经销商、农产品批发市场经营管理者、农产品流通企业及市场流通服务企业在内的流通主体队伍，支持新型流通主体充分利用农产品批发市场平台，拓宽委托交易的渠道，提高主体在市场中的竞争地位与竞争能力。鼓励主销区建立产销合作基金，支持批发商与农民合作社加强合作，发展订单农业。

3. 推动农产品流通创新

首先，大力发展农产品电子商务。把农产品电子商务作为重要战略制高点，积极开展农产品电子商务示范培育工作。积极发展县域服务驱动型、特色品牌营销型等多元化的农产品电子商务模式。支持农产品批发市场依托场内加工配送中心或依托产地集配中心和田头市场，开展线上线下相结合的产销一体化经营。加强农产品电子商务服务平台建设，深入推进农村商务信息服务，力争在重点地区、重点品种和重点环节率先突破。其次，建设互联互通的信息化体系。开展农产品批发市场信息化提升工程，完善信息化管理系统，推广电子结算系统。依托农产品批发市场及多种类型农产品流通主体，整合各类涉农信息服务资源，构建覆盖生产、流通、消费的全自治区公共信息服务平台和多层次的区域性信息服务平台，促进农产品流通节点交易数据的互联互通和信息共享。建立、编制、发布农产品交易指数、价格指数和统计数据。支持引导农产品市场积极参与农产品流通追溯体系建设，实现来源可追、去向可查、责任可究。最后，提升流通标准化水平。强化农产品流通标准体系建设，重点推进等级及包装标识标准化。支持龙头企业结合品牌建设推进产品标准化。鼓励农产品批发市场设立标准化销售专区。支持农产品仓储、转运设施和运输工具标准化改造。推动绿色循环技术标准化应用，提升农产品市场节能减排水平。支持农产品批发市场开展环境及质量体系认证。同时，建立农产品市场信用体系，完善农产品市场监管体系。

五 建立农业可持续发展长效机制

2014 年中央一号文件提出，建立农业可持续发展长效机制，这是中央着眼中华民族未来发展、为子孙后代留下生存发展空间的重大战略决策。农业可持续发展是对粗放型农业发展方式的根本变革，这种新的农业发展模式不再单纯追求农产品数量上的增加，而是更加注重农产品质量安全，注重破解地少水缺的资源环境约束。建立农业可持续发展长效机制，是全面深化农村改革、加快推进农业现代化的客观需要，是加强生态文明建设、加快建设美丽广西的迫切要求。

（一）促进生态友好型农业发展

广西农业资源相对缺乏，尤其是土地和水等农业资源供需矛盾日益凸显。广西人均耕地面积低于全国平均水平，不到世界人均水平的一半；广西水资源总量虽较为丰富，但季节性、区域性干旱问题严重。广西耕地单位面积的化肥施用量有不断提高的趋势，农药、农膜的残留率仍较高。为破解资源环境约束、实现农业可持续发展，广西应以解决地少水缺为导向，发展资源节约型、生态友好型农业。

1. 加快高标准农田建设

毫不动摇地坚持最严格的耕地保护制度和集约节约用地制度，加大中低产田、中低产林改造力度，规范推进农村土地整治工作，大力加强土地平整、土壤肥沃、集中连片、设施完善、农电配套、生态良好、抗灾能力强，与现代农业生产和经营方式相适应的旱涝保收、持续高产高效的农田建设。

2. 发展高效节约型农业

坚持可持续发展观念，加快转变农业发展方式，积极推动资源利用节约化、产业链接循环化、废物处理资源化，大力推进节地、节水、节肥、节种、节能等高效节约型农业生产体系建设，加快建立农业可持续发展长效机制。重点支持绿色滩涂、水源涵养、造林绿化、农业废弃物利用、土地复耕、农业环保等基础项目投资，改变高消耗、高废弃、高污染的传统经济增长模式，大力提升农业综合生产能力。全面推广应用保护性耕作技术和节水灌溉、旱作农业技术，推广高效、优质、集约化的生态水产养殖技术，着力提高农业资源利用率，推动农业发展由资源依赖型向科技推动型转变、农业生产模式由粗放型向集约型转变。

3. 发展高效生态友好型农业

全面贯彻国家有关农业资源保护的法律法规，积极推进地方立法工作，为建设资源节约型、生态友好型农业提供有效的法律政策保障。加强农业环境保护，开展农业清洁生产技术示范，建立健全清洁农业生产体系。推广测土配方施肥，开展施用有机高效肥、低毒低残留农药补贴试点。大力推广秸秆还田，推广保护性耕作和农作物秸秆综合利用，推进畜禽规模养殖场粪污无害化处理和资源化利用，避免农业生产对生态环境的污染。抓紧划定并严守生态红线，深入实施生态修复工程，推进生态林业建设，完善森林、湿地、水土保持等生态补偿制度，启动重金属污染耕地修复试点，保持和扩大"山清水秀生态美"的品牌优势，完善"绿色发展"考核评价机制。加强农业后备资源的保护和建设，扩大森林、湖泊、湿地等绿色生态空间，增强水源涵养能力和环境容量，让透支的资源环境逐步休养生息，为子孙后代留下更多的良田沃土、碧水蓝天。大力发展休闲农业，开展林下循环经济示范。

（二）实施重大生态修复工程，开展农业资源休养生息试点

抓紧编制农业环境突出问题治理总体规划和农业可持续发展规划。加大国家木材战略核心储备基地和亚热带珍贵树种基地建设力度，继续推进"绿满八桂"造林绿化工程，开展"千万珍贵树种送农家"和森林"八创"活动。启动重金属污染耕地修复试点。着力推进石漠化治理和珠江防护林、沿海防护林等重点生态修复工程，以石漠化地区、重金属污染严重地区及25°以上无水土保持措施的坡耕地为重点，重启新一轮退耕还林还草。构建桂西生态屏障、北部湾沿海生态屏障，桂东北生态功能区、桂西南生态功能区、桂中生态功能区、十万大山生态保护区，西江千里绿色走廊等"两屏四区一走廊"主体功能区生态格局。加强自然保护区、湿地、森林公园的建设与管理。开展河道整治、饮用水水源地保护和小流域综合治理。落实水资源、森林资源等资源有偿使用制度。落实水源保护区范围内涵养林种植政策。调整严重污染和地下水严重超采区耕地用途，有序实现耕地、河湖、水库周边、短轮伐期用材林林地的休养生息。探索建立流

域生态补偿制度，推动实施珠江—西江经济带跨省流域生态补偿机制试点。

（三）加大生态保护建设力度

农业生态环境保护制度建设既是生态文明建设的内在要求，也是农业可持续发展的重要保障。广西已建立了农业生态环境保护的多项制度，但覆盖"源头严防、过程监管、后果严惩"全过程的生态文明制度体系仍需完善。抓紧做好划定生态保护红线的工作，明确保护目标和责任。推进林区森林防火设施建设和矿区植被恢复，完善林木良种、造林、森林抚育等补贴政策；加大海洋生态保护力度，严格控制渔业捕捞强度，继续实施增殖放流和水产养殖生态环境修复补助政策，实施江河湖泊综合整治、水土保持重点建设工程，开展生态清洁小流域建设等，构建具有广西特色的生态保护体系。实施这些生态保护建设措施，既要进一步增加投入，也要继续深化体制机制改革，还要更加注重提高科技含量。通过综合措施，在改善生态环境的同时，实现生态、经济和社会多重效益的有机统一，尤其是要注重提高农民的生产生活水平和就业收入水平，注意解决好全面实现小康进程中的"短板"问题。

参考文献

一 著作

[1]《马克思恩格斯全集》第 30 卷，人民出版社 1995 年版。

[2]《马克思恩格斯全集》第 33 卷，人民出版社 2004 年版。

[3]《马克思恩格斯全集》第 44 卷，人民出版社 2001 年版。

[4]《马克思恩格斯全集》第 46 卷，人民出版社 2003 年版。

[5]《马克思恩格斯文集》第 1 卷，人民出版社 2009 年版。

[6]《马克思恩格斯文集》第 2 卷，人民出版社 2009 年版。

[7]《马克思恩格斯选集》第 2 卷，人民出版社 2012 年版。

[8]《马克思恩格斯选集》第 3 卷，人民出版社 2012 年版。

[9]《马克思恩格斯选集》第 4 卷，人民出版社 2012 年版。

[10]《列宁全集》第 40 卷，人民出版社 1986 年版。

[11]《列宁专题文集》（论社会主义），人民出版社 2009 年版。

[12]《斯大林全集》第 8 卷，人民出版社 1954 年版。

[13]《布哈林文选》上册，东方出版社 1988 年版。

[14]《布哈林文选》中册，东方出版社 1988 年版。

[15]《毛泽东文集》第 7 卷，人民出版社 1999 年版。

[16]《毛泽东文集》第 8 卷，人民出版社 1999 年版。

[17]《毛泽东选集》第 1 卷，人民出版社 1991 年版。

[18]《毛泽东选集》第 4 卷，人民出版社 1991 年版。

[19]《邓小平文选》第 2 卷，人民出版社 1994 年版。

[20]《邓小平文选》第 3 卷，人民出版社 1993 年版。

[21]《江泽民文选》第 1 卷，人民出版社 2006 年版。

[22]《江泽民文选》第 2 卷，人民出版社 2006 年版。

[23]《江泽民论有中国特色社会主义（专题摘编）》，中央文献出版

社 2002 年版。

[24] （唐）欧阳询撰、汪绍楹校：《艺文类聚》第 92 卷，上海古籍
出版社 1982 年版。

[25] （唐）徐坚等：《初学记》（下册）第 30 卷，中华书局 2004
年版。

[26] 《辞海》（经济分册），上海辞书出版社 1978 年修订版。

[27] 《辞源》（四），商务印书馆 1983 年版。

[28] 《中共中央国务院关于"三农"工作的十个一号文件》（1982—
2008），人民出版社 2008 年版。

[29] 崔立新：《工业反哺农业实现机制研究》，中国农业大学出版社
2009 年版。

[30] 杜润生：《杜润生自述：中国农村体制变革重大决策纪实》，人
民出版社 2005 年版。

[31] 广西地方志编纂委员会：《广西通志·农业志》（1978—2008），
广西人民出版社 2011 年版。

[32] 广西壮族自治区财政厅政策研究室：《广西财政年鉴》（2012），
广西人民出版社 2012 年版。

[33] 广西壮族自治区人民政府：《广西年鉴》（2005），广西人民出
版社 2005 年版。

[34] 广西壮族自治区人民政府：《广西年鉴》（2006），广西人民出
版社 2006 年版。

[35] 广西壮族自治区人民政府：《广西年鉴》（2007），广西人民出
版社 2007 年版。

[36] 广西壮族自治区人民政府：《广西年鉴》（2008），广西人民出
版社 2008 年版。

[37] 广西壮族自治区人民政府：《广西年鉴》（2009），广西人民出
版社 2009 年版。

[38] 广西壮族自治区人民政府：《广西年鉴》（2012），广西人民出
版社 2012 年版。

[39] 广西壮族自治区统计局：《广西统计年鉴》（2013），中国统计
出版社 2013 年版。

［40］郭宏宝：《中国财政农业补贴：政策效果与机制设计》，西南财经大学出版社 2009 年版。

［41］郭书田：《神农之魂　大地长歌——中国工业化进程中的当代农业（1949—2009）》，金盾出版社 2009 年版。

［42］黄晓勇：《中国民间社会组织报告（2011—2012）》，社会科学文献出版社 2012 年版。

［43］李炳坤：《工农业产品价格剪刀差问题》，中国农业出版社 1981 年版。

［44］李微：《农业剩余与工业化资本积累》，云南人民出版社 1996 年版。

［45］宋萌荣：《人的全面发展理论分析与现实趋势》，中国社会科学出版社 2006 年版。

［46］温铁军：《中国农村基本经济制度研究》，中国经济出版社 2000 年版。

［47］许经勇：《中国农村经济制度变迁 60 年研究》，厦门大学出版社 2009 年版。

［48］许毅、沈经农：《经济大辞典》，上海辞书出版社 1987 年版。

［49］叶善蓬：《新中国价格简史》，中国物价出版社 1993 年版。

［50］中共中央文献研究室：《邓小平思想年谱》，人民出版社 1998 年版。

［51］中国农业年鉴编辑委员会：《中国农业年鉴》（2012），中国农业出版社 2012 年版。

［52］中国社会科学院人口与劳动经济研究所：《中国人口年鉴》（2010），中国人口年鉴编辑部 2010 年版。

［53］中华人民共和国农业部：《新中国农业 60 年统计资料》，中国农业出版社 2009 年版。

［54］［法］弗朗索瓦·佩鲁：《新发展观》，张宁、丰子义译，华夏出版社 1987 年版。

［55］［美］D. 盖尔·约翰逊：《经济发展中的农业、农村、农民问题》，林毅夫等译，商务印书馆 2005 年版。

［56］［美］费景汉、拉尼斯：《增长与发展：演进的观点》，商务印

书馆 2004 年版。

［57］［美］刘易斯：《劳动力无限供给条件下的经济发展》，载
［美］刘易斯《二元经济论》，施伟等译，北京经济学院出版社
1989 年版。

［58］［美］迈克尔·P. 托达罗：《经济发展》，中国经济出版社
1999 年版。

［59］［美］西奥多·W. 舒尔茨：《论人力资本投资》，吴珠华等译，
北京经济学院出版社 1990 年版。

［60］［美］西奥多·W. 舒尔茨：《经济增长与农业》，北京经济学院
出版社 1991 年版。

［61］［日］速水佑次郎、神门善久：《农业经济论》（新版），沈金
虎等译，中国农业出版社 2003 年版。

［62］［印度］阿马蒂亚·森：《以自由看待发展》，任赜、于真译，
中国人民大学出版社 2002 年版。

［63］［英］亚当·斯密：《国富论》上册，杨敬年译，陕西人民出版
社 2001 年版（增订本）。

［64］Olson M，*The Logic of Collective Action*，Cambridge，MA：Harvard
University Press，1965.

二 期刊

［1］白朋飞：《借鉴国外经验完善我国农产品价格支持政策探析》，
《价格月刊》2014 年第 10 期。

［2］白云涛：《土地改革与中国的工业化》，《北京党史》2002 年第
1 期。

［3］本刊观察员：《陕西工业还无力反哺农业，这对很多省来说都是
个问题》，《领导决策信息》2006 年第 19 期。

［4］财政部农业司农业一处：《加大反哺农业力度不断丰富补贴内
容》，《农村财政与财务》2010 年第 12 期。

［5］财政支持广西农业优势产业群发展研究课题组：《财政支持广西
农业优势产业群发展研究》，《经济研究参考》2008 年第 17 期。

［6］蔡昉：《"工业反哺农业、城市支持农村"的经济学分析》，《中
国农村经济》2006 年第 1 期。

［7］岑剑：《美国农产品目标价格支持政策及启示》，《世界农业》
2014 年第 9 期。

［8］岑乾明：《胡锦涛"两个趋向"论断及其政策实践》，《吉首大学
学报》（社会科学版）2011 年第 6 期。

［9］曾供：《日本加强稻田休耕转作》，《台湾农业探索》1996 年第
3 期。

［10］曾寅初：《农业份额下降与农业的基础地位》，《学术月刊》
1989 年第 11 期。

［11］曾玉珍：《国外农业保险成功经验对构建中国农业保险模式的
启示》，《世界农业》2006 年第 1 期。

［12］常素巧、张洋：《反哺农业：政府有形调节与市场无形调节互
动》，《保定师范专科学校学报》2007 年第 1 期。

［13］潮轮：《世界水资源现状堪忧》，《生态经济》2012 年第 5 期。

［14］陈德萍：《国外农业保险经验借鉴与中国政策性农业保险制度
完善》，《国际经贸探索》2012 年第 6 期。

［15］陈吉元：《当前农村迫切需要研究的几个问题》，《瞭望新闻周
刊》1994 年第 18 期。

［16］陈士军、殷红春、刘兴：《国外农业可持续发展的经验及对我
国的启示》，《中国农机化》2008 年第 4 期。

［17］陈秀贵、吴美琼：《对加强广西农村宅基地管理的思考》，《南
方国土资源》2012 年第 3 期。

［18］陈志刚、曲福田、韩立等：《工业化、城镇化进程中的农村土
地问题：特征、诱因与解决路径》，《经济体制改革》2010 年第
5 期。

［19］程锋、王洪波、郧文聚：《中国耕地质量等级调查与评定》，
《中国土地科学》2014 年第 2 期。

［20］崔祥民：《国外农民工人力资源开发的经验与启示》，《世界农
业》2010 年第 2 期。

［21］戴孝悌：《新中国成立以来工农产品价格剪刀差的变动分析》，
《南京晓庄学院学报》2013 年第 6 期。

［22］单玉丽：《台湾劳动力结构的变化与农业劳动力的特点》，《台

湾农业情况》1989 年第 3 期。

［23］邓宏图、周立群：《工业反哺农业、城乡协调发展战略：历史与现实的视角》，《改革》2005 年第 9 期。

［24］丁玉、孔祥智：《日本农民增收的经验和启示》，《世界农业》2014 年第 5 期。

［25］丁忠民：《城市带动农村的"自然性"与"强制性"测度》，《改革》2008 年第 4 期。

［26］段凌燕：《从中美农业补贴政策的比较看我国存在的问题》，《中小企业管理与科技》（上旬刊）2010 年第 10 期。

［27］凡兰兴、樊端成：《加入 WTO 广西如何保护农业发展》，《广西社会科学》2002 年第 4 期。

［28］凡兰兴：《就业反哺：我国工业反哺农业的着重点》，《农业经济》2013 年第 1 期。

［29］凡兰兴：《流通领域反哺农业存在的问题与对策》，《江苏农业科学》2012 年第 10 期。

［30］凡兰兴：《农业规模经营：越南的经验与中国的政策选择》，《世界农业》2013 年第 4 期。

［31］凡兰兴：《少数民族地区工业反哺农业的农民满意度分析——以广西为例》，《西南民族大学学报》（人文社会科学版）2014 年第 1 期。

［32］樊端成：《从农产品市场结构变迁看贸易结构优化——建国 60 年广西农业结构演变与展望》，《市场论坛》2011 年第 2 期。

［33］樊端成：《从农业经营组织结构变化看组织创新——新中国 60 年广西农业结构演变与展望》，《桂海论丛》2011 年第 2 期。

［34］樊端成：《构建与工业化相适应的农业保护体系》，《农业现代化研究》2004 年第 6 期。

［35］樊端成：《农民就业多元化与工业反哺农业的着重点》，《农业经济》2011 年第 6 期。

［36］樊端成：《新型工业化与农业转型》，《生产力研究》2005 年第 6 期。

［37］樊卓思、凡兰兴：《耕地资源有限与完善我国粮食生产支持政

策》,《理论界》2014 年第 1 期。

[38] 樊卓思、凡兰兴:《农村教育提升:工业反哺农业的根本》,《黑龙江教育学院学报》2014 年第 10 期。

[39] 樊卓思、凡兰兴:《农业环境保护:国外的经验及其对中国的启示》,《湖北经济学院学报》(人文社会科学版)2004 年第 3 期。

[40] 方齐云:《工业化进程中农业的贡献》,《经济评论》1997 年第 4 期。

[41] 冯海发、李微:《我国农业为工业化提供资金积累的数量研究》,《经济研究》1993 年第 9 期。

[42] 冯海发:《反哺农业的国际经验与我国的选择》,《农村经济》1994 年第 11 期。

[43] 冯海发:《经济发展与反哺农业》,《学习与探索》1995 年第 6 期。

[44] 甘长来、段龙龙:《国外农业巨灾保险财政支持模式及对我国启示》,《地方财政研究》2015 年第 1 期。

[45] 高其荣:《1958—1965 年中国农业税政策演变及效果》,《湖南农业大学学报》(社会科学版)2011 年第 5 期。

[46] 高振宁:《中国农业该实行反哺政策吗?》,《兰州学刊》2005 年第 2 期。

[47] 葛云伦、郑婉萍:《论农业的弱质性及改造途径》,《西南民族大学学报》(人文社会科学版)2004 年第 1 期。

[48] 耿庆彪:《日本工业反哺农业的实践及启示》,《淮北职业技术学院学报》2009 年第 4 期。

[49] 关虹:《民族地区工业有能力反哺农业吗?》,《湖北社会科学》2006 年第 9 期。

[50] 关珊珊:《我国工业反哺农业的必然性及政策选择》,《信阳农业高等专科学校学报》2005 年第 4 期。

[51] 广西财政厅课题组:《完善广西农业综合开发扶持农民专业合作组织的政策研究》,《经济研究参考》2013 年第 59 期。

[52] 广西农机局:《广西 2013 年农业机械购置补贴政策解读》,《广

西农业机械化》2013 年第 1 期。

[53] 郭书田：《二元经济结构与工农关系协调发展》，《环渤海经济瞭望》1999 年第 2 期。

[54] 郭玮：《美国、欧盟和日本农业补贴政策的调整及启示》，《经济研究参考》2002 年第 56 期。

[55] 韩宝剑、刘雪：《国际间农业劳动生产率的比较研究》，《山东工程学院学报》1998 年第 2 期。

[56] 韩英：《韩国将以直接支付形式对种稻农户收入给与补贴》，《小康生活》2005 年第 1 期。

[57] 何洪涛：《论英国农业革命对工业革命的孕育和贡献》，《四川大学学报》（哲学社会科学版）2006 年第 3 期。

[58] 贺鲲鹏：《国外农业保险发展的趋同性及对我国的启示——以美国和日本为例证》，《农业经济》2013 年第 10 期。

[59] 洪文达：《美国农业的劳动生产率》，《复旦学报》（社会科学版）1979 年第 1 期。

[60] 侯石安：《财政对农业补贴的国际比较》，《湖北财税》（理论版）2002 年第 9 期。

[61] 胡显中：《关于刘易斯二元经济理论及其实践效果》，《农村经济与社会》1988 年第 2 期。

[62] 胡烨：《印度农业补贴政策及对中国的启示》，《南亚研究季刊》2014 年第 2 期。

[63] 黄燕熙、银河欢：《广西农村公共文化服务体系建设基本概况》，《沿海企业与科技》2011 年第 2 期。

[64] 姬业成：《反哺农业已到时》，城乡统筹发展与政策调整学术研讨会论文，广东珠海，2003 年 11 月。

[65] 纪平：《让水资源的约束力"硬"起来》，《中国水利》2014 年第 11 期。

[66] 季丹虎、秦兴方：《工业反哺农业、城市支持农村的次序》，《金陵科技学院学报》（社会科学版）2006 年第 3 期。

[67] 江瑞平：《日本农业补贴的经济后果评析》，《现代日本经济》1992 年第 3 期。

［68］姜爱林：《改革开放前新中国土地政策的历史演变（1949—1978）》，《石家庄经济学院学报》2003 年第 3 期。

［69］姜太碧、郑景骥、杨武云：《论农业的弱质性》，《经济论坛》2002 年第 23 期。

［70］居占杰：《从农业的弱质性看农业保护的必要性》，《河南社会科学》1996 年第 3 期。

［71］亢霞：《欧盟粮食干预价格政策及其对我国的启示》，《价格理论与实践》2014 年第 7 期。

［72］柯炳生：《工业反哺农业：我国经济社会发展的新阶段》，《农业发展与金融》2005 年第 3 期。

［73］孔军：《印度农业补贴政策的特点与启示》，《生产力研究》2011 年第 11 期。

［74］黎淑英：《印度政府干预农产品价格的经济措施》，《亚太经济》1986 年第 1 期。

［75］李爱青：《浅析我国耕地质量现状，下降原因及强化建设对策》，《安徽农学通报》2012 年第 2 期。

［76］李芳芳、冷传慧：《WTO 规则下农业补贴的焦点和我国的选择》，《国际商务》（对外经济贸易大学学报）2009 年第 4 期。

［77］李非：《论台湾城市化的形成与发展》，《台湾研究集刊》1987 年第 4 期。

［78］李华、叶敬忠：《被捕获的自然：重审水资源商品化》，《中国农业大学学报》（社会科学版）2014 年第 2 期。

［79］李健华：《芬兰、冰岛、荷兰农业补贴政策的基本情况及特点》，《世界农业》2012 年第 10 期。

［80］李明：《工农协调发展是我国农业稳定增长的根本途径》，《东岳论丛》1990 年第 2 期。

［81］李萍、靳乐山：《中国传统农业生产力水平变迁的技术分析》，《中国农业大学学报》（社会科学版）2003 年第 1 期。

［82］李萍：《广西财政支持农业产业化发展对策思考》，《经济研究参考》2013 年第 5 期。

［83］李巧莎、吴宇：《日本增加农民收入的途径及启示》，《日本问

题研究》2010 年第 4 期。

[84] 李文武、马瑞：《环境问题：一个社会问题的再阐释》，《新学术》2008 年第 3 期。

[85] 李先德：《中日韩农民收入问题与政府政策》，《财贸研究》2005 年第 5 期。

[86] 李晓明：《农业的小部门化趋势及其对策》，《中国经济问题》1997 年第 3 期。

[87] 李雅云：《对美国削减农业补贴的思考》，《理论视野》2014 年第 3 期。

[88] 李艳华：《从美国和日本农业保护政策中得到的启示》，《中国农村科技》2010 年第 4 期。

[89] 李渊丰：《浅谈国际组织与世界环境问题》，《阴山学刊》2013 年第 2 期。

[90] 李长健、李昭畅：《论我国与欧美农业补贴制度的对比和借鉴——农业补贴利益的和谐实现》，《理论导刊》2008 年第 4 期。

[91] 李自海：《欧盟农业补贴政策的分析及探究》，《农村经济与科技》2013 年第 2 期。

[92] 厉为民：《发达国家农业保护的历史轨迹》，《世界农业》1995 年第 8 期。

[93] 梁小民：《评刘易斯的二元经济发展理论》，《经济科学》1982 年第 2 期。

[94] 梁雅丽：《广西"六步法"解决农村环境问题全面提升农村环境综合整治成效和水平》，《农家之友》2013 年第 5 期。

[95] 廖振民：《完善广西财政扶持农业产业化龙头企业发展的建议》，《广西经济》2013 年第 4 期。

[96] 刘禅娟：《日本的农产品价格干预政策》，《世界农业》1993 年第 4 期。

[97] 刘成奎：《新农村建设中农民满意度分析——基于湖北省的经验数据》，《中南财经政法大学学报》2012 年第 6 期。

[98] 刘合心：《对工业反哺农业新阶段的思考》，《新东方》2005 年第 4 期。

［99］刘嘉尧、吕志祥：《美国土地休耕保护计划及借鉴》，《商业研究》2009 年第 8 期。

［100］刘茂松：《论农业小部门化时期的中国农业工业化战略》，《湘潭大学学报》（哲学社会科学版）2008 年第 1 期。

［101］刘敏：《19 世纪美国城市人口增长模式初探》，《四川大学学报》（哲学社会科学版）2013 年第 1 期。

［102］刘宁：《我国工业反哺农业的类型、切入点及方式分析》，《农村经济》2005 年第 12 期。

［103］刘迎霜：《中澳农业补贴政策比较研究》，《华南农业大学学报》（社会科学版）2005 年第 2 期。

［104］刘自强：《试论 1865—1914 年美国农业劳动力大转移的动因》，《社会科学家》2007 年第 5 期。

［105］柳琪：《大规模农业反哺期到来》，《农业机械》2015 年第 1 期。

［106］路铁军：《新农村建设中的农业基础设施投资分析——以河北省为例》，《农村经济》2013 年第 3 期。

［107］罗贞礼：《工业反哺农业研究的回顾与展望》，《现代经济探讨》2006 年第 11 期。

［108］吕晓英、李先德：《美国农业政策支持水平及改革走向》，《农业经济问题》2014 年第 2 期。

［109］吕银春：《巴西的农产品最低保证价格政策》，《拉丁美洲丛刊》1983 年第 5 期。

［110］马国贤：《工业反哺农业的理论与政策研究》，《铜陵学院学报》2005 年第 3 期。

［111］马晓春、宋莉莉、李先德：《韩国农业补贴政策及启示》，《农业技术经济》2010 年第 7 期。

［112］马晓河、蓝海涛、黄汉权：《我国离大规模反哺农业期还有差距》，《瞭望新闻周刊》2005 年第 35 期。

［113］莫柏预：《广西农产品冷链物流产业现状与发展对策》，《物流科技》2013 年第 5 期。

［114］农业部欧盟农业政策考察团：《从英法农业现状看欧盟共同农

业政策的变迁》，《世界农业》2012 年第 9 期。

[115] 齐洪华、郭晶：《日本农产品价格支持政策评析及借鉴》，《价格理论与实践》2011 年第 10 期。

[116] 秦胜荟、杨小雄：《广西农村集体建设用地流转策略探讨》，《轻工科技》2012 年第 10 期。

[117] 佘名杰：《欧洲经济共同体的农业补贴政策》，《世界农业》1983 年第 1 期。

[118] 沈淑霞、秦富：《财政农业补贴方式改革效应的中外比较》，《世界农业》2005 年第 9 期。

[119] 宋杰、赵韩强：《战后日本农业劳动力的转移及其对中国的启示》，《东北亚论坛》2001 年第 4 期。

[120] 苏芳：《农村金融支持广西农业产业化发展的困境和对策》，《广西农学报》2014 年第 1 期。

[121] 孙英兰：《中国耕地质量之忧》，《农村实用技术》2010 年第 11 期。

[122] 唐筱霞：《韩国实施工业反哺农业政策对我国的启示》，《福建行政学院学报》2010 年第 3 期。

[123] 陶金：《世界水资源态势》，《决策与信息》2012 年第 10 期。

[124] 陶战：《美国的农业环境保护》，《世界农业》1993 年第 4 期。

[125] 王风峰：《发达国家农业补贴对我国的启示》，《农业经济》2003 年第 12 期。

[126] 王福刚：《从美国立法看美国的农业保护》，《农村·农业·农民》（B 版）2006 年第 12 期。

[127] 王简明：《成熟的西班牙农业保险》，《北京农业》2006 年第 4 期。

[128] 王静波、和向东：《农村环境污染现状及防治分析》，《环境科学导刊》2014 年第 2 期。

[129] 王军：《城乡和谐的深层困局》，《瞭望新闻周刊》2006 年第 10 期。

[130] 王良健、罗凤：《基于农民满意度的我国惠农政策实施绩效评估》，《农业技术经济》2010 年第 1 期。

[131] 王维芳:《多边体制下美国农业补贴政策的审视》,《农业经济问题》2008 年第 9 期。

[132] 王先锋:《工业反哺农业、城市支持农村的理论基础研究》,《内蒙古财经学院学报》2005 年第 5 期。

[133] 王永春、王秀东:《日本的农业补贴——水稻》,《世界农业》2009 年第 12 期。

[134] 王瑜、范建荣:《西部农业农村基础设施发展水平综合评价及预测——以宁夏回族自治区为例》,《华中农业大学学报》(社会科学版)2011 年第 4 期。

[135] 尉士武:《"工业反哺农业、城市支持农村"的政策机制研究》,《农业发展与金融》2005 年第 10 期。

[136] 魏陆:《中外政府对粮食价格干预政策的比较》,《中国农垦经济》2000 年第 9 期。

[137] 乌东峰:《反哺中国农业:发展潜力与对策构想》,《中国行政管理》2003 年第 6 期。

[138] 吴建光:《农村劳动力就业与农业技术选择——战后韩国、台湾和日本经验分析》,《亚太经济》1992 年第 6 期。

[139] 吴喜梅:《论欧盟农业补贴政策的价值取向》,《东岳论丛》2013 年第 4 期。

[140] 吴扬:《国外农业保险发展的经验与启示》,《国际贸易问题》2006 年第 9 期。

[141] 武力:《1949—1978 年中国"剪刀差"差额辨正》,《中国经济史研究》2001 年第 4 期。

[142] 向青、尹润生:《美国环保休耕计划的做法与经验》,《林业经济》2006 年第 1 期。

[143] 肖梅:《批发市场:广西农产品流通的中坚力量》,《中国农民合作社》2011 年第 11 期。

[144] 谢玉梅、周方召:《欧盟有机农业补贴政策分析》,《财经论丛》2013 年第 3 期。

[145] 徐加胜:《工业反哺农业——新时期中央作出的重要战略决策》,《理论视野》2005 年第 4 期。

［146］徐克勤、万鹏：《我国农民直接收入补贴问题初探》，《农村财政与财务》2006 年第 9 期。

［147］徐平华：《工业化和城市化对韩国新村运动的影响》，《求实》2006 年第 10 期。

［148］许伟云、蒙敏华：《广西农业合作经济组织发展研究》，《广西大学学报》（哲学社会科学版）2009 年增刊。

［149］严瑞珍、龚道广、周志祥等：《中国工农业产品价格剪刀差的现状、发展趋势及对策》，《经济研究》1990 年第 2 期。

［150］杨波：《中国工业化进程中土地作用的实证研究》，《科技情报开发与经济》2007 年第 35 期。

［151］杨国才：《发达国家工业反哺农业的路径选择及其启示》，《黑龙江粮食》2008 年第 4 期。

［152］姚林华：《广西家庭农场金融需求调查》，《农村经营管理》2013 年第 10 期。

［153］叶静怡：《欧盟 90 年代共同农业政策改革的理论与实践——从价格干预到直接收入补贴的初步转变》，《经济科学》2000 年第 5 期。

［154］叶宁：《发达国家农业补贴政策调整的启示与借鉴》，《浙江财税与会计》2003 年第 11 期。

［155］佚名：《发达国家怎样反哺农业》，《四川党的建设》（城市版）2006 年第 8 期。

［156］佚名：《工业反哺农业时代来了》，《四川农业科技》2006 年第 1 期。

［157］尹成杰：《世界耕地资源与粮食安全》，《农村工作通讯》2009 年第 10 期。

［158］尹成杰：《新阶段"三农"工作理论和政策创新》，《中国农村经济》2005 年第 4 期。

［159］尹从国：《21 世纪中国农业现代化的战略选择：工业反哺农业》，《农业现代化研究》2002 年第 2 期。

［160］尹猛基：《工业反哺农业：我国农业发展新阶段的战略选择》，《河南广播电视大学学报》2006 年第 4 期。

［161］于立、那鲲鹏：《英国农村发展政策及乡村规划与管理》，《中国土地科学》2011 年第 12 期。

［162］于萍：《欠发达地区工业反哺农业的实施主体和对策选择》，《宁夏社会科学》2007 年第 6 期。

［163］俞宜国：《发达国家如何保护和发展农业》，《农村合作经济经营管理》1993 年第 9 期。

［164］喻翠玲、马文杰、李谷成：《农民直接收入补贴的国际比较及对中国的启示》，《世界农业》2004 年第 2 期。

［165］詹武：《工农城乡必须协调发展共同繁荣》，《农业经济问题》1995 年第 8 期。

［166］张锦洪、蒲实：《农业规模经营和农民收入：来自美国农场的经验和启示》，《农村经济》2009 年第 3 期。

［167］张莉琴、林万龙、辛毅：《我国农业国内支持政策中存在的问题及调整对策》，《中国农村经济》2003 年第 4 期。

［168］张培刚、方齐云：《中国的农业发展与工业化》，《江海学刊》1996 年第 1 期。

［169］张鹏：《当前农村集体经营性建设用地制度改革若干构想》，《江苏大学学报》2014 年第 3 期。

［170］张清：《美国和欧盟农产品贸易政策的比较分析及启示》，《山东经济战略研究》2009 年第 3 期。

［171］张秋：《制度反哺：工业反哺农业的国际经验及我国的路径选择》，《农村经济》2012 年第 4 期。

［172］张权辉：《国外农业保险的经验与借鉴》，《生产力研究》2011 年第 2 期。

［173］张若凡：《2008 年广西将投入 2375 万元用于农村改厕项目》，《广西城镇建设》2008 年第 1 期。

［174］张士英：《大幅度提高劳动生产率是突破农业徘徊的根本出路》，《求索》1989 年第 6 期。

［175］张兴旺：《纵观国外农业支持保护体系的发展健全中国农业支持保护体系》，《世界农业》2010 年第 1 期。

［176］张扬：《论构建"四位一体"的新型农业经营体系》，《中州学

刊》2014 年第 5 期。

［177］张扬：《试论我国新型农业经营主体形成的条件与路径——基于农业要素集聚的视角分析》，《当代经济科学》2014 年第 3 期。

［178］赵崔莉、刘新卫：《浅析中国工业化不同时期的土地管理政策》，《资源科学》2012 年第 9 期。

［179］赵和楠：《印度农业补贴政策及其启示》，《地方财政研究》2013 年第 4 期。

［180］中国农业银行广西南宁古城支行课题组：《农产品交易市场分析及对策研究——以广西壮族自治区为例》，《农村金融研究》2013 年第 8 期。

［181］钟钰、陈博文、孙林等：《泰国大米价格支持政策实践及启示》，《农业经济问题》2014 年第 10 期。

［182］周保吉、王术坤：《广西财政支持农业产业化龙头企业发展初探》，《农村经济与科技》2013 年第 5 期。

［183］周昌祥：《反哺农业：解决中国经济问题的重要途径》，《重庆工业管理学院学报》1997 年第 1 期。

［184］周建华、贺正楚：《日本农业补贴政策的调整及启示》，《农村经济》2005 年第 10 期。

［185］周立群、许清正：《"工业反哺农业"问题综述》，《红旗文稿》2006 年第 13 期。

［186］周玉新：《发达国家农业环境保护政策的特征及启示》，《生产力研究》2011 年第 9 期。

［187］朱立志、方静：《德国绿箱政策及相关农业补贴》，《世界农业》2004 年第 1 期。

［188］朱满德、刘超：《经济发展与农业补贴政策调整——日韩模式的经验》，《价格理论与实践》2011 年第 1 期。

［189］朱满德：《经济发展中的农业补贴政策调整：国际经验与启示》，《华南农业大学学报》（社会科学版）2011 年第 2 期。

［190］朱满德：《农产品价格支持和直接补贴政策功能与效果的比较——一个经验性的综述》，《贵州大学学报》（社会科学版）

2014 年第 2 期。

[191] 朱四海、熊本国:《工业反哺农业实现机制刍议》,《中国农村经济》2005 年第 10 期。

[192] 朱颖、李艳洁:《美国农产品贸易政策的全面审视》,《国际贸易问题》2007 年第 6 期。

[193] [美] Ralph E. Heimlich:《美国以自然资源保护为宗旨的土地休耕经验》,杜群译,《林业经济》2008 年第 5 期。

[194] Fei C. H., Ranis G., "A Theory of Economic Development", *American Economic Review*, Vol. 51, No. 4, Sep. 1961.

[195] H. W. Singer, "The Distribution of Gains between Investing and Borrowing Countries", *American Economic Review*, Vol. 40, No. 2, May 1950.

[196] Robert J. Barro, "Economic Growth in a Cross Section of Countries", *Quarterly Journal of Economic*, Vol. 106, No. 2, May 1991.

三 报纸

[1]《中共中央关于推进农村改革发展若干重大问题的决定》,《人民日报》2008 年 10 月 20 日第 1 版。

[2] 艾维:《粮安天下地为根基》,《中国国土资源报》2014 年 1 月 11 日第 3 版。

[3] 毕淑娟:《两成耕地土壤污染超标中国向土壤污染宣战》,《中国联合商报》2014 年 4 月 28 日第 D01 版。

[4] 曹誉百、江风:《广西将出台西部首个发展生态农业专案》,《西部时报》2006 年 9 月 15 日第 1 版。

[5] 冯立中、莫雪、卢贵基:《广西:以点带面推进农村改厕》,《健康报》2009 年 3 月 18 日第 7 版。

[6] 甘孝雷、颜绵平:《广西全力促进农产品市场流通》,《中国工商报》2011 年 6 月 4 日第 A01 版。

[7] 甘孝雷:《架起农民致富的"金桥"——广西壮族自治区工商系统服务农民专业合作社发展纪实》,《中国工商报》2011 年 2 月 26 日第 A01 版。

［8］高志亮、何荣:《广西出台意见支持家庭农场发展》,《中国工商报》2013 年 9 月 5 日第 A01 版。

［9］广西壮族自治区统计局、国家统计局广西调查总队:《2013 年广西壮族自治区国民经济和社会发展统计公报》,《广西日报》2014 年 3 月 31 日第 10 版。

［10］郭丽琴、丁灵平:《中国不到世界 10% 的耕地,耗掉全球化肥总量 1/3》,《第一财经日报》2013 年 3 月 14 日第 A05 版。

［11］国家统计局:《中华人民共和国 2013 年国民经济和社会发展统计公报》,《人民日报》2014 年 2 月 25 日第 10 版。

［12］胡其峰:《第二次全国土地调查成果公布》,《光明日报》2013 年 12 月 31 日第 4 版。

［13］黄敏:《广西取消农村义务教育公办学校课本费和作业本费》,《南宁日报》2008 年 8 月 21 日第 3 版。

［14］黄志冲:《实施工业反哺以推动农业产业发展》,《社会科学报》2000 年 11 月 30 日第 1 版。

［15］蒋卫民、陆志星:《广西 3 年探索多种石漠化治理模式——国家累计对 12 个试点县安排工程投资超过 1 亿元》,《中国绿色时报》2011 年 6 月 21 日第 A02 版。

［16］解艳华:《环境保护和污染治理的重心必须向农村转移》,《人民政协报》2014 年 3 月 11 日第 18 版。

［17］李禾:《〈2013 中国环境状况公报〉发布》,《科技日报》2014 年 6 月 6 日第 1 版。

［18］李禾:《中国喊"渴"如何破解水资源困境》,《科技日报》2014 年 5 月 30 日第 7 版。

［19］李丽芳:《让龙头企业攀上新高度——广西农业产业化发展综述》,《农民日报》2011 年 2 月 26 日第 1 版。

［20］林毅夫:《中国还没达到工业反哺农业阶段》,《南方周末》2003 年 7 月 17 日第 1 版。

［21］刘东东、李嘉:《广西 300 万座沼气池成为石漠化治理的"良药"》,《今日信息报》2007 年 6 月 27 日第 B03 版。

［22］刘劲、洪泉:《广西百色建西南最大农产品物流园》,《中国食

品安全报》2012年11月3日第A03版。

[23] 罗猛：《广西石漠化乡村综合治理试点工作座谈会在百色召开》，《广西日报》2010年6月14日第1版。

[24] 木佳：《2030年：中国水资源告急》，《中华工商时报》2005年6月8日第1版。

[25] 庞革平：《实施退耕还林工程12年，提高森林覆盖率3.7个百分点——广西石漠化治理成效全国第一》，《人民日报》2013年3月30日第10版。

[26] 苏琳：《可持续发展，让人类与自然共存》，《经济日报》2005年9月7日第16版。

[27] 汪品霞、杨英杰、蓝建宁：《优化服务主动作为广西积极培育家庭农场》，《中国工商报》2013年4月18日第A01版。

[28] 王尔德、平亦凡：《全国地下水超采区达19万平方公里》，《21世纪经济报道》2012年4月24日第23版。

[29] 王金辉：《我国耕地资源安全与口粮安全》，《人民政协报》2014年3月12日第7版。

[30] 王明浩、庞革平、谢振华等：《广西开展"美丽广西·清洁乡村"活动，全方位改善农村环境——描绘美丽中国广西画卷》，《人民日报》2013年11月5日第13版。

[31] 邬凤英：《反哺农业正其时》，《中国商报》2004年2月17日第1版。

[32] 吴小康：《由"生态绝境"到"绿水青山"——广西数十年石漠化治理收成效》，《经济参考报》2009年9月14日第6版。

[33] 向建军：《广西电网45亿改造升级农村电网》，《中国电力报》2011年7月27日第2版。

[34] 谢彩文：《广西石漠化及治理状况——世界防治荒漠化和干旱日问答广西》，《广西日报》2011年6月17日第7版。

[35] 谢彩文：《石漠化治理让广西重现青山绿水》，《西部时报》2011年6月28日第15版。

[36] 新华社专电：《联合国：全球四分之一耕地严重退化》，《新华每日电讯》2011年11月30日第5版。

［37］杨志雄、黄艳梅、孙旭波：《广西农村土地流转面积达520万亩178万农户受益》，《粮油市场报》2013年11月26日第B01版。

［38］杨志雄、黄艳梅：《广西700余家家庭农场已获"身份证"》，《粮油市场报》2013年11月15日第2版。

［39］佚名：《我们应当深入反思》，《中国环境报》2014年4月22日第10版。

［40］袁琳、林彦卿、胡婷婷：《千家"龙头"舞活八桂大农业》，《广西日报》2013年8月12日第1版。

［41］袁琳、谢彩文、陈振华等：《农业人才服务农村经济——广西农业干部学校推进农业人才队伍建设纪实》，《广西日报》2013年1月11日第2版。

［42］张若凡：《广西出台农村合作医疗补偿方案》，《中国社会报》2005年12月28日第3版。

［43］张小伟：《我国用水总量已临供应"红线"》，《首都建设报》2014年5月19日第2版。

［44］张玉玲：《我国农村还有多少剩余劳动力——访蔡昉》，《光明日报》2008年4月30日第9版。

［45］张周来：《广西土地流转规模扩大10大专业户户均产粮575吨》，《经济参考报》2011年3月30日第8版。

［46］章轲：《中国污染到底有多重？污水总量超环境容量三倍》，《第一财经日报》2014年5月22日第B06版。

［47］赵凤兰：《广西农村：文化建设结硕果农家致富门路多》，《经济日报》2007年11月20日第14版。

［48］中共中央、国务院：《关于加大改革创新力度加快农业现代化建设的若干意见》，《人民日报》2015年2月2日第1版。

［49］中共中央、国务院：《关于加快推进农业科技创新持续增强农产品供给保障能力的若干意见》，《人民日报》2012年2月2日第1版。

［50］周骁骏、向建军：《广西电网将投资90亿元升级改造农村电网》，《经济日报》2010年11月24日第7版。

[51] 周骁骏、张若凡:《广西新型农村合作医疗全面铺开》,《经济日报》2007 年 5 月 5 日第 1 版。

四 电子文献

[1] 《1997—2010 年全国土地利用总体规划纲要》,http://www.mlr. gov. cn/zwgk/ghjh/200710/t20071017_ 88615. htm,2007 年10 月 17 日。

[2] 《关于加强广西农村文化建设的调研报告》,http://www. gx-news. com. cn/staticpages/20081230/newgx495a30c0 — 1841018. shtml,2008 年 12 月 30 日。

[3] 《广西1300 余家规模龙头企业共带动订单农户 307 万户》,ht-tp://news. gxnews. com. cn/staticpages/20121118/newgx50a824cc—6435339. shtml,2012 年 11 月 18 日。

[4] 《广西 2012 年对种粮农民农资综合补贴已兑付完毕》,http://www. mof. gov. cn/xinwenlianbo/guangxicaizhengxinxilianbo/201205/t20120502_ 648013. html,2012 年 5 月 2 日。

[5] 《广西采取四项措施防范粮食直补和农资综合补贴再出现重复发放补贴现象》,http://www. mof. gov. cn/xinwenlianbo/guangxic-aizhengxinxilianbo/201205/t20120521_ 652434. html,2012 年 5 月21 日。

[6] 《广西大力推广生态循环农业技术》,http://www. rdzwxx. net/ar-ticle. asp? ID = 281,2012 年 9 月 28 日。

[7] 《广西今冬明春农田水利基本建设正式启动》,http://www.mwr. gov. cn/slzx/dfss/201310/t20131028_ 515591. html,2013 年10 月 28 日。

[8] 《广西提前部署 2012 年农资综合补贴兑付准备工作》,http://www. gxzf. gov. cn/zwgk/czxx/201112/t20111223 _ 368265. htm,2011 年 12 月 23 日。

[9] 《广西壮族自治区人民政府办公厅关于印发实施新一轮农村电网改造升级工程工作方案的通知》,http://www. gxzf. gov. cn/zwgk/zfwj/zzqrmzfbgtwj/2012/201207/t20120705 _ 413892. htm,2012 年 7 月 5 日。

［10］《河南重旱区农民含泪铲除绝收玉米》，http：//news. qq. com/
a/20140806/015031. htm#p = 2，2014 年 8 月 6 日。

［11］《江泽民：加强农业基础，深化农村改革，推动农村经济和社
会全面发展》，http：//news. xinhuanet. com/ziliao/2005 - 03/
14/content_ 2696290. htm，2005 年 3 月 14 日。

［12］《自治区财政着力支持完善公共文化服务体系建设》，http：//
gx. people. com. cn/n/2014/0510/c362717 - 21179213. html，
2014 年 5 月 10 日。

［13］黄俪、陈力玮：《28 亿改造升级广西农村电网》，http：//www.
chinapower. com. cn/newsarticle/1092/new1092129. asp，2009 年
5 月 6 日。

［14］王军伟：《广西小型农田水利重点县建设惠及 125 万余农民》，ht-
tp：//news. xinhuanet. com/fortune/2011 - 12/13/c_ 111239166. htm，
2011 年 12 月 13 日。

［15］谢彩文、周映、刘文光：《广西耕地灌溉超历史最好水平有效
灌溉面积 2460 万亩》，http：//www. bbwdm. cn/content/?
29790. html，2014 年 5 月 19 日。

［16］阳建、王宗凯：《美国参议院通过削减农业直接补贴法案》，ht-
tp：//news. xinhuanet. com/2012 - 06/22/c _ 112271650. htm，
2012 年 6 月 22 日。

五　学位论文

［1］马晓春：《中国与主要发达国家农业支持政策比较研究》，博士
学位论文，中国农业科学院，2010 年。

［2］强百发：《韩国农业现代化进程研究》，博士学位论文，西北农
林科技大学，2010 年。

［3］徐毅：《欧盟共同农业政策改革与绩效研究》，博士学位论文，
武汉大学，2012 年。

［4］周建华：《工业反哺农业机制构建问题研究》，博士学位论文，
湖南农业大学，2007 年。

［5］朱艳丽：《20 世纪 90 年代中期以来日本农业改革研究》，博士学
位论文，吉林大学，2009 年。

后　记

　　本书为广西民族大学重点科研项目"工业反哺农业理论与广西的实践研究"的成果。本书的出版同时得到广西民族大学管理学院领导的大力支持，以及 2015 年广西本科高校特色优势专业建设项目（人力资源管理专业）经费资助。

　　本书从 2012 年开始着手研究和写作。在研究和写作过程中，查阅了大量的文献和资料，得到了广西民族大学图书馆、广西壮族自治区图书馆相关工作人员的热情帮助。樊端成教授对书稿的修改提出了宝贵意见。为本书面世，中国社会科学出版社编辑作出了很多努力，付出了大量劳动。在此一并致谢！

　　由于作者水平有限，时间仓促，本书难免有疏漏和不当之处，望批评指正。

凡兰兴　樊卓思

2015 年 12 月于南宁